装配式建筑混凝土预制构件生产与管理

王光炎　主编

郑文梅　田玉龙　副主编

朱溢楠　颜道淦　张　凯　甘信广　雷　雯　参编

科 学 出 版 社

北　京

内 容 简 介

本书根据《高等职业学校建筑工程技术专业教学标准》和《工厂预制混凝土构件质量管理标准》（JG/T 565—2018）等标准及规范编写。本书共分6个模块，即混凝土预制构件工厂建设，混凝土预制构件生产准备，混凝土预制构件生产工艺，混凝土预制构件标识、存放与运输，混凝土预制构件质量检查与验收，混凝土预制构件生产中的信息化管理。

本书内容全面、新颖，满足当前职业院校装配式混凝土建筑建设人才培养的需要，并且为便于信息化教学，书中配有二维码教学资源链接。本书适合作为高职高专土建大类专业的装配式建筑混凝土构件生产课程教材和相关培训教材，同时可作为相关工程技术人员、构件生产管理人员、产业技术工人参考用书。

图书在版编目（CIP）数据

装配式建筑混凝土预制构件生产与管理 / 王光炎主编. —北京：科学出版社，2020.9

（“十四五”职业教育国家规划教材）

ISBN 978-7-03-065567-7

Ⅰ.①装… Ⅱ.①王… Ⅲ.①装配式混凝土结构-预制结构-高等职业教育-教材 Ⅳ.①TU37

中国版本图书馆CIP数据核字（2020）第108517号

责任编辑：李 雪 万瑞达 / 责任校对：王万红

责任印制：吕春珉 / 封面设计：东方人华平面设计部

科学出版社出版

北京东黄城根北街16号

邮政编码：100717

http://www.sciencep.com

三河市骏杰印刷有限公司印刷

科学出版社发行 各地新华书店经销

*

2020年9月第 一 版 开本：787×1092 1/16

2024年1月第四次印刷 印张：13 1/4

字数：302 000

定价：59.00元

（如有印装质量问题，我社负责调换〈骏杰〉）

销售部电话 010-62136230 编辑部电话 010-62130874（VA03）

前　言

为实现中国式现代化，本书结合国家新型城镇化、海绵城市、绿色建筑、地下空间的开发利用、综合管廊、智能建筑、新型建筑工业化、装配式建筑等新技术发展要求，根据《高等职业学校建筑工程技术专业教学标准》中对装配式建筑构件生产知识的教学要求、《工厂预制混凝土构件质量管理标准》（JG/T 565—2018）和“1+X”证书《装配式建筑构件制作与安装职业技能等级标准》（2020 年）进行编写。

本书编者多次深入混凝土预制（precast concrete，PC）构件生产工厂进行调研，结合工厂对人才的需求和装配式建筑发展的趋势，分析出混凝土预制构件生产所需的技能岗位，即混凝土预制构件模具工、钢筋工（新增技能要求）、预埋件安装工、混凝土预制构件养护工、构件修补工、混凝土预制构件质量检验工等，并根据生产需求确定了岗位标准，依据岗位标准分析了岗位所需的知识和能力，从而确定了本书的编写大纲。为实现建设工业化中的建筑构件智能制造。本书在编写过程中力求使教学过程与生产过程对接、教学内容与工作内容对接，从而实现培养工厂构件生产与检测技术管理人才的目标。

本书具有以下特色。

（1）对接国家发展战略，服务建筑产业升级

大力推进装配式建筑发展，是新型建筑工业化的需要，是建筑产业现代化的需要，是绿色发展和可持续性发展的需要，更是国家经济战略发展的需要。当前，建筑产业的绿色发展就是大力发展装配式建筑，构件生产是装配式建筑建造过程中的重要环节，构件生产质量对装配式建筑的整体质量有着至关重要的影响。建筑信息模型（building information modeling，BIM）的应用使建筑业走上了信息化的轨道。BIM 技术在混凝土预制构件的深化设计中具有独特的技术优势和无法比拟的可视性、可靠性、先进性，大大提高了构件深化设计的质量和效率，奠定了生产质量基础。因此，本书也着重介绍了 BIM 技术。本书内容可以对接 BIM 建模师、装配式混凝土构件深化设计师等新的职业

岗位，满足建筑产业的新业态、新职业和新岗位要求。

（2）书证融通

书中内容对接“1+X”装配式建筑构件制作与安装、建筑信息模型等职业技能等级证书考试。

由于本书依据《装配式建筑构件制作与安装职业技能等级标准》（2020 年 4.0 版）确定编写内容，因此通过学习本书内容，可以为参加“1+X”装配式建筑构件制作与安装等级证书考试做准备。本书模块 2“混凝土预制构件生产准备”中深化设计流程部分融入了 BIM 等级证书考试内容，通过学习该部分内容，为考取初级、中级 BIM 证书奠定基础。

（3）校企合作，共同开发编写

三一山东筑工科技有限公司的雷雯，枣庄华厦建筑工程有限公司的田玉龙等行业、企业的装配式建筑生产方面专家面参与了本书编写大纲的论证，他们就行业发展前沿和企业对人才的能力需求提出了宝贵意见。山东智筑侠信息科技有限公司、杭州万霆科技股份有限公司为数字化教学资源制作提供技术支持。

（4）基于移动终端的轻量化学习模式，构建立体化数字资源教材

为方便开展线上线下混合式教学、翻转课堂教学和便于学生轻量化、碎片化学习，本书构成基于移动终端“互联网 +”的学习形式。书中二维码链接了教学视频、动画、每个章节的教学课件等数字化教学资源。

全书由枣庄科技职业学院王光炎教授担任主编并进行统稿，具体分工如下：模块 1 由枣庄科技职业学院颜道淦编写，模块 2 由枣庄科技职业学院朱溢楠编写，模块 3 由枣庄科技职业学院王光炎编写，模块 4 由枣庄科技职业学院张凯编写，模块 5 由枣庄科技职业学院郑文梅编写，模块 6 由山东城市建设职业学院甘信广编写。

在本书的编写过程中，三一山东筑工科技有限公司的雷雯、枣庄华厦建筑工程有限公司的田玉龙等参与了编写大纲的制订，并进行了审稿。本书在编写过程中参阅了大量文献资料，特别是工程案例，在此对相关作者及资料的提供者深表谢意，并对山东智筑侠信息科技有限公司、杭州万霆科技股份有限公司给予的技术支持表示衷心的感谢！

由于编者水平有限，书中难免存在不足之处，敬请读者批评指正。

编　者

2021 年 11 月

目 录

模块 1 混凝土预制构件工厂建设

知识目标 

1. 熟悉混凝土预制构件（以下简称PC构件）生产线相关知识。
2. 掌握PC构件工厂选址原则及制约因素。
3. 掌握PC构件工厂总体规划内容。

能力目标 

1. 能协助工程师对PC构件工厂进行选址。
2. 能协助工程师对PC构件工厂进行初步总体规划。
3. 能协助PC构件生产线生产厂家进行设备的选型和安装调试。

思政目标 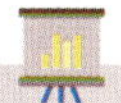

1. 通过对混凝土预制构件工厂选址和厂区总体规划的学习，让学生了解保护自然环境的重要性，培养学生人与自然和谐共生和绿色发展的理念。

2. 通过对钢筋生产线、混凝土预制构件生产线、配套设备生产线的选型和实验室建设的学习，让学生了解国内外先进的生产设备和仪器设备，培养学生立足实际工作岗位，发扬工匠精神，赶超世界先进水平的决心和信心，培养学生的民族自豪感和团结一致的集体主义荣誉感。

3. 通过对生产设备安装的学习，培养学生严谨踏实的工作作风，认真规范的职业操守，培养学生吃苦耐劳的劳模精神，精益求精的工匠精神，追求卓越的大师精神。

思维导图 

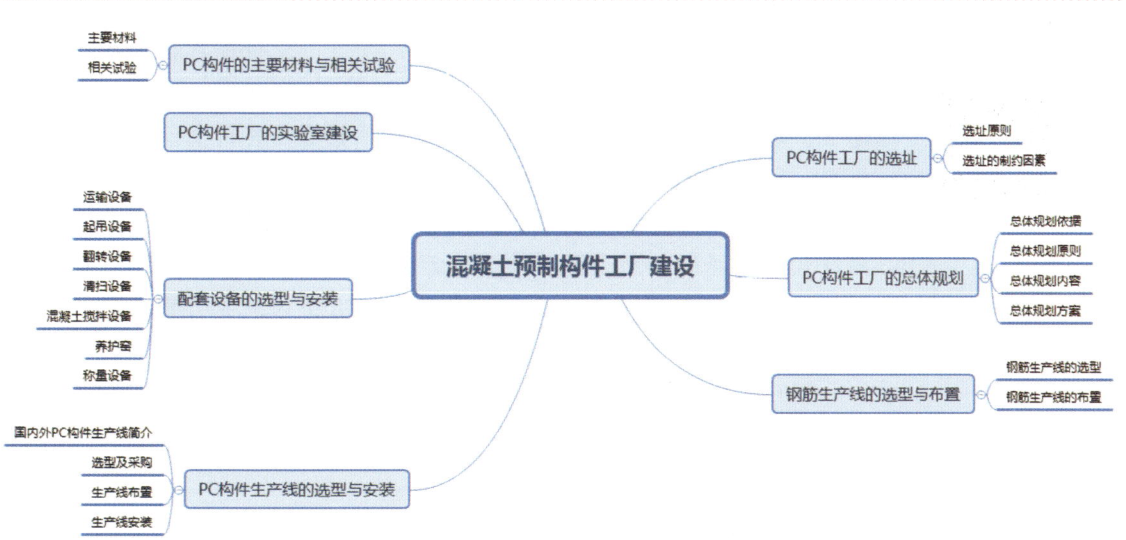

党的二十大报告提出，加快发展方式绿色转型。推动经济社会发展绿色化、低碳化是实现高质量发展的关键环节。加快推动产业结构、能源结构、交通运输结构等调整优化。实施全面节约战略，推进各类资源节约集约利用，加快构建废弃物循环利用体系。完善支持绿色发展的财税、金融、投资、价格政策和标准体系，发展绿色低碳产业，健全资源环境要素市场化配置体系，加快节能降碳先进技术研发和推广应用，倡导绿色消费，推动形成绿色低碳的生产方式和生活方式。而推动装配式建筑技术发展，加快新型建筑工业化转型升级，实现建筑业双碳战略发展目标，是建筑行业贯彻落实党的绿色发展理念的重要途径。

近年来，我国建筑业的规模随着城镇化及城市现代化的加速而不断扩大，国内生产总值持续增长。我国的中高层建筑多用传统现浇方式来建造，这种建造方式施工工期长、生产效率低、环境污染严重、能源和资源消耗量大，且存在产业链割裂等不足。此外，传统建筑业属于劳动密集型产业，随着人们生活水平不断提高和择业观的改变等，用工成本上涨，导致工程成本不断增高。工程成本高，施工效率低，严重制约了传统的现浇钢筋混凝土建筑的发展。作为一种以生态文明和绿色发展为目标的快速建造、节能建造、安全建造的建筑模式，装配式建筑将迅速进入发展机遇期。

混凝土预制（precast concrete，PC）构件工厂的建设是装配式建筑发展的一个特征。PC 构件工厂指从建筑材料进厂、预制构件生产及堆放到运输过程中占用的场所构成的空间集合。衡量一个地区乃至一个国家的建筑工业化水平的重要指标之一是 PC 构件工厂的数量和建设规模。

零排放绿色环保型智能建造 PC 工厂

2020 年 2 月，中建科技集团与水矿集团、六盘水城投公司开展战略合作，共同成立中建科技六盘水有限公司，投资建设六盘水首个装配式智能建造 PC 工厂。项目重点聚焦科研设计、装配式绿色建筑、基础设施和建材物流等业务板块，主要开展新型建筑工业化规划、科研、设计、装配式构件生产、装配式 EPC 工程总承包、工厂运营管理，绿色建筑、智慧建筑、低碳建筑和建筑节能及分布能源设计建造经营，新型建材研发生产经销，城乡基础设施和市政管网规划设计和工程总承包，预制混凝土加工销售，道路物流和仓储服务等业务，打造装配式绿色建造“产学研”示范基地。

（扫描二维码查看详细内容）

1.1 PC构件工厂的选址

PC构件工厂选址的合理性,直接影响建成后工厂的生产运营管理、成本控制及工厂的经济效益。因此，应从国民经济和社会发展的全局出发，结合地理环境，针对社会、政治、经济等多方面因素，运用科学系统的观点和合理方法对工厂的选址做出决策。

1.1.1 选址原则

PC构件工厂在选址时一般应遵循以下原则。

1. 交通便利原则

自2016年来，国务院及住房和城乡建设部相关政策的发布加快了装配式建筑配套技术标准的完善，并且对落实装配式建筑发展提出了具体要求。相继各省、市政府相关部门颁布了一系列的鼓励支持政策，激励装配式建筑的实施与发展，这意味着构件的运输量必将增多。从原材料的获取、成品在工厂内的生产到将构件运至施工现场进行装配施工等作业都需要便利的交通作保障。因此，PC构件工厂在选址时，必须要以交通便利为原则，尽量靠近交通枢纽。

2. 需求集中原则

PC构件工厂至施工现场的距离将直接影响PC构件运送的时间及成本。因此，PC构件工厂的选址应立足长远，不仅要满足当前的需要，更要遵从长期价值。

3. 地理适应原则

PC构件工厂的建设必须符合当地的城市发展规划要求。PC构件工厂厂址一般选在工业园区，并应考虑周边自然环境、地址情况、水文、气候等自然条件。

4. 持续发展原则

PC构件工厂初期项目较少且初始投资较多，建设规模不会太大，需要在后期分阶段进行扩建。因此，应留有一定的土地为今后的扩建提供空间。

5. 环境友好原则

PC构件工厂在建造过程及生产运营过程中或多或少会对周围环境带来影响，因此，PC构件工厂的选址必须协调好与周边居民生活环境的关系。

1.1.2 选址的制约因素

PC构件工厂的特殊性，决定了其选址的制约因素，主要包括以下6个方面。

1. 产业环境

影响PC构件工厂选址的产业环境主要有PC构件产品的市场需求、当地发展装配式建筑的政策导向，以及当前装配式建筑的产业状况。市场需求决定了企业的生存和发展能力，通过对当地装配式建筑项目的调研可以确定PC构件工厂建厂的合理性及适用性。政策导向能够预示当地该产业发展的前景。产业状况在一定程度上能预测产业的未来发展趋势。

2. 经济因素

PC构件工厂选址过程考虑的经济因素主要包括土地成本因素、交通运输成本因素、生产及运营和人力成本等。土地成本是影响PC构件工厂盈利与否的重要因素之一，应综合考虑土地成本因素；原材料及PC构件的运输是建筑供应链上的重要组成部分，采用何种运输方式、选择哪条运输线路，都会影响到运输成本，进而影响后期的成本控制；生产及运营成本和人力成本也会对选址产生影响。

3. 社会影响

PC构件工厂在生产中或多或少会对周边环境产生一定的（水、噪声及空气）影响，因此，PC构件工厂选址时应远离城镇和居民密集区，防止给人们生产和生活带来不便。

4. 基础设施

PC构件工厂应选设在供电、供水和其他协作条件便于取得的地区，以利于施工条件的满足和项目运营期间的正常运作。

5. 自然条件

自然条件包括气候条件、地形条件、地质条件、水文条件等。PC构件工厂应以自然条件因素对建成后的器械的运作和生产运营行为的影响为参考依据进行选址，为避免在不良区域建厂给生产运营和产品堆放等带来种种问题，选址只能考虑适宜场地，对于不适宜建厂的场地和禁止场地必须及时否决。

1.2 PC 构件工厂的总体规划

厂区的地址选择确定之后，下一步就是要考虑对厂区的规划，科学合理地制订总体规划可以产生巨大的经济效益。

一个完整的 PC 构件工厂主要由办公区和生活区两部分组成，其中办公区包括接待室、会议室、内业室、外业室、实验室、财务室、材料室等；生活区包括餐厅、宿舍、活动室等。PC 构件工厂选址除充分考虑周围的交通环境（包括原材料进场的运输及构件出厂运输），周围的水、电供应，垃圾外运、污水排放等各项因素外，还需合理规划厂区内材料堆放区、构件堆放区、构件生产区等的布局，满足标准化管理要求。

1.2.1　总体规划依据

建设 PC 构件工厂，首先要根据混凝土预制构件工厂建设可行性研究报告、企业的经济技术状况、对 PC 构件工厂建成后的预期进行总体规划；其次还应考虑厂址所在地允许扩展的空间、PC 构件产品定位和产量需求、混凝土预制构件生产线主要设备的性能参数等因素。应特别注意的是，构件对存放场地的需求较大。

1.2.2　总体规划原则

PC 构件工厂的总体规划应遵循以下原则。

（1）选址上因地制宜，充分利用现有条件，做到交通便利、物流畅通。人流和物流的出入口设置应符合城市交通有关要求，实现人车分离，避免货物运输和人流的交叉。厂区应方便原材料、产品运输车的进出，尽量减少中间运输环节，保证物流顺畅、路径短捷。

（2）技术上生产线适用性强，设备性能稳定可靠、运转安全、操作维修方便。构件生产区，如混凝土配料及搅拌、钢筋加工、构件生产等区域，在总平面设计上，应做到合理衔接并符合生产流程要求。应以构件生产车间等主要设施为主进行布置。

（3）经济上建设成本可控，后期运行维护成本低，生产线可塑性强。分期建设应统一规划，近期工程应集中、紧凑、合理布置，与远期工程合理衔接。

（4）环境绿化与空间组合协调，努力改善工厂和工作环境，符合环保要求。例如，原材料物流的出入口，以及接收、贮存、转运、使用场所等应与办公和生活服务设施分离，易产生污染的设施宜设在办公区和生活区的常年主导风向下风向。必须对混凝土搅拌用水进行化验，确保符合搅拌用水标准，对于构件冲洗用水可以使用处理后的污水。

1.2.3 总体规划内容

PC 构件工厂总体规划内容如下。

（1）PC 构件工厂建设按照可行性研究报告中的规划进行设计和布局，同时应兼顾整个工厂内各生产项目的投资顺序和 PC 构件生产线日后提能扩产的要求。

（2）PC 构件工厂整体是由构件生产区、构件成品堆放区、办公区、生活区及相应配套设施等组成，规划时应满足标准化管理要求。

（3）构件生产车间由 PC 构件生产线、钢筋生产线、混凝土搅拌运输系统、高压锅炉蒸汽系统、桥式门吊系统、车间内 PC 构件临时堆放区、动力系统等组成。

1.2.4 总体规划方案

建设公司根据土地情况及项目生产工艺需求，以及企业未来发展要求规划 PC 构件工厂建设（图 1–1）时，总体布置方案应满足如下要求：①功能分区明确，人流、物流便捷流畅；②生产工艺流程顺畅、简捷，为以后扩展提供方便；③绿化密度较高，厂区舒适、美观。

图 1–1　PC 构件工厂总体布置

1. 生产车间

为生产效率，当前 PC 构件工厂一般采用大跨度单层钢结构。生产车间（图 1–2）设计为 2 ～ 4 跨不等，车间长度为 120 ～ 180m，单跨宽为 24 ～ 27m。厂房层高满足门吊最小起吊高度 8.5m 的要求。地面硬化采用水泥混凝土，厚度不低于 200mm。基层采用三七灰土或水泥稳定碎石、水泥稳定砂砾。软弱地基采用换填处理。

生产车间在设计时应满足以下要求：①生产设备要按工艺流程的顺

序配置，在保证生产要求、安全及环境卫生的前提下，尽量节省厂房面积与空间，减少各种管道的长度；②生产车间应尽可能充分利用自然采光与通风条件，使各个工作地点具备良好的劳动环境；③生产车间内交通运输及管理方便，人员能迅速安全地疏散；④厂房紧凑简单，为生产发展及技术革新等创造有利条件。

1）生产车间总体规划

生产车间总体规划应遵循如下原则。

图 1-2 生产车间

（1）在保证生产要求、安全及环境卫生的前提下，做到优化设计，尽可能充分利用厂房面积和空间，减少各种管线的长度。

（2）注意改善操作条件，对劳动环境差的工段要充分考虑朝向、风向、门窗、排气、除尘及通风设施的安装位置。设备的操作面应迎着光线，使操作人员背光操作。

（3）要统一安排生产车间所有操作平台、各种管路、地沟、地坑及巨大的或震动大的设备基础，避免同厂房基础发生位置上的矛盾。

（4）合理安排厂房的出入口，每个生产车间出入口不应少于 2 个，为保证车辆通过性，宽度以 4 ～ 5m 为宜，高度不小于 5m。

（5）生产车间采用钢结构厂房，其长度应以满足生产线布置为原则，单跨宽度不小于 24m，建筑高度以 14 ～ 16m 为宜。生产车间内设办公及仓库用房和构件平板车运输轨道。

（6）根据产品需求，生产车间不宜少于 3 跨，布置时可根据具体情况进行调整，如“三明治”外墙板生产线、叠合板生产线、钢筋加工设备和固定模位生产线等。

2）生产车间分区

（1）生产车间内分流水线生产区、固定模位生产区、钢筋生产区、模板加工修整区、构件临时存放区、模板存放区、钢筋中间产品存放区、构件布展区、临时休息室与办公室、参观通道等。

（2）生产区和构件临时存放区地面宜采用固化剂处理，布展区和参观通道采用环氧地坪地面；生产区与其他区域应使用不锈钢栏杆和不低于 2m 的钢丝网进行安全隔离。

3）生产车间桁吊设计与安装

每跨生产车间设置 2 台 10t（设主副吊钩）和 1 台 5t 桁吊，起吊高度不小于 9m，均能纵向贯通整条生产线。

4）生产车间水电暖气设计与安装

（1）生产车间用水相对较少，主要是消防用水、生产用水、工人饮水。一般采用市政自来水给水，也可以采用打井取水。

（2）生产车间内排水沟宽度不小于 30cm，排水沟与厂区排水系统相连并设纵向“人”字坡，坡度不小于 1%。

（3）生产车间供暖根据当地冬季气温条件设计计算，其供暖温度不低于 5℃；生产车间蒸汽管路可以根据实际选择走地上或地沟。利用钢结构车间设计形式，可将长条状散热片安装在 H 形梁柱的 U 形槽内，以达到节省空间、整齐美观的目的。

（4）每跨生产车间两侧设置电缆沟，电缆沟宽度不小于 60cm。每条生产线均采用专用电缆，根据设备位置设置配电柜。

5）生产车间通风系统

为应对夏季车间工作环境，车间屋顶需要设置通风系统。

6）搅拌站、蒸汽锅炉房

根据车间年规划生产量，配置能满足生产需要的搅拌站和蒸汽锅炉。

为降低生产能耗，节能环保，设计时应将混凝土和蒸汽输送距离设计到最小值，并最大限度地减少管道拐弯。两者应与生产车间同步设计，搅拌站出料口对应生产线布料工位，蒸汽锅炉房对应车间内蒸汽养护窑的用气工位。

2. 构件堆场

构件堆场是 PC 构件工厂的重要组成部分，是 PC 构件出厂前的主要存储地。

1）堆场的设计

堆场设置要考虑与构件生产车间的距离，故构件堆场一般靠近生产车间设置。

（1）堆场面积的大小应满足 PC 构件最大生产产能需要，并要满足库存构件的堆放需求。其最大面积可按照产能的 1.2 ～ 2.0 倍进行预留设计。

（2）堆场场道结构层中的基层一般为三七灰土或水泥稳定碎石、水泥稳定沙砾，面层采用不少于厚度为 20cm 的 C30 混凝土。堆场纵向坡度应为平坡设计。为便于排水，堆场设置横向坡度，并在每跨两侧设置排水管道和漏水口，将堆场内的雨水排至厂区雨水管网。

2）堆场轨道式起重机的选择与布置

（1）堆场轨道式起重机基础采用条形基础，轨道式起重机的轨道采用 43kg/m 钢轨，在堆场面层施工前进行轨道式起重机基础及轨道安装施工。安装轨道时应考虑后期使用安全性，需对轨道进行接地处理。为保证堆场车辆通行方便，轨道式起重机轨道顶面要与堆场混凝土面层顶标高相同。

（2）轨道式起重机跨度选择：为充分利用堆场空间，轨道式起重机跨度宜大于 20m，并采用单端悬挑。堆场内轨道式起重机采用对称布置，即两跨轨道式起重机悬挑端设计为一左一右，两轨道式起重机间为滑触线。

（3）堆场轨道式起重机吊重为 10t。

3）堆场 PC 构件管架的布置

（1）在堆场内划分不同的存放区，用于存放不同的 PC 构件。

（2）根据堆场每跨宽度，在堆场内，垂直于轨道式起重机呈线型设置钢结构墙板存放架。每跨可设 2 ～ 3 排存放架，存放架距离轨道式起重机轨道 4 ～ 5m。

（3）在堆场的区域内，圈画出堆放 PC 构件的存放区。

3. 办公研发楼

（1）PC 构件工厂内的办公研发楼应满足 100 ～ 150 人办公需求，并预留足够的房间作为机动使用。

（2）办公研发楼内设相关职能部门，如办公室、研发设计部、工程管理部、计划合同部、财务部、物资设备部、安全质量部，并配有多功能厅、大中小型会议室、接待室等。

（3）办公楼前设停车场，停车场应满足本企业人员车辆及来宾人员车辆停车需求。

4. 实验室

1）实验室规划

实验室是相对独立的试验场所，要充分考虑安全、环保、交通便利及工程质量管理要求，满足信息化办公要求及试验检测工作需要和标准化建设的有关规定。

2）实验室的分区与布局

实验室按功能区分为资料室、留样室、特性室、力学室、标养室、集料混凝土室、水泥室、化学室。各功能室要独立设置，并根据不同的试验检测项目配置满足要求的基础设施和环境条件。按照试验检测流程和工作相关性进行合理布局，保证样品流转顺畅，方便操作。

5. 宿舍楼

根据 PC 构件工厂经营规划情况，宿舍楼的面积要满足产能高峰时员工的住宿条件。宿舍楼设计应简洁大方，节能供暖等均应符合规定要求。

6．锅炉房

根据 PC 构件工厂的规划情况，锅炉房位置应靠近生产车间。锅炉房可设计为框架或砖混结构，锅炉房面积及布局应根据设备情况进行设计布置。

选择锅炉吨位的大小时，还应考虑到生产车间、办公研发楼、宿舍楼的冬季供暖需要。

7．磅房

磅房位置应设置在物流门附近，根据地磅、砂石料仓库的位置而定。磅房距离地磅不宜超过 50m，面积为 15 ～ 20m^2 即可。

8．厂区道路等设施的设计与布置

（1）厂区道路在满足生产要求的同时，做到物流顺畅有序。

（2）厂区主干道构成环状路网，各路相通。厂区物流出入口应紧邻市政道路。厂区交通要做到人、物分流。

（3）厂区道路一般采用水泥混凝土路面。主干道路路面宽度不小于 7m，次干道为 5m。

（4）对厂前区、道路两侧及新建建筑物或构筑物周围皆予以绿化，种植花草和树木，以达到减少空气中的灰尘、降低噪声、调节空气温度和湿度及美化环境的目的，为工作人员创造一个良好的户外活动场所。

（5）厂内管线包括给水排水管线、电力及通信线路、压缩空气管线等。

（6）排水管采用暗沟雨污合流形式，其他管线均采用地沟。对于含有水泥等粉料的浆水，应设置沉淀池，明沟上覆盖盖板。

选择厂址应多考察几个地块，在综合考虑以上因素，进行比对分析后，再从中选取一个优良厂址。选定厂址后，进行合理规划是将来顺利生产的先决条件。

1.3 钢筋生产线的选型与布置

近年来，我国钢筋加工机械得到快速发展，钢筋切断、弯曲、调直等加工机械在传统技术基础上，设备的性能和质量有了显著提高，新技术、新产品不断涌现。

1.3.1 钢筋生产线的选型

钢筋加工设备的使用

钢筋生产线是PC构件工厂的重要组成部分，主要完成钢筋原材的切断、弯曲、调直、成型、绑扎、成品储存等工序。钢筋加工设备的选型，要满足PC构件生产的种类、产能、自动化程度的要求。钢筋生产线应能与PC构件生产线协调配合，产能略有富余。钢筋生产线的自动化程度要与工人素质、施工组织相配套。

目前，我国新建PC构件工厂生产的构件包含外墙板、内墙板、叠合板、预制楼梯、阳台、叠合梁、预制柱、异形构件等。与之对应的有钢筋线材加工设备、钢筋棒材加工设备、钢筋网片加工设备、钢筋弯筋与调直设备、钢筋连接设备、钢筋焊接设备等。

1. 钢筋线材加工设备

钢筋线材加工设备主要由数控钢筋弯箍机和全自动数控钢筋调直机组成，用于完成钢筋盘条的开卷调直、定尺切断和箍筋成型，包括大量使用的拉筋、板筋等部品。PC构件工厂常用的钢筋为直径5～12mm的盘条，目前钢筋线材加工设备加工的钢筋最大直径已达16mm。

1）全自动数控钢筋弯箍机

全自动数控钢筋弯箍机（图1-3）是一种批量生产装置，采用智能控制，可以将加工多种尺寸、多种规格的钢筋，如方形、矩形、菱形、多边形等，同时具有校直功能，一机多用，其参数如表1-1所示。

图1-3 全自动数控钢筋弯箍机

表1-1 全自动数控钢筋弯箍机参数

型号	GGJ13A	GGJ13B	GGJ16A
双根钢筋直径/mm	5～8	5～10	10～16
最大弯曲速度/（°/s）	1 250	1 400	1 400
单根钢筋直径/mm	5～13		
中心轴尺寸/mm	ϕ20、ϕ25、ϕ32（ϕ40、ϕ50、ϕ60为选配）		
弯曲角度/（°）	±180		
最大牵引速度/（m/min）	110		
主机外形尺寸（$L\times B\times H$）/（mm×mm×mm）	3 600×1 400×2 200		

2）多功能弯箍机

多功能弯箍机（图 1–4）从钢筋送料、去氧化皮到校直延伸、弯曲成型、切断，多种工艺单机一体完成，能制作多种尺寸、多种规格的箍筋，如方形，矩形，菱形、多边形等，能完全达到设计要求，同时具有校直功能，一机多用，其参数如表 1–2 所示。

图 1–4　多功能弯箍机

表 1–2　多功能弯箍机参数

型号	GGJ13-DA	GGJ16-DA
单根钢筋直径 /mm	5 ～ 13	10 ～ 16
双根钢筋直径 /mm	5 ～ 8	8 ～ 10
中心轴尺寸 /mm	ϕ20、ϕ25、ϕ32（ϕ40、ϕ50、ϕ60 为选配）	
弯曲角度 /（°）	±180°	
最大牵引速度 /（m/min）	110	
最大弯曲速度 /（°/s）	1 200	
主机外形尺寸（$L\times B\times H$）/（mm×mm×mm）	3 526×1 260×8 300（可根据客户需要定制）	

3）钢筋调直切断机

钢筋调直切断机（图 1–5）适用于生产铁路护栏、高速公路护栏、养殖笼具、五金制品、保温隔热网、建筑钢材等材料的调直，以及混凝土构件生产厂及建筑施工中对圆形钢筋盘条的调直与切断，其参数如表 1–3 所示。其调直精度高、调直效果好、不易出故障、无曲轴、无磨损、定尺切断准确、工作稳定、性能可靠、生产效率高。

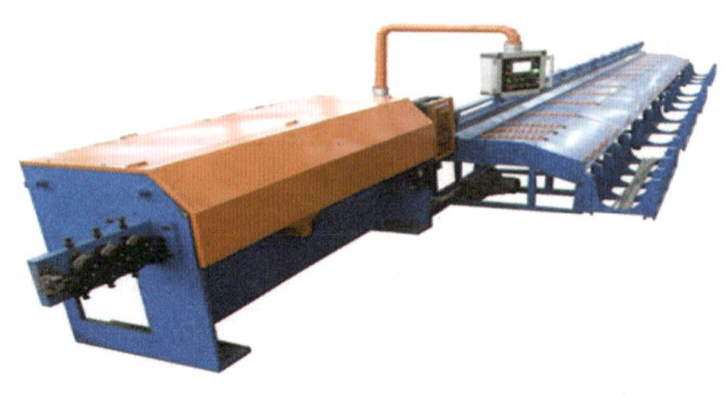

图 1–5　钢筋调直切断机

钢筋调直切断加工（现场）

表 1-3 钢筋调直切断机参数

型号	GT5/12	GT8/14	GT10/16
钢筋加工直径 /mm	5 ～ 12	8 ～ 14	10 ～ 16
整机功率 /kW	46.5	53.5	62
主机外形尺寸（$L×B×H$）/（mm×mm×mm）	2 600×1 000×1 980	3 180×1 000×1 980	3 700×1 000×1 980
切断定尺长度 /mm	800 ～ 12 000（可按用户需要定制）		
最大牵引速度 /（m/min）	150		
长度调整方式	手动 / 自动		
剪切方式	伺服剪切		
速度调整方式	无级调速		
控制方式	可编程控制系统		

4）全自动板筋机

全自动板筋机（图 1-6）从钢筋送料、去氧化皮到校直延伸、弯曲成型、计数及切断等多种工艺组合一体化，利用电机的正反转对钢筋进行 360° 双向弯曲，其参数如表 1-4 所示。其中心轴可替换，不用担心损耗之后的修理问题，便于维修，方便快捷。可以采用智能化数控控制，直接制作各种尺寸、各种规格、各种形状的钢筋，完全达到了设计者的设计要求。

图 1-6 全自动板筋机

表 1-4 全自动板筋机参数

型号	BJX12	BJX14	BJX16
钢筋加工直径 /mm	5 ～ 12	8 ～ 14	10 ～ 16
加工速度 /（m/min）	0 ～ 120（无级可调）		
弯曲速度 /（° /s）	0 ～ 180（无级可调）		
弯曲短边长度 /mm	100 ～ 300		
弯曲长边长度 /mm	2 000 ～ 12 000		
最大弯曲角度 /（°）	135		
弯曲角度误差 /（°）	±1		
总功率 /kW	45	50	68
主机外形尺寸（$L×W×H$）/（mm×mm×mm）	26 000×2 400×2 400	27 000×2 400×2 400	28 000×2 400×2 400

2. 钢筋棒材加工设备

钢筋棒材加工设备主要包括钢筋剪切机和钢筋弯曲机。主要用于完成直条螺纹钢的定尺切断和弯曲成型。加工 12 ～ 28mm 钢筋，一般采用 120t 剪切生产线和立式弯曲线组合配套方案。下料长度精度可达 ± 1.5mm。

1）钢筋剪切机

钢筋剪切机（图 1–7）是一种加工钢筋的工具，主要运用于钢筋的裁剪和切断，是建筑行业中不可缺少的机器，其参数如表 1–5 所示。

图 1–7　钢筋剪切机

表 1–5　钢筋剪切机参数

规格型号		GQX120	GQX150	GQX300	GQX500
剪切力 /kN		1 200	1 500	3 000	5 000
切刀宽度 /mm		100 ～ 250	500		
剪切频率 /（次 /min）		≤ 24	≤ 14		
剪切长度 /mm		700 ～ 1 200	1 750 ～ 12 000		
液压系统最大工作压力 /MPa		无	25		
辊道输送速度 /（m/min）		50	40 ～ 90		
原料最大长度 /mm		12 000			
剪切数量（σ_b ≤ 650MPa）/ 根	ϕ50	—	1	2	3
	ϕ40	1	3	5	6
	ϕ32	2	13	14	14
	ϕ25	4	16	16	16
	ϕ20	6	22	22	22
	ϕ16	8	27	27	27
	ϕ12	12	30	32	32

2）钢筋弯曲机

钢筋弯曲机（图 1–8）用于建筑工程上将各种普通碳素钢、螺纹钢等加工成工程所需的各种几何形状，其参数如表 1–6 所示。

图 1-8　钢筋弯曲机

表 1-6　钢筋弯曲机参数

<table>
<tr><td>型号</td><td colspan="5">GWXL2-32A（标准型）</td><td colspan="5">GWXL2-32B（加宽型）</td></tr>
<tr><td>主机外形尺寸（带上料架）/（mm×mm×mm）</td><td colspan="5">10 000×2 090×1 460</td><td colspan="5">12 760×2 090×1 460</td></tr>
<tr><td>主机外形尺寸（不带上料架）/（mm×mm×mm）</td><td colspan="5">10 000×1 145×1 050</td><td colspan="5">12 760×1 145×1 050</td></tr>
<tr><td>最大边长尺寸 /m</td><td colspan="5">8.6</td><td colspan="5">11.4</td></tr>
<tr><td>最小短边尺寸（弯曲 90°）/mm</td><td colspan="10">70</td></tr>
<tr><td>电源</td><td colspan="10">380V（±5%），50Hz</td></tr>
<tr><td>总功率 /kW</td><td colspan="10">11.6</td></tr>
<tr><td>主机最大移动速度 /（m/s）</td><td colspan="10">0.5 ～ 1</td></tr>
<tr><td>弯曲速度 /（r/min）</td><td colspan="10">3 ～ 10</td></tr>
<tr><td>最小边长尺寸 /mm</td><td colspan="10">ϕ10 为 420；ϕ32 为 435</td></tr>
<tr><td>ϕ10 ～ ϕ25 最大弯曲角度 /（°）</td><td colspan="10">上弯曲 180，下弯曲 120</td></tr>
<tr><td>ϕ28 ～ ϕ32 最大弯曲角度 /（°）</td><td colspan="10">上弯曲 135，下弯曲 90</td></tr>
<tr><td>原料台输送速度 /（m/min）</td><td colspan="10">最大 7</td></tr>
<tr><td>原料台承载能力 /kg</td><td colspan="10">2 000</td></tr>
<tr><td>弯曲方向</td><td colspan="10">双向</td></tr>
<tr><td rowspan="2">加工能力（HRB400）</td><td>ϕ10</td><td>ϕ12</td><td>ϕ14</td><td>ϕ16</td><td>ϕ18</td><td>ϕ20</td><td>ϕ22</td><td>ϕ25</td><td>ϕ28</td><td>ϕ32</td></tr>
<tr><td>6 根</td><td>5 根</td><td>4 根</td><td>3 根</td><td>3 根</td><td>2 根</td><td>2 根</td><td>1 根</td><td>1 根</td><td>1 根</td></tr>
</table>

3. 钢筋网片加工设备

1）钢筋网片弯曲机

钢筋网片弯曲机适用于弯曲直径为 6 ～ 20mm 的钢筋，其夹紧机构为凸轮式的机构，驱动机构采用 7 台液压缸进行折弯，设计有钢筋网片弯曲机辅助车，和弯曲机一起配合工作。钢筋的弯曲角度由驱动液压缸的行程来确定，能实现弯曲角度的自动化。使用钢筋网片弯曲机弯曲工作钢筋网片效率高，可实现无级调速，性能稳定。钢筋网片弯曲机如图 1-9 所示。

图 1-9　钢筋网片弯曲机

2）柔性钢筋网片生产线

（1）场地要求。柔性钢筋网片生产线的设备主机安装在整体基架上，生产线在焊接生产过程中产生的冲击和振动不太大，对安装地基要求不高，只需按照设备安装地基图，在车间的水泥地面上浇筑地脚螺钉或打膨胀脚螺栓，穿过焊机基架上的地脚孔，拧紧后就可将设备固定。

焊机安装时，一定要保证基架水平。

焊机的安装场地一般要求：要有足够的操作空间，且保持干燥、通风；清洁、无尘埃、无油污和其他脏物；无强辐射，无无线电通信发射机，焊机控制柜应远离辐射热源。应将焊机主控制柜放在装有空调的房间内，保持控制柜内温度不要过高；无含有酸、咸、盐或其他腐蚀性、可燃性气体。

设备安装场所要具备符合设备要求的电源、水源、气源。

（2）电源配置。钢筋网焊接成型设备是车间电网上的大负载。因此应由单独的变压器供电，这样既有利于保证焊机本身的正常运行，也有利于稳定车间电网。

接地线应有足够的断面面积，并用螺钉紧固。焊机应通过熔断器和专设的断路器接到电网上。焊接主机、控制柜和其他用电的辅机，每台设备皆应利用本身的接地螺钉与车间专门的接地母线进行可靠连接。

（3）接水源。焊机在进行水路连接时，应注意以下几个方面。

① 在焊机冷却水进口的水路上，安装调节阀，以便调节水流量的大小。停用焊机时，要关闭阀门。在冷却水的出水管口下部，通常安装出水槽或出水漏斗，以便观察冷却水的流出，测量出水温度，汇集冷却水。为可靠起见，焊接主机和控制箱应单独设出水管，便于观察和测量水流量。

② 应尽量缩短冷却水管的长度，并尽量减少水管的弯折，以减小水流阻力。

③ 为保证晶闸管水冷却的可靠性，焊机装有水压开关。当水压低于规定值时，系统将报警，从而避免当无冷却水或冷却水流量不足时，变压器、电极、晶闸管等水冷部件被烧坏。

（4）接气源。压缩空气从储气罐流出后经阀门接到焊机的进气管口。通入焊机的压缩空气要预先经过干燥，或者在气路的进口安装过滤器，滤去空气中的水分。

（5）调试。焊机全部安装就绪之后，即可以进行调整、试车。

通常将焊机调试分解，先单独调试各个组件（或单个项目），然后整机综合调试，直至最后焊出合格的试件为止。

4. 钢筋弯筋与调直设备

1）自动化弯筋机

（1）场地要求。设备不得露天使用和存放，应安放在封闭良好的工业厂房内。设备必须放在水平坚固的地面上，确保设备底座和地面良好接触。放置设备的工厂地面抗压能力不低于 15kg/cm^2，约相当于厚度为 10cm 的 C30 混凝土地面的抗压能力。

（2）安装固定。把放线架底座固定在地面上，用地脚螺栓固定设备。为防止固定设备的地面不平而引起设备重量不均匀而产生倾倒，需要用垫片将设备垫平。设备到墙的距离不得小于 1 000mm，以便于设备维护。

（3）连接气源。设备需要不小于 0.3m^3/min 的气源，直接连接压缩空气供气管到设备球阀上。检查系统气压不低于 0.8MPa，打开球阀，设备工作气压建立，检查有无漏气现象，并排除。检查完成后，关闭球阀和气源。

（4）连接电源。自动化弯筋机采用三相 380V（±5%）工频电源，地线需进行安全连接。

通电前准备工作：电源线的连接必须由专业的电工进行操作，检查电源是否和设备要求相符。安装一个独立的配电盘，包括 1 个热短路保护开关和 1 个漏电保护器。电缆线（三相 + 地线）要满足设计要求。如果电源有频繁的振荡或断电，应该增加稳压器和应急电源。

2）自动化钢筋调直切断机

（1）安装调直主机和剪切部分。将主机安装在事先准备好的水泥地基上，摆正（使主机的矫直钢筋主轴和基础中心线平行）后用木工水平仪对主体进行水平找正。

放置水平仪的最佳位置如下：纵向检查时，放在旋转床体的表面；横向检查时，放在侧立板上平面上。进行找正后用专用地脚螺栓固定。

（2）安装翻料架。翻料架的安装同样要注意其直线度和水平度。应保证在进料方向的调直筒左端穿一直线，通过料槽中心至槽尾端拉直，确保穿入的直线在料槽中间位置，同时确保收集架进料端与主机的距离为设计规定尺寸后，才能用地脚螺栓固定整个翻料架。

（3）安装原材料上料部分。安装放线架和鼠笼导料器，调整与主机的间距适当后，现场用膨胀地脚螺栓固定。

（4）安装电控柜。电控柜安装完成后，接通电气线路后，即可进行钢筋调直切断机的调试与试生产。

5. 钢筋连接设备

钢筋连接设备主要是钢筋螺纹加工设备，一般包括螺纹钢筋剪切机和滚压直螺纹套丝机。

PC 构件常用的 $\phi12$ ～ $\phi25$ 钢筋螺纹加工生产线，现已达到每小时 600 ～ 720 根的生产率。从原材料下料到钢筋一端螺纹成型，一直到成品收集，只需两人操作，是人工单机生产效率的 10 ～ 20 倍。考虑到国内 PC 构件体系的多样化及构件产能没有充分发挥的现实，目前大多 PC 构件厂采用人工操作套丝机单机的简单生产方案 。

1）螺纹钢筋剪切机

螺纹钢筋剪切机（图 1-10）是一种加工螺纹钢筋的工具，主要运用于螺纹钢筋的裁剪和切断，其参数如表 1-7 所示。

图 1-10　螺纹钢筋剪切机

表 1-7　螺纹钢筋剪切机参数

型号	GSX-500A	GSX-500B
切断方式	锯切	剪切
钢筋直径 /mm	12 ～ 50	
加工效率 /（根 /min）	1.5	4
最大原料长度 /m	12	
成品长度 /m	2.5 ～ 12	2 ～ 12
锯切宽度	500	—
输送速度 /（m/min）	0 ～ 50	
总功率 /kW	最大 48	最大 100

2）滚压直螺纹套丝机

滚压直螺纹套丝机如图 1-11 所示，其参数如表 1-8 所示。

图 1-11　滚压直螺纹套丝机

表 1-8　滚压直螺纹套丝机参数

型号	GHB50	GHB40
钢筋加工直径 /mm	16 ～ 50	16 ～ 40
电源	380V，50Hz	

6. 钢筋焊接设备

钢筋焊接设备包括钢筋网片焊接生产线（图 1-12 ～图 1-14）和钢筋桁架焊接生产线（图 1-15）两种设备，主要完成内外墙板、叠合板、阳台、楼梯等 PC 构件用钢筋网片和钢筋桁架的焊接成型，其参数分别如表 1-9 和表 1-10 所示。一般，焊接钢筋网线材规格直径最大达 12mm，最大网宽为 3 300mm；焊接桁架弦筋最大直径为 12mm，腹筋最大直径为 7mm，波峰间距（节距）为 200mm。

图 1-12　GWC-P 盘条上料标准网片焊接生产线

图 1-13　GWC-Z 直条上料标准网片焊接生产线

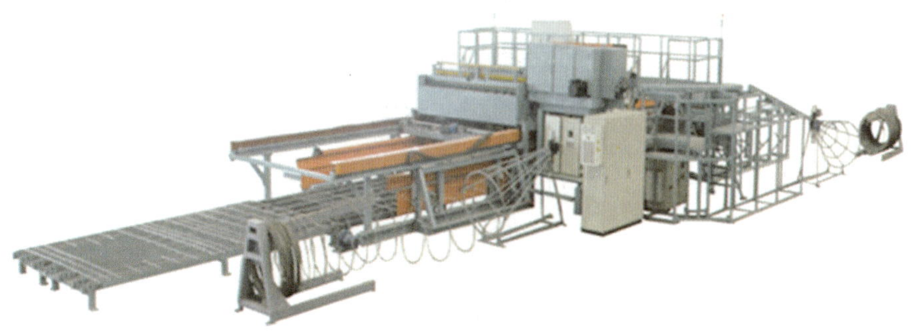

图 1-14　GWC-PC 柔性钢筋网片焊接生产线

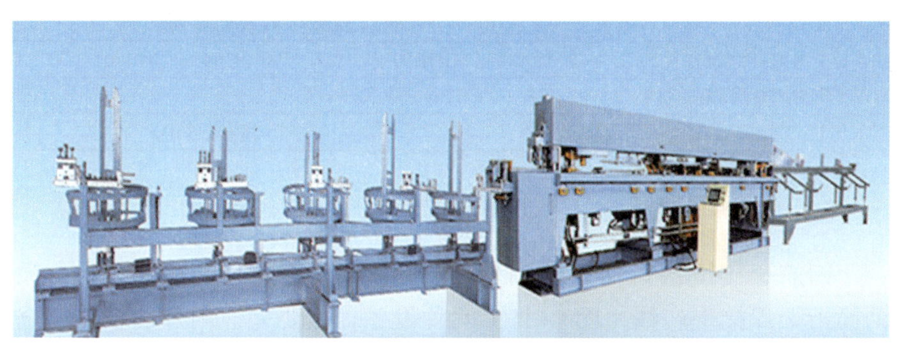

图 1-15　钢筋桁架焊接生产线

表 1-9　钢筋网片焊接生产线参数

型号	GWC-ZA/ZB/PA/PB（标准网）	GWC-PC（柔性网）
纵筋上料方式	直条 / 盘条	盘条
横筋上料方式	手动 / 自动	盘条
网宽 /mm	1 250/1 800/2 600/2 800/3 300/4 000	3 300/4 000
纵筋间距 /mm	50 的倍数或无级调速	≥ 100，50 的倍数
横筋间距 /mm	25 ～ 600 间无级可调	25 ～ 600 间无级可调
纵筋直径 /mm	3 ～ 6，5 ～ 12，5 ～ 16	5 ～ 12
横筋直径 /mm	3 ～ 6，5 ～ 12，5 ～ 16	5 ～ 12
焊接能力 /mm	6+6，12+12，16+16	12+12
额定功率 /kW	200 ～ 2 000	500 ～ 1 000
说明	—	可自动开门窗孔

表 1-10　钢筋桁架焊接生产线参数

型号	GJH270/350
额定功率 /kW	3 × 50
气源压力 /MPa	0.6 ～ 0.8

续表

冷却液流量 /（L/min）	120
冷却液温度 /℃	≤ 30
油压 /MPa	5 ～ 12
桁架高度 /mm	（70 ～ 270）/350
波峰间距 /mm	200 或 190 ～ 210 可调
波浪丝直径 /mm	4 ～ 8
上弦丝直径 /mm	8 ～ 16
下弦丝直径 /mm	8 ～ 12

1.3.2 钢筋生产线的布置

1. 钢筋生产线的布置原则及要求

钢筋生产线车间布置工艺，主要目的是满足 PC 构件的生产要求，要在满足质量及产量的前提下减少工人和管理人员的数量和劳动量。

1）钢筋加工车间布置的原则

钢筋加工车间由相对独立的多台（套）设备组成，布置工艺有别于 PC 构件生产线，又服务于 PC 构件生产线，钢筋加工车间布置应遵循以下几个原则。

（1）合理：从原材料到成品、从钢筋绑扎到模台钢筋安装，物流方向必须满足 PC 构件的生产要求。

（2）合规：原材料、设备安装及成品堆放区必须符合车间基础设计承载能力，水气电配置也必须符合相关规范。

（3）方便：采用下料和加工一体化生产线，减少钢筋吊运周转次数。

（4）安全：钢筋加工过程容易发生钢筋伤人的事故，必须在工艺规划中设置安全空间和安全隔离措施。

（5）高效：钢筋绑扎及存放区要与 PC 构件生产线作业模台临近，方便模台上钢筋制品的安装。

2）钢筋生产线布置要求

钢筋骨架绑扎成型后，必须以最近的距离运送到 PC 构件生产线相应模台上进行安装就位。充分利用自动化钢筋加工设备的牵引能力和工序集成技术，减少钢筋及其制品的起吊次数，保证钢筋按照单方向进行移动。防止吊运钢筋从人员和设备上空通过，确保安全、高效生产。

2. 布置注意事项

钢筋生产线布置注意事项如下。

（1）钢筋原材料距离门口要近，以方便钢材运输车的进出及卸货。

（2）设备摆放位置必须兼顾生产效率和操作维护空间的需求，需留出足够的安全活动空间。

（3）按照功能分类，如分成线材加工区、棒材加工区、组焊类加工区、零星加工区等，成组安排设备位置。

（4）因钢筋生产作业存在安全隐患，必须明确分离钢筋加工区与安全参观通道，并设置防护网隔离。

（5）钢筋原材料和成品的吊运，严禁从设备上方经过，更不允许从设备操作空间越过。

（6）如果从钢筋加工车间到PC构件生产线模台之间需要过跨，必须合理配置过跨设备。

3. 安装与调试生产

安装钢筋生产线，涉及水电气、PC构件生产线、车间桥式起重机等设备，需协调的部门较多，应组建由技术、设备、生产等部门组成的安装调试小组，并且配备有一定具有专业经验的安装人员，保证安装调试工作的顺利进行。

为保证钢筋生产线的安装和调试工作的顺利，必须配备专门的钢筋加工操作和管理人员、机械和电气工程师。

由以上可知，钢筋数控弯箍机、钢筋切断生产线、钢筋弯曲生产线、钢筋网焊接生产线、钢筋笼焊接生产线、钢筋三角梁焊接生产线、钢筋封闭箍筋焊接机等高效自动化生产设备近年来逐步得到推广应用，为我国钢筋工程的机械化、专业化加工提供了条件。

自主企业在装配式建筑领域技术快速发展

三一集团有限公司始创于1989年，是全球工程机械前三强企业。其PC自动化标准生产线采用全球领先的SPS制造体系，拥有全球最大的混凝土机械制造工厂、全球最大的挖掘机五星级工厂、亚洲首家数字化工厂。提供全球最先进PC成套设备，包括PC生产设备、搅拌站、构件运输车、重型叉车、重型塔吊等成套设备解决方案。

（扫描二维码查看详细内容）

1.4 PC构件生产线的选型与安装

PC构件生产线设备在PC构件工厂生产中起着重要作用，产品质量在很大程度上取决于设备的完善程度，而设备的寿命、质量、精度乃至运行时产生的噪声，都是由基础零部件的精度、选材及相应高品质的加工性能所决定，并且最终会反映在PC构件的产品质量上。

工厂生产全过程演示

1.4.1 国内外PC构件生产线简介

1. 国内PC构件生产线

目前，国内成熟的自动化流水生产线均采用以从动轮与电动轮为支撑、驱动整张模台进行运转的流水线生产方式。将预制生产中的各个工序分布到每个工位，并配置相应的机械设备和机具，人工操作或提前输入图纸和指令，人工辅助完成或自行识别完成工作内容。

2. 国外PC构件生产线

国外建筑设计高度标准化，PC构件生产线自动化程度高，模板组装、构件搬运依靠机械手完成。

总体而言，我国国内较先进的PC构件生产线发展水平已达到一个较高程度，相比国外PC构件生产线更具性价比。

1.4.2 选型及采购

PC构件生产线选型的原则是应具有先进性、高效性、经济性、实用性。

PC构件生产线选用时，首先，应依据当地的政策要求及装配式建筑的发展情况合理地选取PC构件工厂的建设规模，不能一味追求“高、大、全”；其次，依据当前的装配式建筑需要的PC构件种类及数量，考虑综合成本，循序渐进地合理选择生产线种类及数量；再次，选择第三方优化公司对制造商提供的生产工艺进行技术改造、优化；最后，选择合作厂家时，应该综合考虑该企业在体系研发、装备创新升级、生产工艺、经验项目和流程化管理服务方面有一定实力。

组织考察团队，对国内外众多生产企业进行考察后，提出合理的招标方案。以公开招标、邀请招标的方式，确定生产线厂家。在签订采购合同时，明确生产线各个部件的进场时间，保证生产线安装的有序性。防止出现已进场设备无法安装，而需要等待后进场设备的不利局面。

1.4.3 生产线布置

目前，主要的 PC 构件生产线均采用环形布置，充分考虑各个生产单元功能的不同、所占流水线节拍的长短、与搅拌站混凝土运输线路的衔接位置、与钢筋生产线的相对关系等因素，进行合理布置。PC 构件生产线是一种多品种、柔性节拍、移动式自动化生产线。

固定模位法一般采用线形布置，生产区与存放区相邻，且位于车间门吊的行走范围内。

1. 生产线布置的原则

生产线之间布置应实现物料搬运成本最小化、有效利用空间和有效利用劳动力，具体遵循如下原则。

（1）方便流畅原则：各工序的有机结合，相关联工序集中放置，流水化布局。

（2）最短距离原则：尽量减少搬运，流程避免交叉，直线运行。

（3）平衡均匀原则：工位之间资源配置，速率配置尽量平衡。

（4）固定循环原则：固定工位，尽量减少搬运等无价值的活动。

（5）安全合规原则：电气设备的安装、高压蒸汽条件下的元件保护，要符合相关法规规程，进行规范安装布局。模台运行、物体起运要设安全保险装置。

（6）经济产量原则：适应最小批量生产的情形，尽可能利用空间，减少地面放置。

（7）柔韧性原则：对未来变化具有充分应变力，方案有弹性。

（8）硬件防错原则：先从生产线硬件布局上预防错误，以减少生产上的损失。

2. 布置注意事项

PC 构件生产线布置应注意以下事项。

（1）为了生产平衡，减少空间浪费和降低作业人员巡回作业的强度，PC 构件生产流水线工位宜呈环形布置，如“三明治”外墙板生产线布置（图 1–16）。在 PC 构件生产线的周边，根据生产需要设置工器具存放区、半成品堆放区。

（2）各生产线分开合理布置，中间区域可作为工作人员行走通道或巡视观摩通道。

（3）如果采用两条 PC 构件生产线和一条钢筋生产线的配置，则采用两条 PC 构件生产线左右分开，钢筋生产线位居中间的布置形式，以减少钢筋成品、半成品的搬运距离。

（4）PC 构件生产线两侧均设排水沟与电缆沟，必要时应设置暖气沟。电气管线分离，排水沟与电缆沟不得共用，废水排泄与管线不得共用一条暗沟。

（5）根据生产设备高度，确定车间桁吊高度（吊装高度不小于9m）。为提高车间桁吊利用率，各桁吊必须能够贯穿通行整个流水线。桁吊安装必须在钢结构屋盖覆盖前完成。

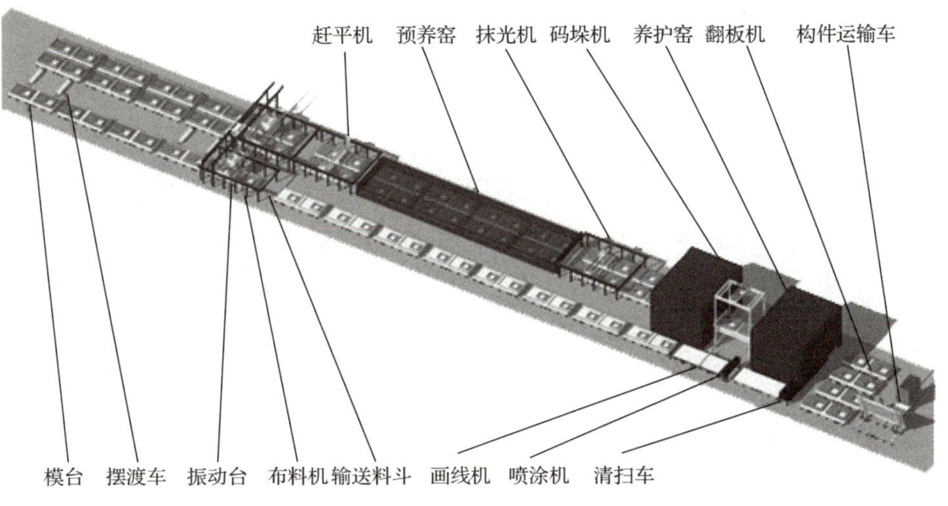

图 1-16 “三明治”外墙板生产线布置图

模台摆渡（现场）

1.4.4 生产线的安装

1. 前期准备工作

设备制作方要组建安装团队，项目经理负责与厂方的沟通、技术交流、总体统筹。项目副经理负责后勤保障、材料采购等工作。配备机械、电气技术员若干名。

厂方应安排专门负责人、电工、门吊操作等相关人员协助安装工作。

2. 设备安装位置放线

根据生产线设计布置图，采用全站仪测放整条生产线的控制桩位。以整个生产线的中轴线为基准，对称分出左右前后环形中心线。将环形中心线分成若干段，以各段中心线为基准，测定出两侧导向轮、驱动轮的桩位。

根据各工位的间距规划，在环形中心线上测定各个工位的中心桩位。

3. 驱动轮与导向轮安装

驱动轮与导向轮（图 1-17）一般采用预埋型钢或钢板焊接、预埋地脚螺栓固定两种形式。

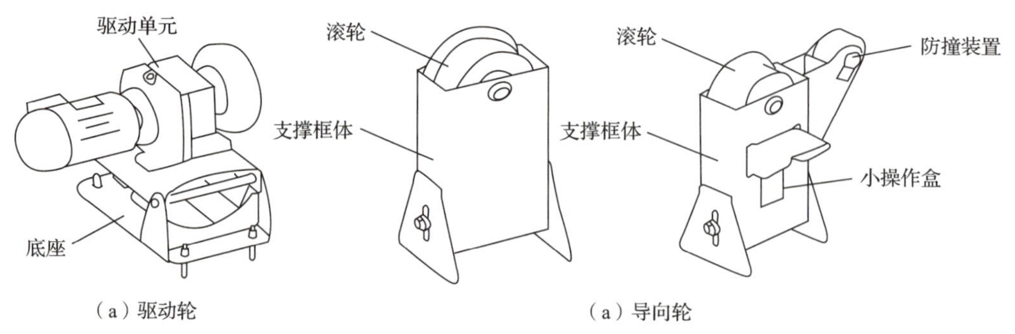

（a）驱动轮　　（a）导向轮

（c）流水线上的驱动轮与导向轮

图 1-17　驱动轮与导向轮

预埋钢板时要保证板面水平，浇筑混凝土时钢板下无孔洞，且振捣密实。地脚螺栓预埋浇筑混凝土时，要保证板面水平、四根螺栓垂直固定。

采用焊接工艺时，先测定预埋钢板高程是否满足生产线模台标高要求。当低于设计高程时，在预埋钢板上敷设焊接另一厚度合适的钢板进行补高。

4. 设备立柱、走梁和轨道安装

（1）输送料斗（鱼雷罐）、蒸养窑、布料机、抹光机、画线机均需要用立柱架来支撑设备的运行。其中输送料斗通过走梁和轨道来实现设备的前进后退。

（2）根据生产线设计布置图，测放设备的中心控制桩，确定中心线。再测放出左右立柱的位置。并根据立柱的连接方式，预埋连接钢板和地脚螺栓。连接工艺同导向轮、驱动轮的连接。

（3）采用人工辅助吊车、车间桁吊进行设备立柱、走梁和轨道的安装。安装时，要保证每排中的每根立柱均位于同一条直线上。两排立柱上敷设的走梁面高度要一致，以确保输送料斗等设备的运行平稳。

5. 清扫机、脱模剂喷涂机、画线机、布料机、翻板机安装

模台清扫喷涂

1）清扫机

（1）清扫机（图 1-18）主要部件包括机架总成、清理装置、扬尘机构、吸尘机构、刮料机构、接料装置、电柜等。

（2）清扫机安装流程：画线找平→机架安装→清理机构安装→扬尘机构安装→吸尘机构安装→刮料机构安装→接料装置安装→其他附件安装→分部试运行。

图 1-18　清扫机组成

2）脱模剂喷涂机

（1）脱模剂喷涂机主要部件包括设备总成、接油装置、液压油站、电柜等。

（2）脱模剂喷涂机安装流程：画线找平→整机安装→接油装置安装→管路安装→其他附件安装→分部试运行。

3）画线机

（1）画线机主要部件包括行走支架、纵向行走系统、横向行走系统、画线机构总成、电柜等。

（2）画线机安装流程：画线找平→行走支架安装→纵向 T 形导轨安装→纵向行走齿条安装→纵向与横向行走系统机架安装→画线机构安装→管路连接→其他附件安装→分部试运行。

4）布料机

布料机

（1）布料机主要部件包括支撑架、纵向行走系统、料斗升降装置、承重装置、横向行走系统、料斗总成、液压油站、电柜等。

（2）布料机安装流程：画线找平→支撑架安装→纵向钢轨安装→纵向行走系统安装→横向钢轨安装→料斗升降装置安装→承重装置安装→横向行走系统安装→料斗总成安装→管路连接→其他附件安装→分部试运行。

翻板机

5）翻板机

（1）翻板机主要部件包括翻转架总成、模台锁位装置、构件支撑装置、液压油站、电柜等。

（2）翻板机安装流程：画线找平→底架安装→构件支撑装置安装→模台锁位装置安装→其他附件安装→油路连接→分部试运行。

6. 模台横移车安装

（1）模台横移车主要部件包括车架构成、驱动装置、顶升装置、液压系统、定位装置、电气控制系统。

拉毛（现场）

（2）模台横移车安装流程：画线找平→车架安装→驱动装置安装→顶升装置安装→模台定位装置安装→液压、电气控制系统安装→油路、电路连接→分部试运行。

7. 拉毛机安装

拉毛

（1）拉毛机主要部件包括支架、升降装置、刮刀、电气控制系统。

（2）拉毛机安装流程：支架基底找平→支架安装→刮刀安装→升降装置安装→电气控制系统安装→电路连接→分部试运行。

8. 抹光机安装

抹面

（1）抹光机主要部件包括钢结构支架、大车行走机构、小车行走机构、提升机构、抹光装置、电气控制系统、设备附件。

（2）抹光机安装流程：支架基地找平→大车钢支架安装→大车行走机构安装→小车钢支架安装→大车行走机构安装→顶升装置安装→抹光盘→电气控制系统安装→电路连接→分部试运行。

9. 振动台安装

（1）振动台主要部件包括底部支架、振动台面、减振升降系统、液压锁紧系统、电气控制系统、设备附件。

（2）振动台安装流程：基地找平→底部支架安装→减振升降系统安装→振动台面安装→液压锁紧系统安装→电气控制系统安装→油路、电路连接→分部试运行。

10. 振动赶平机安装

（1）振动赶平机主要部件包括结构支架、小车行走机构、升降系统、赶平系统、电气控制系统、设备附件。

（2）振动赶平机安装流程：基地找平→结构支架安装→小车行走结构安装→升降系统安装→赶平系统安装→电气控制系统安装→电路连接→分部试运行。

11. 养护窑（蒸养窑）及码垛机

构件码垛进窑

1）养护窑（蒸养窑）安装

（1）养护窑（蒸养窑）主要部件包括结构支架、支撑轮、窑门结构、蒸汽管道系统、围挡保温层、窑内温度和湿度控制系统、设备附件。

（2）养护窑（蒸养窑）安装流程：基地找平→结构支架安装→支撑轮安装→蒸汽管道系统安装→窑内温度、湿度控制系统安装→窑门结构安装→围挡保温系统安装→设备其他附件安装→蒸汽管道、电路连接→分部试运行。

2）码垛机安装

（1）码垛机（图1-19）主要部件包括结构支架、行走系统、提升系统、升降平台、去送模结构、上下定位机构、横向定位构、电气控制系统、挑门结构、设备附件。

（2）码垛机安装流程：基地找平→底部行走系统安装→框架结构安装→提升系统安装→升降平台安装→上下定位装置安装→横向定位装置安装→去送模结构安装→挑门结构安装→电气控制系统安装→电路连接→分部试运行。

图1-19　码垛机

12. 各工位设备安装要点

（1）准备工作：熟悉设备安装施工图及施工验收规范，确定设备工位号和安装标高，掌握安装技术要求等。

检查所有起重搬运机具、钢丝绳和滑轮，符合操作要求后方可使用。

（2）设备验收：设备的出库验收，分外观检查与开箱检查。要检查设备的外形尺寸及管口方位，设备内件及附件的规格尺寸及其数量、表面损坏、变形及锈蚀状况等。

（3）起重和搬运：将设备临时安置在机位附近。操作吊车时，要严格执行安全操作规程及其有关施工安全规定。

吊装时，正常情况下，要将卡环等吊具卡在设备的吊装孔内。对于没有设置吊装孔的设备，则应对称勾住设备中可支撑受力的部位，确保设备平衡和吊装绳的安全夹角符合要求后，进行起吊搬运。

采取两股钢丝绳吊装时，两股钢丝绳之间的夹角一般不超过 90°，最大不超过 120°。吊绳与水平线的夹角不得小于 45°。若小于 45°，需要在吊绳间加辅助支撑。

起吊搬运设备时，在钢丝绳与设备棱角的接触位置垫木块、橡胶皮等保护物品。

（4）设备就位：将设备吊装至其对应的安装工位上方，缓慢调整好设备方位，将设备底座中心线对准设备工位上的安装基准线，慢慢将设备落到安装工位。就位过程中，要防止设备剧烈振动和磕碰。

（5）位置校正：设备就位后，检查设备的位置偏差。当设备中心位置偏差超出安装要求时，应采取吊车与人工辅助的方式，进行设备方位的微调，直至符合要求为止。

从工厂生产规模、原材存储、技术人员专业水平、检测能力、高精尖加工设备及大型机具、成熟可靠的安装队伍等均为最终生产线设备的“内涵”；完整的 PC 构件生产线各设备实现自动化，按工艺节拍实现自动流转控制，控制系统实现远程监控，所有设备模拟监控，合理调度，远程诊断，排除故障，实现设备全生命周期的智能化管理，与混凝土搅拌站实现互联，实现信息化生产，工业化与信息化的两化整合是设备选购的硬指标。

1.5 配套设备的选型与安装

PC 构件生产线的配套设备主要包括运输设备、起吊设备、翻转设备、清扫设备、混凝土搅拌设备、养护窑和称重设备等。

1.5.1 运输设备

根据混凝土预制构件存放方式的不同，可以分为立式存放、水平叠放。在混凝土预制构件运输时要根据构件形式的不同选择不同的运输设备。

墙板采用立式运输，车间内设有专用构件转运平板车或改装平板运输车，平板之上放置墙板固定支架。叠合板及楼梯采用水平运输，采用转运小车（图 1–20）即可满足转运要求。

叉车（图 1–21）是 PC 构件生产中不可缺少的运输设备。叉车可以进行叠合板及楼梯、半成品与成品钢筋、小型设备的转运。

图 1–20　转运小车

图 1–21　叉车

1.5.2　起吊设备

为满足生产需要，车间内每条生产线配 2 ～ 3 台轨道式起重机，每台轨道式起重机配备 10t、5t 的吊钩。车间桥式起重机如图 1–22 所示。

图 1–22　车间桥式起重机

室外堆场内，每跨工作单元配 1 ～ 2 台 10t 轨道式起重机，每台轨道式起重机配 10t、5t 的吊钩。

为使起吊时 PC 构件不受损坏，一般均需要使用起重吊梁（扁担梁）辅助吊装运作业。

1.5.3　翻转设备

PC 构件在运输、安装过程中，则要根据实际情况改变构件预制时的摆放状态，以适应运输和安装的需要，运输和安装过程中需要用到翻转设备。

当需要翻转的 PC 构件数量很少时，可通过起重机的主副钩进行协调升降，完成构件的摆放状态调整。但在翻转过程中，一定要缓慢、匀速进行。确保构件不受到大的外力作用而形成应力集中，造成构件的损坏。

车间流水生产线用固定翻板机（图 1–23），在安装现场则需要用到移动式翻板机（图 1–24）。

图 1–23　固定式翻板机

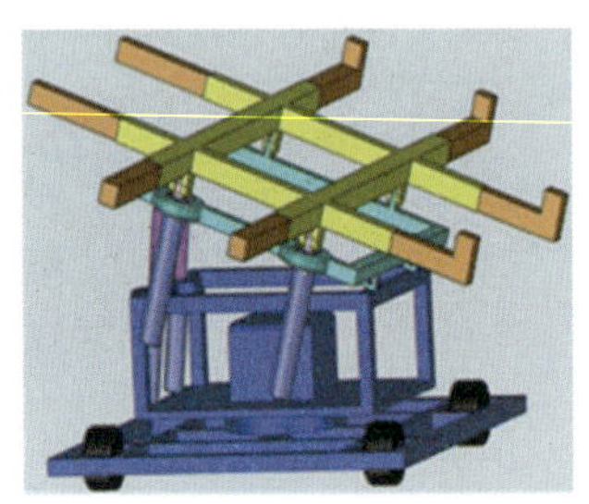

图 1–24　移动式翻板机

车间内翻板机设计时应综合考虑模台重量，以及生产线可能生产最大构件的重量，除考虑翻转动力外还应考虑翻转过程中的稳定性。经常用到翻板机的 PC 构件包括楼梯、内外墙板、外挂墙板等。

1.5.4　清扫设备

为减少工厂运营期间的扬尘污染，保持厂区环境卫生，需配置容量为 14 ～ 18m^3 洒水车，以及电动清扫车（图 1–25）和电动洗地机（图 1–26）。

图 1–25　电动清扫车

图 1–26　电动洗地机

场内定置摆放一定数量的垃圾桶，用以盛放生活垃圾和建筑垃圾，并配合当地环保部门垃圾车定期来清运垃圾。

1.5.5　混凝土搅拌设备

混凝土搅拌站（现场）

1. 选择混凝土搅拌站的原则

选择混凝土搅拌站的原则如下：工作原理先进、自动化程度高、计量精度高、搅拌质量好、生产效率高、管理系统功能强大、能源消耗低和环保性能好，并且具有配置优良、控制方式可靠、适用性强、可维修性能好的特点。

2. PC构件生产线配备混凝土搅拌设备

PC构件生产线年产量为20万m^3以下，混凝土搅拌设备生产率一般不小于90m^3/h；PC构件生产线年产量为20～30万m^3时，混凝土搅拌设备生产率一般为120m^3/h。PC构件生产线配备混凝土搅拌设备的要求如下。

（1）为减少混凝土运输的距离，搅拌站出料口应与生产线布料机工位对应设置。

（2）搅拌站布置与施工。为减少装载机的上料难度和油料消耗，应最大限度地降低装载机的上料高度，减少端料载荷运输的距离。以原料仓地面高程为基准，降低配料机、输送带、搅拌主机等设备的高度，使上料仓口与装载机装料后料斗自然高度大体一致。

合理布置原料仓与配料机位置，减少装载机在装料、卸料之间的折返路径。

搅拌站施工时，先进行搅拌主机和配料机基础的施工。因配料机机位较深，施工时应避开雨季。

（3）搅拌站原料仓需要进行分仓设置，原料仓与骨料输送带均应进行封闭，骨料卸料处设高压喷淋降尘设施。

为保证冬季正常生产混凝土，砂石料原料仓内设供暖设施，料仓外部采取保暖措施。

（4）在搅拌站料仓、上料口、输送带等位置安装摄像头，操控室内能进行全方位监控管理。

（5）搅拌站安装调试完成后，地方管理机构对拌和站的称量设备进行标定校验，标定完成后进行验收，合格后方可正常使用。

根据不同的产品、产量和生产线的不同，PC构件生产线的配套设备也有所不同，完善的配套设施是PC构件生产的质量和效率的保障。

1.5.6　养护窑

养护窑是将混凝土构件在养护窑中存放，经过静置、升温、恒温、降温等几个阶段使混凝土构件凝结硬化从而使强度达到设计要求的区域，如图1–27所示。

图 1-27　养护窑

1. 设备组成

养护窑由窑体、蒸汽系统(或散热片系统)、温度控制系统等组成。根据生产需求设置具体养护工位数，其基本结构如下。

(1)由 2×4 个 6 层养护位的孔洞组成，其中有 2 个为进出输送工位，即共有 46 个养护位，养护窑设有保温门。

(2)养护窑采用钢结构支架，窑内安装滚轮用于输送及支撑模板；养护温控系统包括电气控制系统(中央控制器、控制柜)、热风循环装置，温度传感器等部分。可根据需求适应不同的养护工艺。

2. 养护窑的功能

立体养护窑窑体是指由型钢组合成的框架，框架上安装有托轮，托轮为模块化设计。窑体外墙用保温材料拼合而成，每列构成独立的养护空间，可分别控制各孔位的温度。模具在立体养护窑中经过静置、升温、恒温、降温等几个阶段使混凝土预制构件强度达到设计要求。窑体底部设置两个进出输送地面辊道，模板可沿地面辊道通过。

中央控制器采用工业级计算机，采用友好的操作界面，便于人机的交互，适合现场使用。养护窑具有较为完善的功能，有工艺温度的参数设置，如温度梯度的设置、最高温度的设定等，具有实时温度的记录曲线或报表，具有数据的报表打印功能，具有历史实时记录温度的回放等。控制柜由可编程逻辑控制器(programmable logic controller，PLC)和工业专用温度控制器、多点温度传感器、湿度传感器、多路数字和模拟信号输入模块组成。接收到上位机的工艺参数后，可自行构成闭环的控制系统，根据布置在养护窑内多点的温度传感器，采集的不同位置的温度信号，自动调节蒸养阀门，使养护窑内形成一个符合温度梯度要求的、无温度阶跃变化的温度环境。

1.5.7 称量设备

1. 电子汽车衡的选择原则

混凝土预制构件厂的电子汽车衡主要用于称重砂石、水泥、粉煤灰、钢材等建筑材料。选择电子汽车衡应遵循维修方便、经济耐用的原则，具体如下。

（1）电子汽车衡量程吨位适用范围如下：10t、20t、30t、40t、50t、60t、80t、100t、120t、150t、180t、200t。

（2）称体宽度如下：常规宽度为3m、3.2m、3.4m，非标准宽度为4m、5m、5.5m、6m、10m。

（3）称体长度如下：常规长度为6m、7m、8m、9m、10m、12m、14m、16m、18m、20m、21m 、24m，非标准长度为27m、30m、35m、40m、50m。

称体的长度和宽度也可以根据使用要求在厂家定做。

2. 电子汽车衡的配置

电子汽车衡是一种大型的电子平台秤，具有称量迅速准确、数字显示、直观易读、稳定可靠、容易维修等优点。

电子汽车衡主要由承载器、称重显示仪表、称重传感器、连接件、限位装置及接线盒、专用数据线缆等零部件组成，还可以根据需求选配打印大屏幕显示器、称重管理软件、远程网络管理软件、计算机、打印磅单针式打印机和稳压电源等外部设备。

3. 电子汽车衡的选址与安装

电子汽车衡的安装位置应具有良好的排水通道，防止暴雨淹没汽车衡。

1）无基坑安装

无基坑安装即汽车衡安装在地平面上，汽车衡表面高出地面，需要做两边斜坡，以方便上下车，如图 1-28 所示。

无基坑安装的优点：基础做法相对简单，方便维修，安装在地面上，有利于磅体通风，延长磅体的寿命，高于地面还有利于排水。适合场地较大或地面已浇筑完混凝土，不方便再破坏地面的厂区。

无基坑安装的缺点：需要做两边斜坡，占地面积比较大。

2）浅基坑安装

浅基坑安装汽车衡即把汽车衡安装在地下，安装好后汽车衡表面与地面齐平，如图 1-29 所示。

图 1-28　无基坑安装汽车衡

图 1-29　浅基坑安装汽车衡

浅基坑安装的优点：占地面积小，不需要做斜坡。适合场地比较小，但地势较高的位置安装。

浅基坑安装的缺点：如果安装位置附近地势低容易受雨水影响，安装在地下将不利于保养和维修。地下通风条件差，对汽车衡整体寿命有影响。

1.6 PC 构件工厂的实验室建设

实验室作为材料和产品质量管理的主要管理部门，在工厂生产体系中非常重要，如同质量证明文件是装配式建筑混凝土预制构件的“身份证”，实验室就是产品质量证明文件的编制部门，缺一不可。

实验室既要检验与记录主要原材料及生产过程，又要自动测量和记录钢筋强度、混凝土强度等主控项目相关数据（不能人工干预），这样可以实现每个构件关键数据的可追溯性。因此，实验室建设不仅要满足信息化、标准化建设的要求，还必须满足必要的检验检测工作要求。

实验室内应按照要求配备标准养护室、试配室（成型室）、水泥室、力学室、留样室、骨料室、化学分析室、天平室、高温室和资料室等场所，并且应合理布局，以便与实际工作流程相适应，具体要求如下。

（1）水泥室、留样室、骨料室、化学分析室、天平室的温度、湿度必须符合规范规定。

（2）成型室温度应符合规范要求，其面积应能保证正常的混凝土试配、成型需要。

（3）标准养护室温度、湿度应符合规范要求并能得到有效控制，且应与企业生产能力相适应，试块、试件的放置及养护方式应满足规范要求。

（4）其他检测场所的清洁、采光、通风、温度、湿度等应满足检验检测及规范的要求，防止环境因素影响检验检测工作。

（5）应按要求配置防火、漏电保护等必要的安全措施。

1.7 PC 构件的主要材料与相关试验

1.7.1 主要材料

1. 钢筋

1）钢筋的加工要求

钢筋加工制作时，要将钢筋加工表与设计图复核，检查下料表是否有错误和遗漏，对每种钢筋要按下料表检查是否达到要求，经过这两道检查后，再按下料表放出实样，试制合格后方可成批制作。

2）成品钢筋加工的尺寸控制

施工中需要钢筋代换时，必须充分了解设计意图和代换材料性能，严格遵守现行钢筋混凝土设计规范的各种规定，并不得以等面积的高强度钢筋代换低强度的钢筋。凡重要部位的钢筋代换，需要征得甲方、设计单位同意，并有书面通知时方可代换。钢筋加工一般要经过钢筋除锈、钢筋调直、钢筋切断、钢筋成型 4 道工序。具体要求如下。

（1）钢筋表面应洁净，粘着的油污、泥土、浮锈使用前必须清理干净，可结合冷拉工艺除锈。

（2）钢筋可用机械或人工调直。经调直后的钢筋不得有局部弯曲、小波浪形等，其表面伤痕不应使钢筋截面减小 5%。

（3）钢筋切断应根据钢筋号、直径、长度和数量，长短搭配，先断长料后断短料，尽量减少和缩短钢筋短头，以节约钢材。

（4）钢筋弯钩或弯曲。

① 钢筋弯钩。形式分为 3 种，分别为半圆弯钩、直弯钩及斜弯钩。钢筋弯曲后，弯曲处内皮收缩、外皮延伸、轴线长度不变，弯曲处形成圆弧，弯起后尺寸大于下料尺寸时，应考虑弯曲调整值。

② 弯起钢筋。中间部位弯折处的弯曲直径 D，不小于钢筋直径的 5 倍。

③ 箍筋。箍筋的末端应制作成弯钩，弯钩形式应符合设计要求。箍筋调整值，即为弯钩增加长度和弯曲调整值两项之差或和，根据箍筋量外包尺寸或内包尺寸而定。

④ 钢筋下料长度应根据构件尺寸、混凝土保护层厚度、钢筋弯曲调整值和弯钩增加长度等规定综合考虑。

⑤ 在钢筋加工过程中，要随时进行尺寸的检查，当不符合要求时，应随时停止作业，进行修改，以满足规范和施工要求。

3）成品钢筋的堆放与标识

（1）堆放要求：将加工成型的钢筋进行分区、分部、分层、分段，根据构件名称按号码顺序堆放，同部位钢筋或同一构件要堆放在一起，保证施工方便。

（2）钢筋标识：钢筋原材及成品钢筋堆放场地必须设有明显标识牌，成品钢筋标识牌上应注明使用部位、钢筋规格、钢筋简图、加工制作人及受检状态。

2. 混凝土

1）原材料质量要求

混凝土所用水泥、骨料、外加剂、混合料的规格、品种和质量必须符合有关标准的规定。

（1）水泥强度不低于 42.5 级，宜采用硅酸盐、普通硅酸盐水泥，质量应符合《通用硅酸盐水泥》（GB 175—2007）的规定；水泥存放应有水泥库，防止雨淋和受潮；出厂超过3个月的水泥应复试。

（2）宜选用细度模数为2.3～3.0的中粗砂和公称粒径为5～25mm的碎石，质量应符合《普通混凝土用砂、石质量及检验方法标准》（JGJ 52—2006）的规定，不得使用海砂。

（3）外加剂品种应通过实验室试配后确定，并应有质保书，质量应符合《混凝土外加剂》（GB 8076—2008）的规定。外加剂要防止受潮和变质，要分规格、品种分别存放，以防止错用。

（4）粉煤灰应符合《用于水泥和混凝土中的粉煤灰》（GB/T 1596—2017）中的Ⅰ级或Ⅱ级各项技术性能及质量指标。

（5）拌和用水应符合《混凝土用水标准》（JGJ 63—2006）的规定。

（6）混凝土中氯化物和碱总含量应符合《混凝土结构设计规范（2015年版）》（GB 50010—2010）相关要求，以保证构件受力性能和耐久性。

2）混凝土性能要求

（1）配合比。合理地选择原材料并确定其配合比例不仅能安全有效地生产出合格的混凝土产品，还可以达到经济适用的目的。一般，混凝土配合比的设计通常按水灰比法则的要求进行。其中材料用量的计算主要采用假定容重法或绝对体积法。

① 水胶比。高强混凝土水胶比的计算应根据试验资料进行统计，提出混凝土强度和水胶比的关系式，然后用作图法或计算法求出与混凝土配制强度（$f_{cu,0}$）相对应的水胶比。当采用多个不同的配合比进行混凝土强度试验时，其中一个应为基准配合比，其他配合比的水胶比宜较基准配合比分别增加和减少0.05。

② 集料用量。

每立方米碎石用量＝高强混凝土每立方米碎石用量（一般为0.9～0.95m^3）×碎石松散容重（即碎石的密度,一般为1.7～1.9 t/m^3）

砂率＝砂的质量/（碎石质量＋砂的质量）

一般控制在28%～36%范围内。

每立方米砂用量＝［碎石的质量/（1-砂率）］×砂率

③ 用水量。

外加剂减水率＝（基准混凝土单位用水量－掺入外加剂单位混凝土用水量）/基准混凝土单位用水量

由此可推算出掺入外加剂时的用水量。

④ 水泥用量。生产高强混凝土时，水泥的用量至关重要，它直接影响到水泥胶砂与骨料的黏结力。为了增加砂浆中胶结料的比例，水泥含量要比较高，但要注意的是，水泥用量若过于高，会引起水化期间放热速度过快或收缩量过大等问题。高强混凝土水泥用量一般不宜超过550kg/m^3。

⑤ 配合比的确定。当拌和物实测密度与计算值之差的绝对值不超过计算值 2% 时，可不调整；大于 2% 时按《普通混凝土配合比设计规程》（JGJ 55—2011）规定进行相应的调整。混凝土配合比确定后，应对配合比进行不少于 6 次的重复试验进行验证，其平均值不应低于配制的强度值，以确保其稳定性。

（2）混凝土的性能。

① 和易性。众所周知，流动性、黏聚性和保水性综合表示拌和物的稠度、流动性、可塑性、抗分层离析泌水的性能及易抹面性等。在我国，主要采用截锥坍落筒测定的坍落度（mm）及维勃仪测定的维勃时间（s）作为稠度的主要指标。

② 强度。混凝土硬化后的重要力学性能是指混凝土抵抗压、拉、弯、剪等应力的能力。由于水泥品种和用量、配合比等的直接影响，普通混凝土按标准抗压强度划分的强度等级，分为 C15、C20、C25、C30、C35、C40、C45、C50、C55、C60、C65、C70、C75、C80 共 14 个等级。

值得注意的是：凝土的抗拉强度仅为其抗压强度的 1/20 ～ 1/10。提高混凝土抗拉、抗压强度的比值是混凝土改性的重要方面。

③ 变形。混凝土在荷载或温湿度作用下会产生变形，主要包括弹性变形、塑性变形、收缩和温度变形等。

④ 耐久性。其含义是混凝土在使用过程中抵抗各种破坏因素作用的能力，主要包括抗冻性、抗渗性、抗侵蚀性等。

1.7.2 相关试验

1. 水泥砂石检测试验

1）水泥检测试验

（1）水泥细度检测。按照《水泥细度检验方法　筛析法》（GB/T 1345—2005）进行。采用 45μm 方孔筛和 80μm 方孔筛对水泥试样进行筛析试验，用筛上筛余物的质量分数来表示水泥样品的细度。

① 负压筛析法：用负压筛析仪，通过负压源产生的恒定气流，在规定筛析时间内使试验筛内的水泥达到筛分。

② 水筛法：将试验筛放在水筛座上，用规定压力的水流，在规定时间内使试验筛内的水泥达到筛分。

③ 手工筛析法：将试验筛在接料盘（底盘）上，用手工按照规定的拍打速度和转动角度，对水泥进行筛析试验。

负压筛析法、水筛法和手工筛析法测定的结果发生争议时，以负压筛析法为准。

（2）标准稠度用水量、凝结时间、安定性检测试验。水泥标准稠度用水量、凝结时间、安定性的检测试验按照《水泥标准稠度用水量、凝结时间、安定性检验方法》（GB/T 1346—2011）进行。

① 标准稠度用水量。国家标准规定检验水泥的凝结时间和安定性时需用标准稠度的水泥净浆。标准稠度是水泥净浆拌水后的一个特定状态。

标准稠度主要是使用贯入法测定。

影响标准稠度用水量的因素有矿物成分、细度、混合材料种类及掺量等。熟料矿物中 C3A 需水性最大，C2S 需水性最小。水泥越细，比表面积越大，需水量越大。

生产水泥时掺入需水性大的粉煤灰、沸石等混合材料，将使需水量明显增大。

② 凝结时间。水泥从加水开始到失去塑性，即从可塑状态发展到固体状态所需的时间称为凝结时间。水泥凝结时间分初凝时间和终凝时间：①从水泥加水拌和至水泥浆开始失去塑性的时间称为初凝时间；②从水泥加水拌和至水泥浆完全失去塑性并开始产生强度的时间称为终凝时间。国家标准规定，硅酸盐水泥的初凝时间不早于 45min，终凝时间不迟于 6.5h（390min）。

影响水泥凝结时间的因素主要如下：熟料中 C3A 含量高，石膏掺量不足，使水泥快凝；水泥的细度越细，凝结越快；水灰比越小，凝结时的温度越高，凝结越快；混合材料掺量大，将延迟凝结时间。

水泥凝结时间的测定，是以标准稠度的水泥净浆，在规定温度和湿度下，用凝结时间测定仪来测定。

③ 安定性。水泥的安定性是指水泥在凝结硬化过程中体积变化的均匀程度（也简称安定性）。如果水泥在凝结硬化过程中产生均匀的体积变化，则为安定性合格，否则即为安定性不良。

安定性不良会使水泥制品、混凝土构件产生膨胀性裂缝，降低建筑物质量，甚至引起严重工程事故。

安定性不良的原因，是其熟料中含有过多的游离 CaO 或游离 MgO，以及水泥粉磨时掺入过多石膏所致的。

国家标准规定，由游离 CaO 引起的安定性不良可用沸煮法（分试饼法和雷氏法）检测。在有争议时，以雷氏法为准。

④ 仪器设备：水泥净浆搅拌机、标准法维卡仪、代用法维卡仪、雷氏夹、沸煮箱、雷氏夹膨胀测定仪、量筒或滴定管、天平等。

（3）水泥强度检测试验。

① 检验方法：以 40mm × 40mm × 160mm 棱柱试体的水泥抗压强度和抗折强度测定。

试件是由按水砂质量比为 1 ∶ 3 的水泥砂浆与用 0.5 的水胶比拌制的一组塑性胶砂试件。使用中国 ISO 标准砂的水泥抗压强度结果必须与 ISO 基准砂的结果相一致。

胶砂用行星式搅拌机搅拌，在振实台上成型。也可使用频率为

2 800 ～ 3 000 次 /min、振幅为 0.75mm 的振动台成型。

试件连模一起在湿气中养护 24h，然后脱模，在水中养护至试验龄期。到试验龄期时将试件从水中取出，先进行抗折强度试验，折断后各部分再进行抗压强度试验。

② 检测要求：试件成型实验室的温度应保持在 20℃ ±2℃，相对湿度应不低于 50%。试件带模养护的养护箱或雾室温度保持在 20℃ ±1℃，相对湿度不低于 90%。试件养护池水温应在 20℃ ±1℃范围内。试验室空气温度和相对湿度及养护池水温在工作期间每天至少记录一次。养护箱或雾室的温度与相对湿度至少每 4h 记录一次。

③ 检测设备：试验筛、搅拌机、试模、振实台、养护箱、抗折强度试验机、抗压强度试验机及抗压强度试验机用夹具等。

（4）其他检测：水泥比表面积检测、水泥密度检测、水泥胶砂流动度检测。

2）砂的检测试验

砂的样品缩分方法包括分料器缩分法、人工四分缩分法。

砂的检测试验有砂筛分析试验、砂的表观密度试验（标准方法）、砂的表观密度试验（简易法）、砂的吸水率试验、砂的堆积密度和紧密密度试验、砂的含水率试验（标准法）、砂的含水率试验（快速法）、砂的含泥量试验（标准法）、砂的含泥量试验（虹吸管法）、砂的泥块含量试验、砂中氯离子含量试验、人工砂及混合砂中石粉含量试验（亚甲蓝法）、人工砂压碎值指标试验。

3）碎石或卵石检测试验

碎石或卵石的检测试验包括筛分析试验、含水率试验、堆积密度和紧密密度试验、含泥量试验、针状和片状颗粒的总含量试验、坚固性试验、压碎指标值试验。

2. 混凝土外加剂匀质性检测

混凝土外加剂匀质性试验包括含固量、含水率、密度、pH、氯离子含量、水泥净浆流动度等。

3. 矿物掺和料检测试验

矿物掺和料检测试验包括胶砂需水量比、流动度比及活性指数等。

4. 外加剂混凝土性能指标试验

含有外加剂的混凝土应满足：采用《混凝土外加剂》（GB 8076—2008）规定的水泥；符合《建设用砂》（GB/T 14684—2011）中Ⅱ区要求的中砂；符合《建设用卵石、碎石》（GB/T 14685—2011）要求的公称粒径为 5 ～ 20mm 的碎石或卵石。

采用单卧轴式强制搅拌机搅拌混凝土。外加剂为粉状时，将水泥、砂、石、外加剂一次投入搅拌机，干拌均匀，再加入拌和水，一起搅拌2min。外加剂为液体时，将水泥、砂、石一次投入搅拌机，干拌均匀，再加入掺有外加剂的拌和水一起搅拌 2min。

出料后，在铁板上用人工翻拌至均匀，再行试验。混凝土试件制作及养护按《普通混凝土拌合物性能试验方法标准》（GB/T 50080—2016）进行，按照规范要求养护后，进行各性能指标的测定。

5. 混凝土试件的制作、抗压强度与抗折强度试验

1）混凝土试件制作

（1）取样或拌制好的混凝土拌和物，至少用铁锹再来回拌和 3 次。

（2）用振动台振实制作试件。将混凝土拌和物一次装入试模，装料时应用抹刀沿各试模壁插捣，并使混凝土拌和物高出试模口。试模应附着在振动台上，振动时试模不得有任何跳动，振动应持续到表面出浆为止，不过振。

（3）用人工插捣制作试件应按下述方法进行：混凝土拌和物应分两层装入模内，每层的装料厚度大致相等。插捣应按螺旋方向从边缘向中心均匀进行。在插捣底层混凝土时，捣棒应达到试模底部。插捣上层时，捣棒应贯穿上层后插入下层 20 ～ 30mm；插捣时捣棒应保持垂直，不得倾斜。然后应用抹刀沿试模内壁插拔数次；每层插捣次数按在 10 000mm^2 截面面积内不得少于 12 次；插捣后应用橡皮锤轻轻敲击试模四周，直至插捣棒留下的孔洞消失为止。

2）混凝土抗压强度试验

（1）试验设备。混凝土立方体抗压强度试验所采用压力试验机应为一级精度。试验机上、下压板不符合《混凝土物理力学性能试验方法标准》（GB/T 50081—2019）中“第 5.0.3 条”规定时，压力试验机上、下压板与试件之间应分别垫有符合标准要求的钢垫板。

（2）强度值（代表值）的确定：3 个试件测值的算术平均值作为该组试件的强度值（精确至 0.1MPa）；3 个测值中的最大值或最小值中如有一个与中间值的差值超过中间值的 15% 时，则把最大及最小值一并舍除，取中间值作为该组试件的抗压强度值；如最大值和最小值与中间值的差均超过中间值的 15%，则该组试件的试验结果无效。

（3）尺寸换算系数：混凝土强度等级小于 C60 时，用非标准试件测得的强度值均应乘以尺寸换算系数，其中 200mm × 20mm × 200mm 试件所乘系数为 1.05，100mm × 100mm × 100mm 试件所乘系数为 0.95。当混凝土强度等级不小于 C60 时，宜采用标准试件。使用非标准试件时，尺寸换算系数应由试验确定。

3）抗折强度试验

试验机应能施加均匀、连续、速度可控的荷载，并带有能使两个相

等荷载同时作用在试件跨度 3 分点处的抗折试验装置。

试件的支座和加荷头应采用直径为 20 ~ 40mm、长度不小于 b+10mm（b 为试件截面宽度）的硬钢圆柱，支座立脚点应为固定铰支，其他应为滚动支点。

当试件尺寸为 100mm × 100mm × 400mm 非标准试件时，应乘以尺寸换算系数 0.85；当混凝土强度等级不小于 C60 时，宜采用标准试件；使用非标准试件时，尺寸换算系数应由试验确定。

6．钢筋及焊接接头试验

1）钢筋试验

（1）拉力试验。

① 抗拉强度检测：试样拉至断裂，从测力度盘上读取最大力，或从拉伸曲线上确定试验过程中的最大力，也可以用计算机控制直接读数。

② 断后伸长率的测定：试样拉断后，应将试样断裂部分仔细地配接在一起，使其轴线处于一条直线上。如拉断处形成缝隙，则此缝隙应计入该试样拉断后的标距内。断后标距 L_1 用直测法或移位法测量。应使用分辨力优于 0.1mm 的量具或测量装置测量断后标距（L_1），准确到 ± 0.25mm。

（2）冷弯试验。弯心直径、弯曲角度应符合相应标准规定。弯心直径一般应不大于试样的厚度或直径。拉伸试验中出现下列情况之一者试验结果为无效：试样断在机械刻画的标记处或标距外；操作不当；试验记录有误或设备发生故障影响结果。

2）焊接接头试验

（1）焊接接头拉伸试验。针对电阻点焊、闪光对焊、电弧焊和预埋件埋弧压力焊的焊接接头，进行拉伸试验。试验目的是测定焊接接头抗拉强度、观察断裂位置和断口特征，判定塑性断裂或脆性断裂。根据钢筋的级别和直径，应选用适配的拉力试验机或万能试验机。试验前，应选用适合于试样规格的夹紧装置，要求夹紧装置在拉伸过程中，始终将钢筋夹紧，并与钢筋间不产生相对滑移。判定的标准是试样抗拉强度均不得小于该级别钢筋规定的抗拉强度。

（2）焊接接头弯曲试验。针对闪光对焊、窄间隙焊、气压焊的焊接接头进行弯曲试验。试验目的是检验钢筋焊接接头承受规定弯曲角度的弯曲变形性能和可能存在的焊接缺陷。试样受压面的金属毛刺和镦粗变形部位可用砂轮等工具加工，使其达到与母材外表齐平，其余部位可保持焊后状态（即焊态）。

弯曲试验可在压力机或万能试验机上进行。进行弯曲试验时，试样应放在两支点上，并应使焊缝中心与压头中心线一致，应缓慢地对试样施加弯曲力，直至达到规定的弯曲角度或出现裂纹、破断为止。

在试验过程中，应采取安全措施，防止试样突然断裂造成人员受伤。

7. 灌浆连接样品试验

1）钢筋套筒接头制作与试验

每种型式、级别、规格、材料、工艺的钢筋连接灌浆接头，型式检验试件不应少于 9 个，同时应另取 3 根钢筋试件做抗拉强度试验。全部试件所用钢筋均应在同一根钢筋上截取。截取钢筋的长度应满足检测设备的要求，在待连接钢筋上按设计锚固长度做检查标志。接头灌浆完成后，制作不少于 3 组（每组 3 块）的灌浆材料抗压强度检测试块。

灌浆材料完全凝固后，取下接头试件，与灌浆材料抗压强度检测试块一起置于标准养护环境下养护 28d。保养到期后，接头试验前，应先进行 1 组灌浆材料抗压强度的试验，灌浆材料抗压强度达到接头设计要求时方可进行接头型式检验。若材料养护试件不足 28d，但灌浆材料试块的抗压强度达到设计要求时，也可以进行接头型式检验。

2）力学性能

灌浆套筒应与使用的灌浆材料匹配使用，采用灌浆套筒连接，钢筋接头的抗拉强度应符合《钢筋机械连接技术规程》（JGJ 107—2016）中Ⅰ级接头的规定。

材料试验是以统计的思想和方法为中心的统计质量管理，除了能够控制混凝土构件的质量，防患于未然之外，还可以根据试验测定值进行全面分析，改进工艺和操作规程来减少消耗。

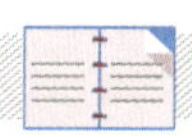

复习思考题

一、单选题

1. 合理安排厂房的出入口，每个车间出入口数量不应少于（　　）个，为保证车辆顺利通过，宽度以 4 ～ 5m 为宜，高度不小于 5m。

A. 1　　B. 2　　C. 3　　D. 4

2. 车间供暖应根据当地冬季气温条件设计计算，车间温度不低于（　　）℃。

A. −5　　B. 0　　C. 5　　D. 10

3. 厂区道路一般采用水泥混凝土路面。主干道路面宽度不小于（　　）m，次干道为 5m。

A. 9　　B. 8　　C. 6　　D. 7

4. 钢筋（　　）机用于建筑工程上将各种普通碳素钢、螺纹钢等加工成工程所需的各种几何形状。

A. 加工　　B. 成型　　C. 弯曲　　D. 调直

5. 目前，主流PC构件生产线均采用（ ）布置，充分考虑各个生产单元功能的不同、所占流水线节拍的长短、与搅拌站混凝土运输线路的衔接位置、与钢筋生产线的相对关系等因素，进行合理布置。

A. 圆形 B. 方形 C. 闭环 D. 环形

6. 固定模位法一般采用（ ）布置，生产区与存放区相邻，且位于车间起重机的行走范围内。

A. 线形 B. 定形 C. 非线形 D. 环形

7. 根据生产线设计布置图，采用（ ）测放整条生产线的控制桩位。

A. 经纬仪 B. 全站仪 C. 水准仪 D. 测量仪

8. 以整个生产线的（ ）为基准，对称分出左右前后环形中心线。将环形中心线分成若干段，以各段中心线为基准，测定出两侧导向轮、驱动轮的桩位。

A. 外边线 B. 点轴线 C. 内边线 D. 中轴线

9. 采取两股钢丝绳吊装时，两股钢丝绳之间的夹角一般不超过（ ），最大不超过120°。

A. 80° B. 85° C. 90° D. 95°

10. 为使起吊时构件不受损坏，一般均需要使用（ ）辅助吊装运作业。

A. 起重吊梁 B. 吊索具 C. 塔吊 D. 挂钩

二、多选题

1. 目前，我国新建PC构件工厂生产的预制构件包含（ ）、（ ）、（ ）、预制楼梯、（ ）、叠合梁、预制柱、异形构件等。

A. 外墙板 B. 内墙板 C. 叠合板 D. 阳台 E. 叠合梁

2. 钢筋焊接设备包括全自动钢筋网片焊接生产线和全自动钢筋桁架焊接生产线两种设备。主要完成内外墙板、（ ）、（ ）、（ ）等PC构件用钢筋网片和钢筋桁架的焊接成型。

A. 外墙板 B. 内墙板 C. 叠合板 D. 阳台 E. 楼梯

3. 设备安装场所要具备符合设备要求的（ ）、（ ）、（ ）。

A. 火源 B. 电源 C. 网源 D. 水源 E. 气源

4. PC构件生产线选型的原则是（ ）、（ ）、（ ）、（ ）。

A. 便捷 B. 先进 C. 高效 D. 经济 E. 实用

5. 根据预制构件存放方式的不同，可分为（ ）存放、（ ）叠放。

A. 横式 B. 立式 C. 侧式 D. 竖直 E. 水平

三、简答题

1. 简要回答钢筋生产线布置要求。

2．简要回答焊机安装场地的一般要求。

3．简要回答清扫机的安装流程。

复习思考题参考答案

一、单选题

1．B　2．C　3．D　4．C　5．D　6．A　7．B　8．D　9．C　10．A

二、多选题

1．ABCDE　2．CDE　3．BDE　4．BCDE　5．BE

三、简答题

1．钢筋骨架绑扎成型后，必须以最近的距离运送到PC构件生产线相应模台上进行安装就位。充分利用自动化钢筋加工设备的牵引能力和工序集成技术，减少钢筋及其制品的起吊次数，保证钢筋按照单方向进行移动。防止吊运钢筋从人员和设备上空通过，确保安全高效生产。

2．要有足够的操作空间，且保持干燥、通风；清洁、无尘埃、无油污和其他脏物；无强辐射，无无线电通信发射机，焊机控制柜应远离辐射热源。一定要将焊机主控制柜放在装有空调的房间内，保持控制柜内温度不要过高；不含有酸、咸、盐或其他腐蚀性、可燃性气体。

3．画线找平→机架安装→清理机构安装→扬尘机构安装→吸尘机构安装→刮料机构安装→接料装置安装→其他附件安装→分部试运行。

模块2 混凝土预制构件生产准备

知识目标

1. 熟悉PC构件生产线构件生产的相关准备工作。
2. 掌握预制构件工厂组织架构及职责。
3. 掌握PC构件生产线上各岗位的工作职责及要求。

能力目标

1. 能准确制定预制构件工厂的组织架构及主要岗位职责。
2. 能正确分析PC构件生产线上的工作岗位及职责要求。
3. 能正确实施PC构件生产线构件生产的准备工作。

思政目标

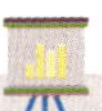

1. 通过对产业工人培训的学习，让学生了解安全生产、规范操作的重要性，对学生进行生命健康教育，引导学生树立遵规守纪、遵守职业岗位操作规范的意识，培养学生的安全意识及珍爱生命健康的意识。

2. 通过构件生产前准备工作的学习，让学生意识到要“做有准备的事，打有准备的仗”，才能把事情做得良好，培养学生作为工程人的责任感与负责担当的职业操守。

3. 通过构件深化设计部分内容的学习，让学生了解国内相关公司研发的完全自主知识产权的BIM基础平台（BIMBase），打破国外垄断，解决了关键核心技术“卡脖子”问题，完善了中国自主BIM软件生态，保障行业发展可持续性与建筑行业的数据安全，为“数字中国”提供支撑，激发学生的爱国热情，增强民族自豪感。

思维导图

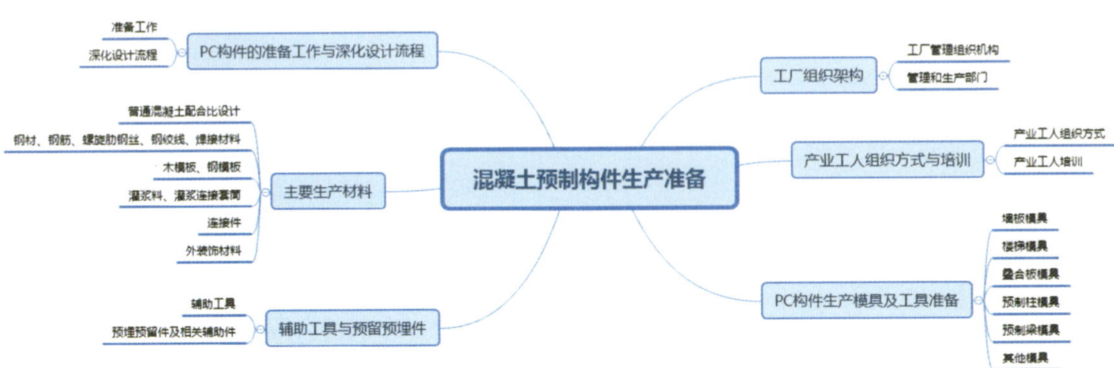

2.1 工厂组织架构

2.1.1 工厂管理组织机构

一个PC构件工厂为确保工厂的正常运转和产品质量应有相应的各个职能部门，其可以根据生产任务的多少、企业管理模式的差异进行个性化的调整和岗位合并，但部门管理职责不能缺失。PC构件工厂组织架构如图2-1所示。一般包括管理层、行政管理部门、生产车间。

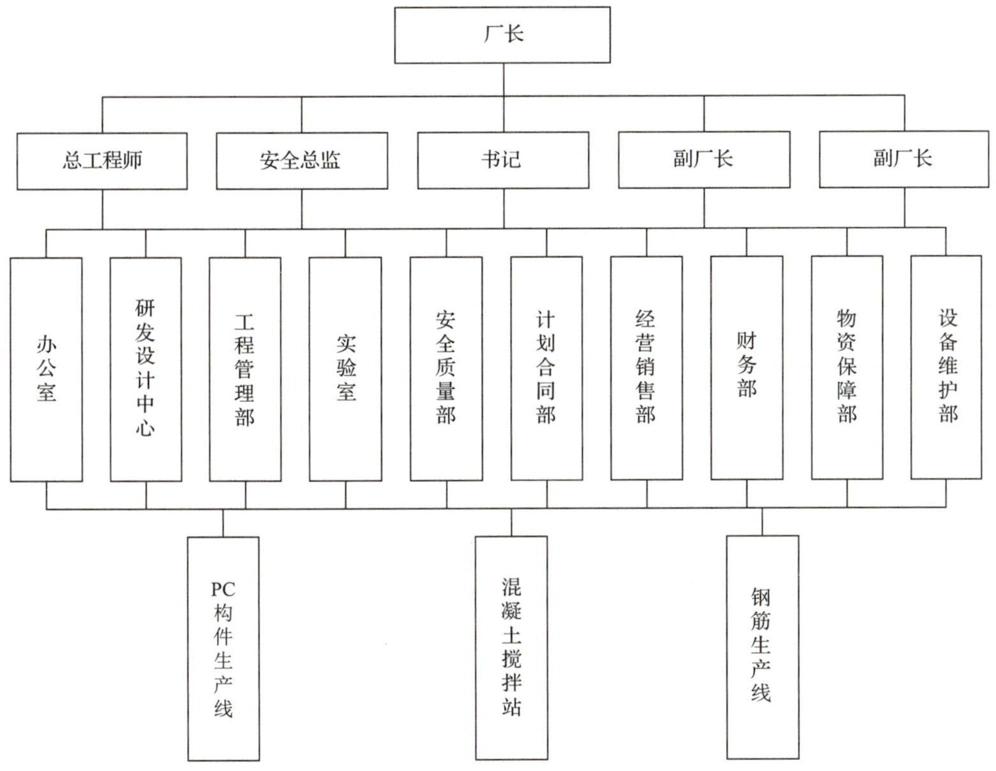

图2-1 PC构件工厂组织架构

2.1.2 管理和生产部门

1. 管理层

PC构件工厂管理层一般设厂长1人、书记1人、总工程师1人、安全总监1人、副厂长2人。

2．行政管理部门

PC 构件工厂行政管理部门包括办公室、研发设计中心、工程管理部、实验室、安全质量部、计划合同部、经营销售部、财务部、物资保障部、设备维护部。

3．生产车间

1）车间部门划分

PC 构件工厂生产车间包括 PC 构件生产线、混凝土搅拌站、钢筋生产线。其还可以划分为不同班组，如混凝土搅拌班组、钢筋生产班组、模板整修组装班组、钢筋网片运输安装班组、构件混凝土运输浇筑班组、构件生产班组、机械维修班组。

2）车间管理人员岗位职责

（1）车间主任：负责全面管理车间生产、质量、安全、进度工作及搅拌站的管理工作。

（2）车间技术主管：

① 对 PC 构件生产技术及生产质量负直接责任，指导生产人员开展有效的技术管理工作。提出贯彻改进 PC 构件生产的质量目标和措施。负责 PC 构件生产过程控制。

② 负责 PC 构件生产技术交底，并制订构件生产计划。

③ 对 PC 构件生产过程质量、安全工作负领导责任并直接指导。

④ 依据 PC 构件质量目标，制订质量管理工作规划，负责质量管理，行使质量监察职能。

⑤ 落实工厂 PC 构件生产中新材料、新技术、新工艺的推广应用工作。

⑥ 落实工厂质量体系审核，制订本部门不合格项的纠正和预防措施，进行整改和验证。

（3）质检员：

① PC 构件生产的质量检查管理工作。

② 负责 PC 构件生产过程隐蔽工程检查及预制构件出厂质量检查工作，监控 PC 构件生产质检工作的具体实施情况，包括技术实施、质量、成品保护等。

③ 及时上报质量问题。

④ 参与 PC 构件生产中新材料、新技术、新工艺的推广应用工作。

⑤ 参与质量体系审核，制订本部门不合格项的纠正和预防措施，进行整改和验证。

（4）安全员：

① 负责 PC 构件生产中的安全管理工作。

② 编制和呈报安全计划、安全专项方案和制订具体的安全措施。

定期组织安全检查，如有问题及时监督整改。

（5）材料员：

① 负责各类辅助件、辅助材料的采购与发放、登记工作。

② 负责本车间内小型工器具（扁担梁、接驳器、扳手等）的分发、收回等管理工作。参与 PC 构件生产中新材料、新技术、新工艺的推广应用工作。

③ 参与质量体系审核，制订本部门不合格项的纠正和预防措施，进行整改和验证。

（6）实验员：

① 负责车间内混凝土、钢筋、保温板、连接件等抽样试验及检测工作。

② 负责原材料及混凝土质量控制，并对生产质量进行有效的监控。

③ 负责对混凝土及原材料质量情况进行统计分析，定期向主管领导上报资料，参与 PC 构件生产中新材料、新技术、新工艺的推广应用试验工作。

④ 参与质量体系审核，制订本部门不合格项的纠正和预防措施，进行整改和验证。

（7）技术员：

① 负责编写下发构件生产、创防加工的技术交底，监督、检查预组件的定位及安装。

② 免责 PC 构件生产中各工序质量控制，并做好记录，每天做生产日志。按生产进度计划的要求安排工班的工作，并对工班组进行安全、生产技术交底的实施、监督、检查。

③ 参与 PC 构件生产中新材料、新技术、新工艺的推广应用工作。

④ 参与质量体系审核，制订本部门不合格项的纠正和预防措施，进行整改和验证。

⑤ 建筑工业化的快速发展、市场需求的不断提升对 PC 构件工厂的产能水平提出了越来越高的要求。如何快速响应市场，满足市场体量需求，正成为建筑工业化 PC 构件工厂迫切需要解决的问题。一方面，市场就是战场，行业竞争的白热化不断促使工厂提升产能，完善自身的生产制造水平；另一方面，制造成本高涨，行业利润受上游产业政策调整而上升，原材料价格不断攀升促使 PC 构件工厂急需提升产能，向管理要效率。PC 构件工厂管理的科学化正是伴随着压力而产生的。

2.2 产业工人组织方式与培训

2017年2月6日，中共中央、国务院发布的《新时期产业工人队伍建设改革方案》中，要求提高产业化工人素质，加强专业技术人员队伍建设，规范从业人员准入的资格条件，加快产业工人队伍建设。

2.2.1 产业工人组织方式

建筑产业化是在各种资源紧缺、人口红利消失、环境污染严重等多种因素重叠下的中国建筑业的选择与出路。PC构件工厂需要大量的工人来进行PC构件的生产，这就需要把现在的农民工转变成产业工人，提高他们的技术水平，进而提高建筑业的生产效率。

根据国内的实际情况和企业自身的特点，在产业工人的使用管理上，可采取以下方式。

（1）劳务公司根据PC构件工厂的要求，将农民工培训成合格的产业工人后，PC构件工厂与劳务公司签订用工协议，工人进厂上岗。

（2）工厂以劳务委派、企业招工的方式，招聘工人进入PC构件工厂。通过企业自身的培养手段，如导师带徒、委托培养等，将其培养成合格的产业工人。

2.2.2 产业工人培训

1. 产业工人分类

PC构件工厂中产业工人分为以下3类：技术工人、特种作业人员、普通工人。PC构件生产线及钢筋生产线等岗位产业工人统计如表2-1所示。

表2-1 产业技术工人类别与等级

类别	内容	等级
PC构件生产线	清理喷涂工位操作手、画线机工位操作手、布料振捣工位操作手、抹光工位操作手、养护翻板工位操作手、搅拌站操作手、生产线操控中心操作手、混凝土工、组装拆卸模板工、木工、精细木工、叉车司机、装载机司机等	中级、高级
钢筋生产线	钢筋工、钢筋桁架生产线操作手、钢筋网片生产线操作手、钢筋调直切断机操作手、钢筋弯筋机操作手、叉车司机等	中级、高级
模板加工整修	钳工、车工、铣工、磨工、电焊工等	中级、高级
蒸汽锅炉	司炉工、锅炉检修工（主机、辅机）、管道检漏工等	中级、高级
其他类	电工、电机检修工、电气检修工、试验工、测量放线工、桥式起重机司机、堆放搬运装卸工、架子工等	中级、高级

务必高度重视生产安全制度，深化岗位责任意识

2020 年 9 月 6 日 2 时 22 分许，甘肃省白银市白银区甘肃宏达铝型材有限公司熔铸车间发生一起冷却水闪蒸事故，造成 4 人死亡，6 人受伤。发生原因是，熔铸车间作业工人发现铸造过程出现异常情况后，在采取加铝饼、调速等降温方法效果不明显时，未及时终止作业，导致铝合金棒拉漏，大量高温铝液进入冷却竖井，冷却水瞬间汽化并发生剧烈的铝粉氧化反应，产生的混合气体体积在相对密闭空间急剧膨胀，聚集的能量突然释放形成冲击波，导致事故发生。

（扫描二维码查看详细内容）

2. 特种设备管理

PC 构件工厂中的特种设备：PC 构件生产线的设备要求设备供应商具有较高的综合能力。设备供应商要有强大的研发团队、高精尖的设备加工制造能力、高素质的生产和售后服务团队、充沛的原材料库存能力乃至很强的资金实力以确保为客户提供优化的工厂工艺设计，高质量的成套设备，快速、及时的设备安装和调试，以及放心的售后服务。

PC 构件工厂特种作业人员包括起重工（车间、堆场）、电工、电焊工、锅炉工、管道工、叉车司机等。

3. 产业工人培训的内容

产业工人培训包括以下内容。

（1）从事这些职业（工种）的人员必须达到相应的职业技能要求，其中特殊工种必须取得当地安监局和技术监督局考核颁发相应的职业资格证书。

PC 构件工厂在与劳动者签订劳动合同时，把从事特殊工种的人员是否持有职业资格证书作为建立劳动关系的一项前提内容。

（2）签订正式用工合同前，组织相关专业管理人员对入厂工人进行实际技能考核。考核合格者签订劳务用工合同，不合格者退回原单位。

（3）对进场工人进行工作之前的培训。

根据相应的职业要求，对工人进行系统培训，使工人掌握相应技工的技术理论知识和操作技能。全面了解 PC 构件生产线的生产知识，掌握安全操作要点和车间内的危险源。根据工人特长及兴趣，合理安排岗位，明确岗位职责。

（4）PC 构件生产线培训人员及培训要点。

① PC 构件生产线上各岗位人员包括混凝土工、模板工、木工、测量工、电工、电机检修工、电气检修工、生产线各工位操作手等。

② PC 构件生产线上各岗位培训要点：

a．了解整个车间内各条生产线的布局、车间管理办法。

b．掌握 PC 构件生产线的工艺流程、生产要素，各个生产工位的操作要点。

c．掌握自己所在生产工位、生产岗位的全部职责和全部工作要求。

d．掌握自己所在生产工位、生产岗位的危险源管控、安全工作要点。

（5）钢筋生产线培训人员及培训要点。

① 钢筋生产线上的各岗位人员包括电工、电机检修工、电气检修工、钢筋自动加工流水线操作手等。

② 钢筋生产线上各岗位培训要点：

a．了解整个车间内各条生产线的布局、车间管理办法。

b．掌握钢筋生产线的工艺流程、生产要素，各钢筋生产线和钢筋加工设备的操作要点。

c．掌握自己所在生产岗位的全部职责和全部工作要求。

d．掌握自己所在生产岗位的危险源管控、安全工作要点。

（6）混凝土搅拌站培训人员及培训要点。

① 混凝土搅拌站各岗位人员包括装载机司机、电工、试验工、搅拌站操作室操作手等。

② 混凝土搅拌站各岗位培训要点：

a．了解 PC 构件生产线与搅拌站之间的布局关系和生产运输线路的走向、搅拌站管理办法。

b．了解 PC 构件生产线的工艺流程、生产要素，与混凝土施工有关系的各生产工位的操作要点。

c．掌握搅拌站搅拌混凝土的工艺流程、生产要素，以及配料机、水泥仓、输送带、混凝土输送料斗等各个生产单元的操作要点。

d．掌握自己所在混凝土搅拌站生产单元、生产岗位的全部职责和全部工作要求。

e．掌握自己所在混凝土搅拌站生产单元、生产岗位的危险源管控、安全工作要点。

（7）锅炉房培训人员及培训要点。

① 锅炉房各岗位人员包括司炉工、锅炉检修工、管道检修工等。

② 锅炉房各岗位培训要点：

a. 了解PC构件生产线与锅炉房之间的布局关系和蒸汽管道的走向、锅炉房管理办法。

b．了解 PC 构件生产线的工艺流程、生产要素、与混凝土蒸养有关的各生产工位（预养窑、蒸养窑、养护池等）的操作要点。

c．掌握锅炉房生产高压蒸汽工艺流程、生产要素，掌握主机、辅机，管道、法兰和阀门等各个组成单元的操作检查要点。

d．掌握自己所在锅炉房组成单元、生产岗位的全部职责和全部工作要求。

e．掌握自己所在锅炉房组成单元、生产岗位的危险源管控、安全工作要点。

（8）构件起吊运输培训人员及培训要点。

① 构件起吊运输各岗位人员包括堆放搬运装卸工、起重工、叉车司机、平板车司机等。

② 构件起吊运输各岗位培训要点：

a．了解整个车间内各条生产线的布局、车间管理办法。

b．掌握 PC 构件生产线的工艺流程、生产要素，以及与构件起吊运输相关的设备和生产工位（翻板机、构件检查、堆场门吊起吊等）的操作要点。

c．掌握翻板机、桥式起重机和轨道式起重机的操作工作流程，掌握扁担梁、接驳器、钢丝绳和吊装带、桥式起重机和轨道式起重机各部位等各个辅助工器具和设备组成单元的检查要点。

d．掌握自己所在生产工位、生产岗位的全部职责和全部工作要求。

e．掌握自己所在生产工位、生产岗位的危险源管控、安全工作要点。

f．培养具有新时期产业工人企业劳动纪律观念、团队协作精神、工匠精神，以及作为建筑产业从业人员特有的施工常识、质量意识、安全意识、生产职业使命感，形成不同于普通建筑工人的特质。建设一支强有力的装配式产业化工人队伍，是建筑 PC 构件企业发展中不可或缺的重要力量。

2.3　PC 构件生产模具及工具准备

混凝土预制构件制作设备、模具及工具

PC 构件生产模具的设计与制作，位于产业链的前端，是整条产业链得以正常运作的有力保证。

PC 构件建筑生产模具是现代模具技术中通用性强，拆卸方便、周转次数多等优点的“以钢代木”的新型模具，可事先跟进设计要求组合成梁、柱、墙、楼板的模具。

2.3.1　墙板模具

实心墙板可采用两类模具生产，即平模生产模具和立模生产模具。“三明治”夹芯墙板采用平模生产模具生产。

1. 平模生产模具

平模生产也称为卧式生产，模具由 4 个部分组成：侧模、端模、内模、工装与加固系统。在PC构件生产自动化流水线中，一般使用模台做底模；在固定模位中，底模可采用钢模台、混凝土底座等多种形式。侧模与端模是墙的边框模板。墙板平模模具如图 2-2 所示。

有窗户时，模具内要安装窗框内模。带拐角的墙板模具（图 2-3）要在端模的内侧设置内模板。大量的预留、预埋孔洞等则通过悬挂工装来实现，如墙板后浇带预留孔。

2. 立模生产模具

立模生产模具，即生产过程中构件的一个侧面垂直于地面，墙板的另外两个侧面和二个板面与模具板面接触，最后一个墙板侧面外露，由此进行构件生产的模具。立模生产可以大大减少抹面的工作量，提高生产效率。大量的玻璃纤维增强混凝土（glass fiber reinforced concrete，GFRC）复合墙板采用立模生产，并且一般成组进行。

图 2-2　墙板平模模具

图 2-3　带拐角的墙板模具

2.3.2　楼梯模具

楼梯生产有卧式、立式两种生产模式，因此其生产用模具也有立式楼梯模具和卧式楼梯模具两种。

为增加楼梯模具的通用性、降低模具成本，还有一种可调式楼梯模具。可调式楼梯模具的踏步宽度固定，楼梯的踢面高度可调，楼梯的步数同样可做相应的调整。目前，楼梯生产多数采用立式楼梯模具。

1. 立式楼梯模具

立式楼梯模具（图 2-4）有 3 个部分，即底座、正面锯齿形模板、背面平模板构成。

正面锯齿形模板与底座固定，背面平模板可在底座上滑移以实现与正面锯齿形模板的开合。背面平模板滑向正面锯齿形模板，并待两者靠紧后，将上部、左右两侧的丝杆卡入正面锯齿形模板上的钢架连接点的凹槽内，拧紧螺母，固定牢靠。

图 2-4　立式楼梯模具

2. 卧式楼梯模具

卧式楼梯模具（图 2-5）是指以锯齿形的正面模板为底模，两个侧模板和两个端面模板为边模的模具。

模具组装时先把底模放平，把侧面和端部安放在底模上，用螺栓拧紧固定边模与底模，形成一个牢固的卧式楼梯模具。底模内焊接凹凸定位钢柱或矩形块，以便在浇筑混凝土时形成定位孔洞。

图 2-5　卧式楼梯模具

2.3.3　叠合板模具

边模组装

侧模支设

叠合板分为单向板和双向板，单向板两侧模出筋，双向板两个端模和两个侧模都出筋。叠合板生产以模台为底模，钢筋网片通过侧模或端模的孔位出筋。钢制边模用专用的磁盒直接与底模吸附固定或通过工装固定，这种边模为普通边模。叠合板碳素钢模具如图 2-6 所示。

铝合金磁力边模是由铝合金边模和内嵌的磁性吸盘组成，使磁盒与模板成为一体，这种边模称为磁性边模（图 2-7）。通常边模宽 60mm，高度有 70mm 和 80mm 两种，长度可以做成 1m、1.5m、2m、3m、3.5m

不等，以组合成不同的叠合板模具。

叠合板模具安装（现场）

图 2-6　叠合板碳素钢模具

图 2-7　叠合板磁性边模

2.3.4　预制柱模具

预制柱多用平模生产，底模采用钢制模台或混凝土底座，两边侧模和两头端模通过螺栓与底模相互固定。钢筋通过端部模板的预留孔洞出筋。如果预制柱不是太高，可采用立模生产。与梁连接的钢筋，通过侧模的预留孔出筋。预制柱模具如图 2-8 所示。

图 2-8　预制柱模具

2.3.5　预制梁模具

预制梁分为叠合梁和整体预制梁。预制梁多用平模生产。采用钢制模台或混凝土底座作为底模，两片侧模和两片端模栓接连接固定，预制梁模具上部采用角钢连接加固，防止浇筑混凝土时侧面模板变形。上部叠合层钢筋外露，两端的连接筋通过端模的预留洞伸出。预制梁模具如图 2-9 所示。

图 2-9 预制梁模具

2.3.6 其他模具

1. 外挂墙板模具

外挂墙板无论是实心板还是“三明治”夹芯板，其模具均由两片侧模和两片端模通过螺栓连接固定组成，且不用出筋（图 2-10）。由于外挂墙板较薄，在钢制模台之上，模具四周采用磁盒吸附固定即可。

边模拆除

图 2-10 外挂墙板模具

2. 飘窗模具

飘窗多用组合模具生产。在固定模台上，飘窗模具（图 2-11）根据构件的外形分为 4 个部分，即端模、侧模、端模上悬附的内模、工装与加固系统。

图 2-11　飘窗模具

组装飘窗模具时，根据模台上画好的线位图，将两片侧模摆好位置。随后两片端模就位，与侧模连接加固成一个框架。在两片端模的上部通过两个以上螺栓孔，栓接固定飘窗突出部位的内模和侧（外）模。然后安装悬挂工装，固定内螺旋等预埋件。边测量尺寸，边加固模板，直至整个飘窗的几何尺寸和预埋件的位置符合规范要求为止。

3. 阳台模具

预制阳台分为叠合阳台和整体阳台，即半预制式和全预制式阳台。半预制阳台、全预制阳台均采用类似于飘窗模具的组合模具生产。阳台模具如图 2-12 所示。

图 2-12　阳台模具

在固定模台上，先摆放侧模，然后摆放连接两端的端模。再安装阳台两侧侧板的内侧模和外栏板的内端模，最后连接加固，形成一个阳台的整体模具。在内侧端模上部开孔，预留连接钢筋的出筋孔洞。在浇筑 PC 构件混凝土时，叠合式阳台的桁架筋要高出预制板面。

桁架筋安放（现场）

PC 构件生产模具设计时要模块化，一套模具在成本适当的情况下应尽可能满足“一模多制作”，因此模块化是降低生产成本的前提。同时，PC 构件生产模具要轻量化，轻量化既可降低成本又可提高作业效率。

2.4 辅助工具与预留预埋件

构件中包含吊点、埋件、预留孔、套筒、接驳器等，当构件的尺寸、型号、使用位置各不相同时，应对它们加以了解。因此，本节主要介绍构件生产中的辅助工具及预留预埋件。

预制混凝构件的预埋件与主要配件

2.4.1 辅助工具

1. 接驳器、锚固件、吊索与插筋锚固件

1）接驳器

接驳器（图 2-13 和图 2-14）是专门用于连接新型吊点（圆形吊钉、鱼尾吊钉、螺纹吊钉）的连接吊钩，或者用于快速接驳传统吊钩。其具有接驳快速、使用安全等特点。

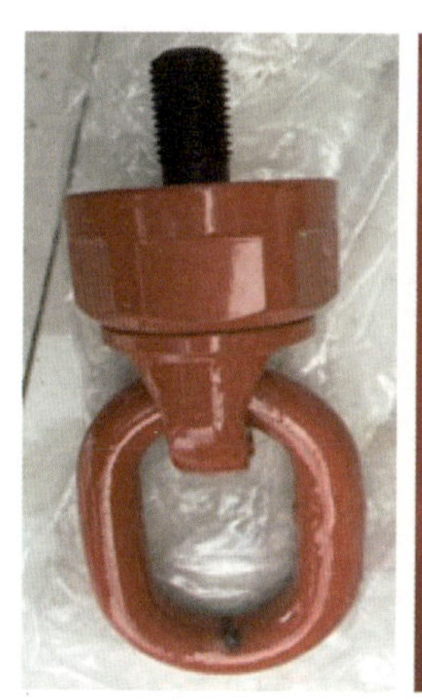

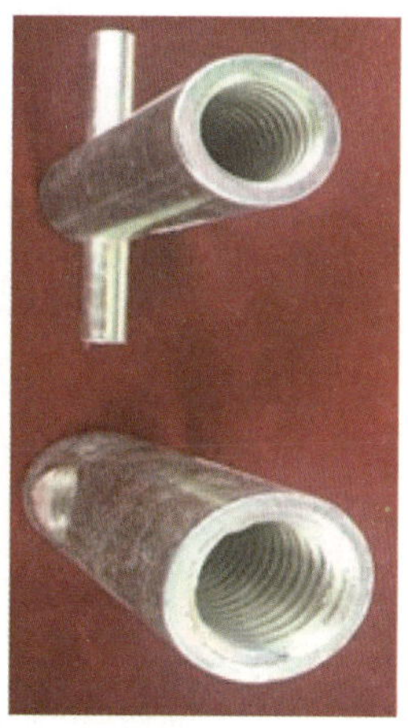

图 2-13 内螺纹专用接驳器

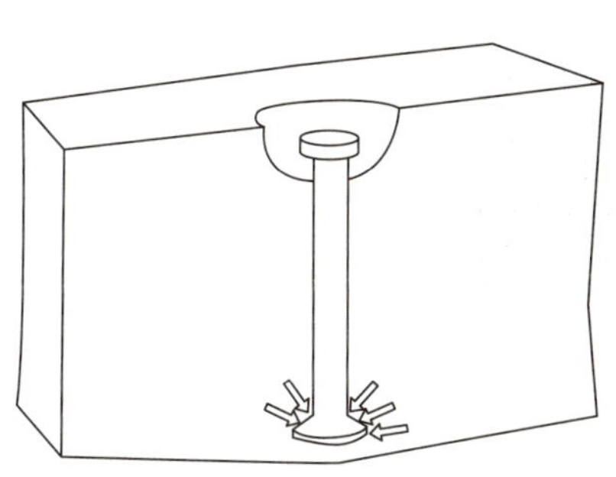

（a）吊钉、专用接驳器 1

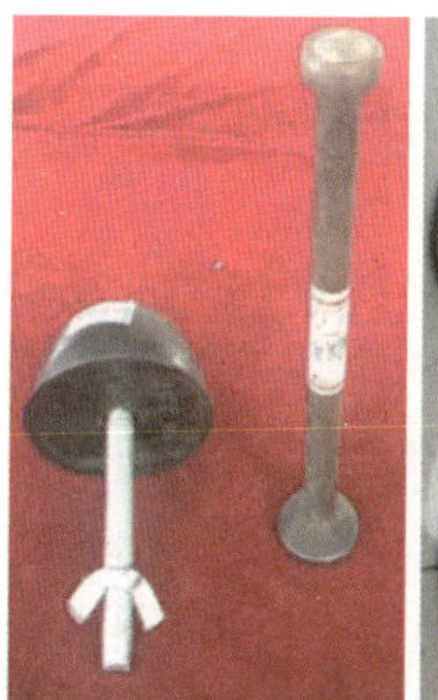

（b）吊钉、专用接驳器 2

图 2-14 吊钉、专用接驳器

2）锚固件

FRIMEDA 吊装系统由浇筑在预制混凝土板块中的扁钢吊钉、拆模器和吊头构成。吊头和吊钉的设计能使其适用于任何方向的承载力。该吊装系统的主要特点是预埋在薄壁中的吊钉在倾斜起吊时不会造成薄壁的破坏。吊头可以通过手动或远程遥控进行释放，如图 2-15（a）所示。

DEHA 圆锥头吊装锚栓与可拆除的拆模器一起浇筑到混凝土中，并且可以承受来自各个方向的荷载。锚栓承载力可达 45t。万向吊头可快速简单连接到锚栓，用于吊装和运输，如图 2-15（b）所示。

DEHA HD 套筒吊钉承载能力提高。与现有的套筒吊钉相比，拥有更多优点，其承载能力扩展至 250 kN。套筒中的螺旋式螺帽可防止灰尘进入。由于优化尺寸，HD 套筒吊钉体型非常纤细，特别适用于预制薄壁组件。该吊装系统使用特殊的 HD 吊装器或翻转吊装器进行吊装。不仅可以拧入 DEHA HD 适配器，还可以通过通用吊具在几秒内吊装和运输构件，如图 2-15（c）所示。

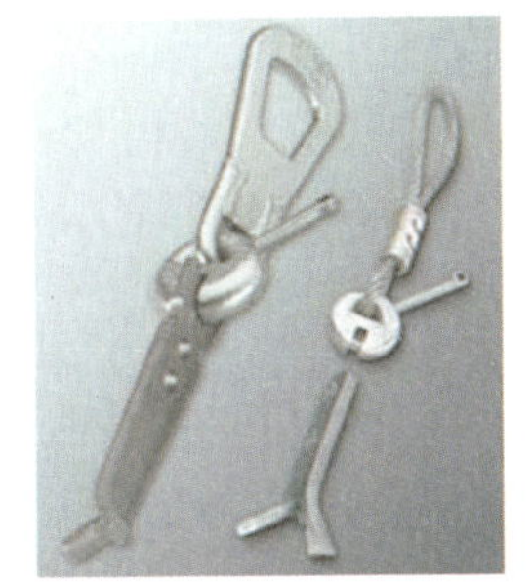

（a）FRIMEDA 起吊锚固系统

（b）DEHA 球形吊装锚件

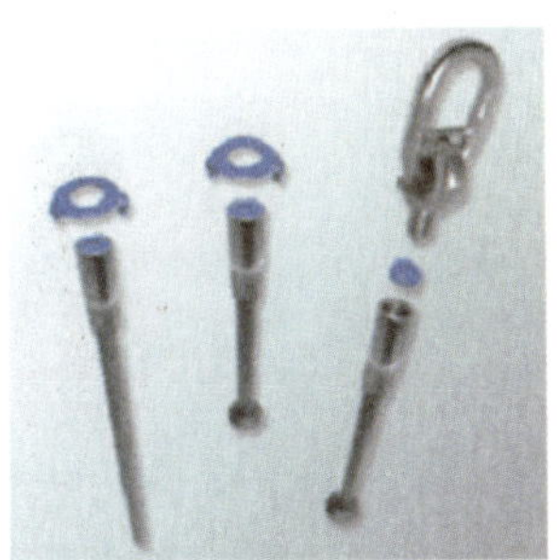

（c）HD 起吊锚固件

图 2-15　哈芬起吊锚固系统

3）吊索

吊索又称千斤，是由钢丝绳制成的，因此钢丝绳的允许拉力即吊索的允许拉力，在使用时，其拉力不应超过允许拉力。吊索有环状吊索和开式吊索两种。螺纹绳套吊索如图 2-16 所示。

（a）

（b）

图 2-16　螺纹绳套吊索

4）插筋锚固件

钢筋插筋锚固件连接性能良好，构造简单、成本低廉，适用于混凝土预制构件预埋内螺纹锚栓的锚固。插筋锚固件如图 2-17 所示。

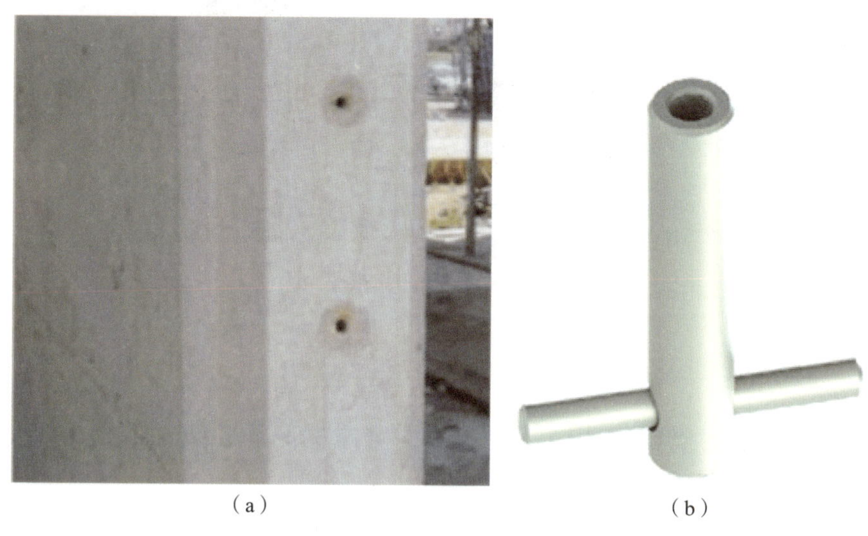

（a）　　　　（b）

图 2-17　插筋锚固件

2. 横吊梁

横吊梁俗称铁扁担、扁担梁，常用于梁、柱、墙板、叠合板等构件的吊装。用横吊梁吊运部品部件时，可以防止因起吊受力，对构件造成的破坏，更加便于构件的安装、校正。其中，常见的横吊梁包括起重框架梁、起重扁担梁、平衡起重梁，如图 2-18 ～图 2-20 所示。

图 2-18　起重框架梁

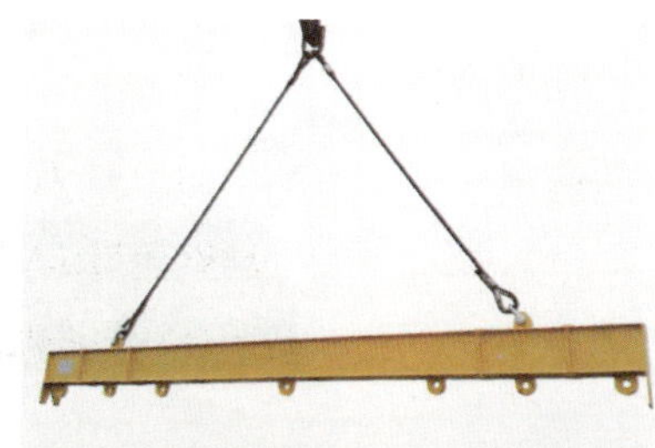

图 2-19　起重扁担梁

图 2-20 平衡起重梁

3. 磁性底座与磁性倒角

电盒固定磁性底座、螺栓预埋固定磁性底座和磁性倒角分别如图 2-21 ～图 2-23 所示。

图 2-21 电盒固定磁性底座

图 2-22 螺栓预埋固定磁性底座

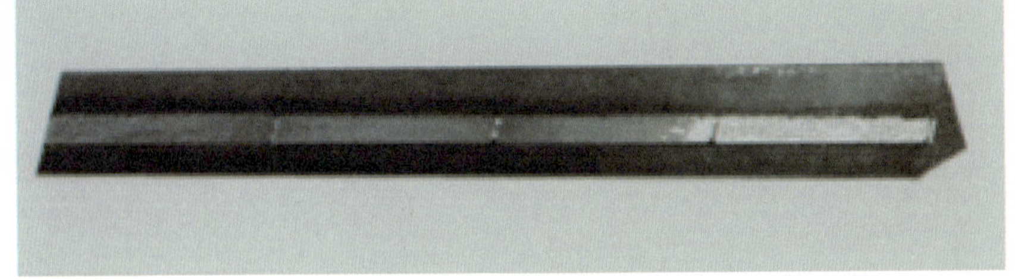

图 2-23 磁性倒角

4. 固定磁盒与磁盒撬棍

固定磁盒与磁盒撬棍分别如图 2-24 和图 2-25 所示。

图 2-24　固定磁盒

图 2-25　磁盒撬棍

2.4.2　预埋预留件及相关辅助件

1. 连接类预埋件

预制构件生产中需要预埋灌浆套筒、波纹套管、金属和非金属拉结件外饰面石材等。灌浆套筒注浆管固定磁座、灌浆套筒与模板间固定工装、外饰面石材连接件安装分别如图 2-26 ～图 2-28 所示。

图 2-26　灌浆套筒注浆管固定磁座

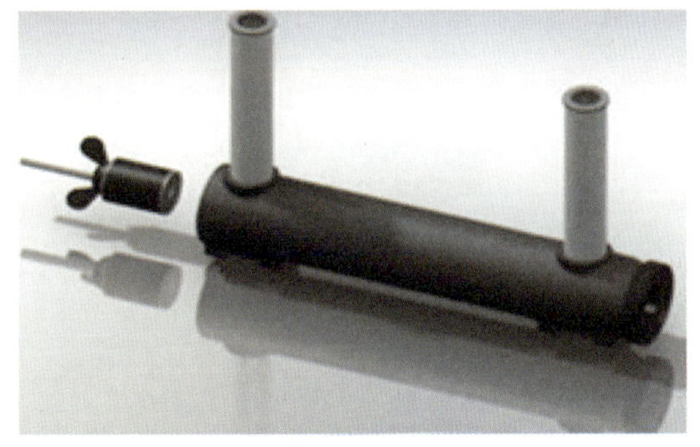

图 2-27　灌浆套筒与模板间固定工装

图 2-28　外饰面石材连接件安装

2. 安装施工辅助件

安装施工辅助件包括各种吊件及固定成型工装、后浇带模板固定螺栓、斜支撑固定螺栓等。常用的吊钉端部凹口成型器、扁口锚栓、平板锚栓、螺纹锚栓分别如图 2-29 ～图 2-32 所示。

图 2-29　吊钉端部凹口成型器

图 2-30　扁口锚栓

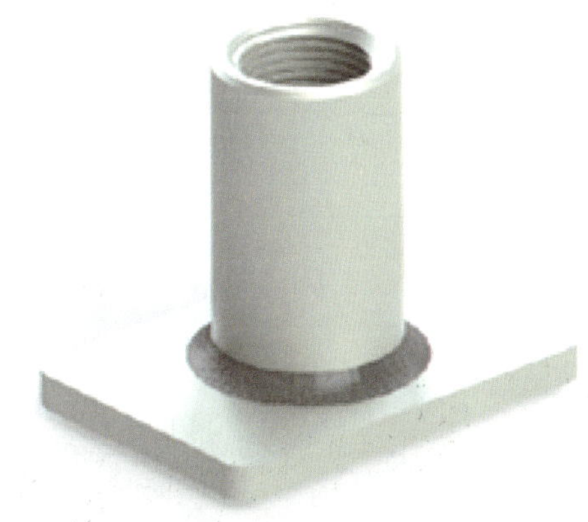

图 2-31　平板锚栓

图 2-32　螺纹锚栓

图 2-33　电盒预埋及固定工装

3. 电气类辅助件

电气类辅助件包括开关盒、插座盒、弱电系统接线盒（消防显示器、控制器、按钮、电话、电视、对讲机等）预埋及预留孔洞等。电盒预埋及固定工装如图 2-33 所示。

图 2-34　给水管道的预留洞

4. 水暖类辅助件

水暖类辅助件包括给水管道的预留洞预埋套管，地漏、排水栓、雨水斗的预埋等。给水管道的预留洞如图 2-34 所示。

5. 门窗类辅助件

门窗类辅助件包括预埋门窗木（图 2-35）、预制门窗焊接件（图 2-36）等。

图 2-35　预埋门窗木

图 2-36　预埋门窗焊接件

6. 装饰装修类辅助件

装饰装修类辅助件包括电视线穿墙预埋管、灯具吊点（图 2-37）、空调管线预留洞、楼梯连接预埋件（图 2-38）等。

图 2-37　灯具吊点

图 2-38　楼梯连接预埋件

7. 其他辅助件

其他辅助件，如环形塑料支架、马凳塑料支架、叠合板外漏钢筋止漏卡件、外漏钢筋止漏胶管、胶圈分别如图 2-39 ～图 2-42 所示。

图 2-39　环形塑料支架

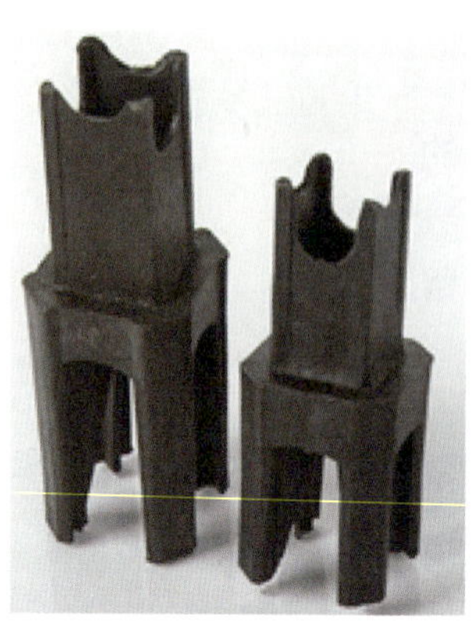

图 2-40　马凳塑料支架

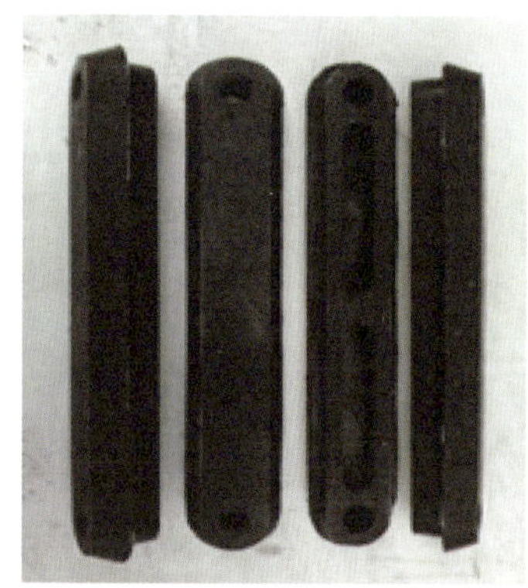

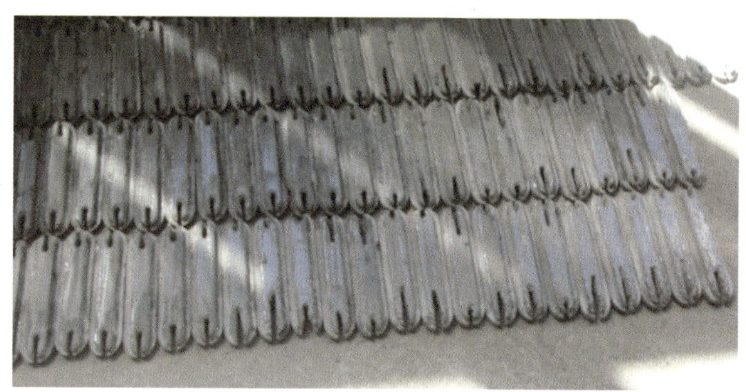

图 2-41　叠合板外漏钢筋止漏卡件

（a）胶管

（b）胶圈

图 2-42　外露钢筋止漏胶管、胶圈

埋件、套筒、接驳器、预留孔等材料质量应合格，品种、规格、型号等应符合设计和方案要求，预埋位置应正确且定位牢固。

2.5 主要生产材料

预制混凝构件主要材料的加工与准备

构件生产过程中，各类主要生产材料在使用前应进行检测，包括进料检查和复检。进料检查项目包括产品的品种、规格、生产批次、外观、生产厂家等；复检的数量和项目应符合国家标准的有关规定，经检测合格后方可使用。

2.5.1 普通混凝土配合比设计

1. 基本原则

（1）满足施工和易性要求。
（2）满足结构设计及施工进度的强度要求。
（3）满足工程所处环境对混凝土耐久性的设计要求。
（4）经济性要求：经济合理，降低混凝土的成本。

2. 准备工作

混凝土配合比设计前应做好如下的资料收集准备工作。

（1）要求的混凝土强度等级及耐久性设计等级。

（2）掌握工程概况、特点及技术要求（如环境条件、结构尺寸、钢筋间距、施工是否有特殊要求等）。

（3）根据混凝土的技术要求、当地的实际情况选择各种原材料，并掌握各种原材料必要的技术性能指标及质量、价格的可能波动情况。

（4）掌握施工工艺（是否泵送、自密实混凝土、浇筑高度、振捣方法及结构物的钢筋布置等）及确定到施工现场混凝土的和易性指标、运输距离或运输时间。

（5）掌握季节、天气和使用的环境条件，如春、夏、秋、冬及风、雨、霜、雪、温湿度和使用环境是否有侵蚀介质等。

（6）掌握本企业的生产工艺条件、设备类型、人员素质、现场管理水平和质量控制水平等。

（7）了解施工队伍的技术、管理和操作水平等情况；必要时了解施工单位混凝土的养护方法，如自然养护、蒸汽养护、压蒸养护等。

（8）了解施工部位在混凝土质量验收评定中采用的评定方法是统计法还是非统计法，以便合理地确定所设计混凝土的标准差和试配强度。

（9）掌握当地用于配制混凝土的材料资源，了解国家相关免税政策，做好资源综合利用。

3．3 个参数

混凝土的配合比设计，实际上就是确定单位体积混凝土拌和物中水泥、矿物掺和料、粗骨料、细骨料、外加剂和水等主要材料用量。反应各材料用量间的关系有 3 个主要技术参数，即水胶比（*W/B*）、砂率和单位用水量。

1）水胶比

水胶比是指单位体积的混凝土拌和物中，水与胶凝材料用量的重量之比。水胶比对混凝土强度和耐久性起着决定作用，因此水胶比的确定主要取决于混凝土的强度和耐久性。另外水胶比的大小也决定了水泥浆的稀稠，因此对混凝土拌和物的黏聚性、保水性及可泵性等也起着非常重要的作用。

一般情况下，水胶比越小，抗压强度越高，耐久性越好。但由强度和耐久性分别决定的水胶比往往是不同的，此时应取较小的水胶比以便同时满足强度和耐久性的要求。但在强度和耐久性都能满足的情况下，水胶比应取较大者。

2）砂率

砂率是指混凝土中砂的质量与砂、石总质量的百分比。合理确定砂率，就是要求能够使砂、石、水泥浆互相填充，保证混凝土的流动性、黏聚性、保水性等，混凝土达到最大密实度，又能使水泥用量降为最少用量。

影响砂率的因素很多，如石子的形状（卵石砂率较小、碎石砂率较大）、粒径大小（粒径大者砂率较小、粒径小者砂率较大）、空隙率（空隙率大者砂率较大、空隙率小者砂率较小）、水胶比等。

另外，当骨料总量一定时，砂率过小，则用砂量不足，混凝土拌和物的流动性就差，易离析、泌水。在水泥浆量一定的条件下，砂率过大，则砂的总表面积增大，包裹砂子的水泥浆层太薄，砂粒间的摩擦阻力加大,混凝土拌和物的流动性变差。若砂率不足,就会出现离析、水泥浆流失。因此，砂率的确定，除进行计算外，还需进行必要的试验调整，从而确定最佳砂率，即单位用水量和水泥用量减到最少而混凝土拌和物具有最大的流动性，且能保持黏聚性和保水性能良好的砂率称为最佳砂率。

3）单位用水量（浆骨比）

单位用水量是指每立方米混凝土中用水量的多少，是直接影响混凝土拌和物流动性大小的重要因素。单位用水量在水胶比和水泥用量不变的情况下，实际反映的是水泥浆的数量和骨料用量的比例关系，即浆骨比。水泥浆量要满足包裹粗、细骨料表面并保持一定的厚度，以满足流动性的要求，但用水量过大不但会降低混凝土的耐久性，也会影响混凝土拌和物的和易性。

4．基本步骤

（1）根据所选用原材料的性能指标及混凝土设计、施工技术性能指标的要求，通过理论计算或经验得出一个计算配合比，也称为“理论经验配合比”或“初步配合比”。

（2）计算配合比经试配与调整，确定出满足和易性要求的试拌配合比。

（3）根据试拌配合比确定供强度检验用配合比，并根据试配强度和湿表观密度调整得出满足设计、施工要求的实验室配合比，根据砂、石的含水率、液体外加剂的含固量及实验室配合比可确定预拌混凝土的生产配合比。

5. 基本规定

（1）混凝土配合比设计应满足混凝土配制强度及其他力学性能、拌和物性能、长期性能和耐久性能的设计要求。

（2）配合比设计所采用的细骨料含水率应小于 0.5%，粗骨料含水率应小于 0.2%。每盘混凝土试配的最小搅拌量应根据粗骨料最大粒径选定，当粗骨料最大粒径不小于 31.5mm 时，拌和物数量不少于 20L；当粗骨料最大粒径 40mm 时，拌和物数量不少于 25L。采用机械搅拌时，其搅拌量不应小于搅拌机额定搅拌量的 1/4 且不大于搅拌机公称容量。

（3）混凝土的最大水胶比应符合《混凝土结构设计规范（2015 年版）》（GB 50010—2010）的规定（当掺加外加剂且外加剂为液体时，此时的水胶比为混凝土外加拌和水量和液体外加剂中所含水量的总用水量与胶凝材料用量的比值）。

（4）矿物掺和料在混凝土中的掺量应通过试验确定。

6. 确定计算配合比

首先根据试配强度，进行水胶比的确定，然后确定用水量、外加剂用量、胶凝材料用量、掺和料用量及水泥用量，再用质量法或体积法确定砂率、粗骨料用量、细骨料用量，最终确定计算（初步）配合比。

7. 确定试拌配合比

1）和易性试配与调整

通过理论计算或经验确定的计算配合比首先要进行试配，看混凝土是否能够满足施工和易性的要求。按计算配合比计算出各试配材料的用量进行试拌，并进行混凝土拌和物相应各项技术性能的检测，如果混凝土拌和物的各项技术能全都满足设计、施工的要求，则不需要调整，即可将计算配合比作为试拌配合比；如果混凝土拌和物的技术性能不能满足设计、施工的要求时，应根据具体的情况进行分析，调整相应的技术参数，直至混凝土拌和物的各项技术性能全部满足设计、施工的要求为止。

如果混凝土拌和物坍落度不符合设计、施工要求时，通常情况下可根据检测的结果进行如下调整。

（1）当坍落度值比设计要求值小或大时，保持水胶比不变的情况下增加水泥浆量或减少水泥浆量，普通混凝土每增、减 10mm 坍落度，约需增、减 3% ～ 5% 的水泥浆量；当坍落度值比设计要求值小或大时，也可在保持砂率不变的情况下，同时减少或增加粗、细骨料的用量来达到坍落度要求；当坍落度值比设计要求值小或大时，也可通过增加和减少具有减水作用外加剂的掺量达到调整坍落度的目的，坍落度小时增加外加剂掺量，坍落度大时减少外加剂掺量。

（2）当混凝土拌和物黏聚性、保水性差时，可在其他材料用量不变的情况下，适当增大砂率；通过改变砂率也不能改善混凝土拌和物黏聚性、保水性差时，要分析原因，如果砂子过粗或者过细造成拌和物黏聚性、保水性差，就需要调整砂子的级配；如果石子的级配不好造成拌和物黏聚性、保水性差，就需要调整石子的级配；如果砂子中小于 300μm 的颗粒太少造成拌和物黏聚性、保水性差，应适当补充该部分颗粒；如果胶凝材料用量少且坍落度又较大造成黏聚性、保水性差时，可适当降低水胶比，增加胶凝材料的用量，也可适当增加一些增稠的材料，以提高其黏聚性与保水性。

（3）有时候也可能是外加剂对水泥、砂子中含泥量（尤其对聚羧酸系高性能减水剂）等的适应性不好造成混凝土拌和物和易性不良，此时就需要更换材料或者和外加剂生产厂家，通过调整外加剂配方解决。

2）试拌配合比

在计算配合比的基础上进行试拌，计算水胶比宜保持不变，根据和易性的具体情况，调整配合比中相关参数，使混凝土拌和物性能符合设计和施工要求后，根据调整的参数修正计算配合比，确定试拌配合比。

8. 确定设计配合比

1）强度试配

（1）检验强度配合比的确定：在试拌配合比的基础上，确定检验强度配合比时，应采用 3 个不同的配合比，其中一个应为确定的试拌配合比，另外两个配合比的水胶比宜较试拌配合比分别增加和减少 0.05，用水量应与试拌配合比相同，砂率可分别增加和减少 1%。

（2）按检验强度配合比计算出各材料的用量进行试拌，如果混凝土拌和物性能均符合设计和施工要求，则进行混凝土强度及要求的耐久性试验；如果另外两个配比的混凝土拌和物性能不符合设计和施工要求，还要适当进行调整以便使拌和物和易性满足设计和施工要求（一般调整砂率即可）。

（3）进行混凝土强度试验时，每种配合比至少应制作一组试件，并应按标准养护到 28d 或设计强度要求的龄期时试压；此时如果有耐久性要求时还应进行耐久性试件的制作、养护和试验。

2）调整设计配合比

（1）配合比调整应符合以下规定。

根据混凝土强度试验结果，绘制强度和胶水比的线性关系图，用图解法或插值法求出略大于配制强度的对应的胶水比（当外加剂为液体时，此时也可以采用实际的胶水比作为确定强度的胶水比，实际的胶水比，即胶凝材料与外加用水量和液体外加剂中所含水量之总用水量的比值，但最终确定的配合比与不考虑液体外加剂的胶水比的差别不大）。

在强度检验配合比试拌的基础上，用水量 m_w 和外加剂用量 m_a 应根据确定的胶水比进行调整。

胶凝材料用量 m_b 应以用水量乘以图解法或插值法求出的胶水比计算得出。

粗骨料 m_g 和细骨料用量 m_s 应在用水量和胶凝材料用量调整的基础上进行调整。

（2）混凝土拌和物表观密度和配合比校正系数的计算。

配合比调整后的混凝土拌和物的表观密度应按下式计算：

$$m_{cp}=m_c+m_f+m_g+m_s+m_a+m_w \tag{2-1}$$

式中，m_{cp} 为每立方米混凝土拌和物的假定质量，kg；m_c、m_f、m_g、m_s、m_a、m_w 分别为每立方米混凝土中水泥、矿物掺和料、粗骨料、细骨料、外加剂和水的用量，kg。

配合比校正系数应按下式计算：

$$\delta=\frac{\rho_{c,t}}{\rho_{c,c}} \tag{2-2}$$

式中，δ 为混凝土配合比校正系数；$\rho_{c,t}$ 为混凝土表观密度实测值，kg/m^3；$\rho_{c,c}$ 为混凝土拌和物表观密度计算值，kg/m^3。

3）确定设计配合比（实验室配合比）

（1）当混凝土表观密度实测值与计算值之差不超过计算值的 2% 时，调整好的配合比不做修正，维持不变；当两者之差超过 2% 时，应将配合比中每项材料用量均乘以校正系数 δ 的数值进行计算。

（2）确定设计配合比

配合比调整后应测定混凝土拌和物水溶性氯离子含量，对耐久性有设计要求的混凝土应进行相关耐久性试验验证。如果混凝土拌和物水溶性氯离子含量试验结果符合规定，且耐久性符合相关设计要求，则调整后的配合比即设计配合比（实验室配合比）。

9. 配合比的调整

（1）实验室出具的配合比为基准的配合比，在应用时应做出调整。

（2）根据实验室进行试配时使用的相近的原材料，测出砂、石的含水量，在原配合比的基础上扣减用水量，得出施工用配合比。

（3）根据施工配合比进行生产，生产的混凝土应做开盘鉴定，并做好记录，如开盘鉴定结果与原试验结果相差较大，应查明原因并进行适当的改进。

2.5.2 钢材、钢筋、螺旋肋钢丝、钢绞线、焊接材料

1．钢材

（1）钢材一般采用普通碳素钢。其中较为常用的 Q235 低碳钢，其屈服点为 235MPa，抗拉强度为 375 ～ 500MPa。Q345 低合金高强度钢，其塑性、焊接性良好，屈服强度为 345MPa。

（2）预制构件吊装用内埋式螺母或吊杆及配套的吊具，应符合国家标准的规定。

（3）预埋件锚板用钢材应采用 Q235、Q345 级钢，钢材等级不应低于 Q235B；钢材应符合《碳素结构钢》（GB/T 700—2006）的规定。预埋件的锚筋应采用未经冷加工的热轧钢筋制作。

（4）在装配整体式混凝土结构设计与施工中，应尽量使用高强度钢筋，预制构件纵向钢筋宜使用高强度钢筋。

（5）碳素结构钢取样。

① 碳素结构钢应按批进行检查和验收。

每批由同一牌号、同一炉号、同一等级、同一品种、同一尺寸、同一交货状态、同一进场时间的钢材组成。每批数量不得大于 60t，每批取试件一组，其中一个为拉伸试件，另一个为冷弯试件。

② 取样方法：试件应在外观及尺寸合格的钢材上切取，切取时应防止受热、加工硬化及变形而影响其力学工艺性能。

a．工字钢和槽钢：应从腰高 1/4 处沿轧制方向切取矩形截面的拉伸、冷弯试件，厚度等于钢材腰厚。

b．角钢和乙字钢：应从腿长的 1/3 处切取。

c．T 型钢和球扁钢：应从腰高 1/3 处切取。

d．扁钢：应从端部沿轧制方向在距边缘 1/3 宽度处切取。

e．钢板：应在端部垂直于轧制方向切取试件；对于纵向轧钢板，应在距边缘 1/4 板宽处切取。碳素结构钢试件长度与钢筋试件长度相同。

（6）钢材必试项目：拉伸试验（屈服强度、抗拉强度、伸长率）、冷弯试验。

2．钢筋

1）钢筋品种

（1）钢筋按生产工艺分为热轧钢筋、热处理钢筋、碳素钢丝、钢绞

线和冷轧钢筋。

（2）钢筋按轧制外形分为 HPB300（即屈服强度为 300N/mm^2）HRB335（即屈服强度为 335N/mm^2）和 HRB400、RRB400（即屈服强度为 400N/mm^2）等。

（3）钢筋按轧制外形分为盘圆钢筋（直径不大于 10mm）和直条钢筋（长度为 6 ～ 12m，根据需方要求，也可按定尺供应）。

（4）钢筋按化学成分分为碳素钢钢筋和普通低合金钢筋。碳素钢钢筋按含碳量多少，又可分为低碳钢钢筋（含碳量低于 0.25%）、中碳钢钢筋（含碳量 0.25% ～ 0.7%）和高碳钢钢筋（含碳量大于 0.7%）。普通低合金钢筋是在低碳钢中碳钢的成分中加入少量合金元素，如 20MnSi、20MnTi、45SiMnV 等，获得强度高合综合性能好的钢种。

2）建筑工程钢筋的选用

（1）普通钢筋宜采用 HRB400 钢筋和 HRB335 钢筋，也可采用 HPB300 钢筋和 RRB400 钢筋。

（2）预应力钢筋宜采用预应力钢绞线、钢丝。

3）钢筋检验要求

（1）外观检查。

钢筋进场时及使用前均应对外观质量进行检查。检查内容包括直径、标牌、外形、长度、劈裂锈蚀等项目。当发现有异常现象时（包括在加工过程中有脆断、焊接性能显著不正常时），应不采用。

（2）力学性能试验。

屈服强度、抗拉强度、伸长率、冷弯指标，均符合国家标准的规定。对有抗震设防要求的框架结构，其纵向受力钢筋的强度应满足设计要求。当设计无具体要求时，对一级、二级抗震等级，检验所得的强度实测值应符合下列规定：钢筋的抗拉强度实测值与屈服强度实测值的比值不应小于 1.25，钢筋的屈服强度实测值与屈服强度特征值的比值不应大于 1.3。

有下列情况时，还应增加相应检验项目：有附加保证条件的混凝土结构中的钢筋；对高质量的热轧带肋钢筋应有反向弯曲检验项目和屈服强度数据；预应力混凝土用钢丝应有反复弯曲次数和松弛技术指标，钢绞线应有屈服负荷和整根破坏的技术指标。

（3）进场的钢筋有下列情况之一者，必须按国家标准的规定对该批钢筋进行化学成分检验和其他专项检验：在加工过程中，发现机械性能有明显异常现象；虽符合出厂力学性能指标，但外观质量缺陷严重。

进口钢筋需要接受力学性能、化学分析和焊接试验检验。

4）钢筋试验

（1）钢筋取样，每组试件数量如表 2-2 所示。

表 2-2　钢筋取样试件数量

钢筋种类	试件数量	
	拉伸试验	弯曲试验
热轧带肋钢筋	2 个	2 个
热轧光圆钢筋	2 个	2 个
低碳热轧圆盘条	1 个	2 个
余热处理钢筋	2 个	2 个
冷轧带肋钢筋	每盘 1 个	每批 2 个

（2）取样方法。凡取 2 个试件的（低碳热轧圆盘条冷弯试件除外）均应从任意两根（或两盘）中分别切取，即在每根筋上切取一个拉伸试件和一个弯曲试件。

碳钢热轧圆盘条冷弯试件应取自不同盘，并且在切取盘条试件时，应在盘条的任意一端截去 500mm 后切取；试件长度应满足拉伸试件≥标称标距 200mm，弯曲试件≥标称标距 150mm，同时，还应考虑材料试验机的有关参数确定其长度；试件的形状：具有恒定横截面的产品（型材、棒材、线材等）可以不经机加工而进行试验。

3. 螺旋肋钢丝

预应力混凝土用螺旋肋钢丝（公称直径 d_n 为 4mm、4.8mm、5mm、6mm、6.25mm、7mm、8mm、9mm、10mm）的规格及力学性能，应符合国家标准《预应力混凝土用钢丝》（GB/T 5223—2014）的规定。

4. 钢绞线

1）取样数量及检验组批

钢绞线应成批验收，每批钢绞线由同一牌号、同一规格、同一生产工艺捻制的钢绞线组成。每批质量不大于 60t。

2）表面质量

（1）钢绞线表面不得有油、润滑脂等物质。钢绞线允许有轻微的浮锈，但不得有目视可见的锈蚀麻坑。

（2）目测检查钢绞线表面质量，允许存在回火颜色。

5. 焊接材料

（1）手工焊接用焊条质量，应符合《非合金钢及细晶粒钢焊条》（GB/T 5117—2012）、《热强钢焊条》（GB/T 5118—2012）的规定。选用的焊条型号应与主体金属相匹配。

（2）自动焊接或半自动焊接采用的焊丝和焊剂，应与主体金属强度相适应，焊丝应符合《熔化焊用钢丝》（GB/T 14957—1994）等规范标准的要求。

（3）锚筋（HRB400 钢筋）与锚板（Q235B 钢）之间的焊接可采用 T50X 型焊条，Q235B 钢之间的焊接可采用 T42 型焊条。

2.5.3　木模板、钢模板

1．木模板、木方

1）模板

所用模板为 12mm 或 15mm 厚竹、木胶板，材料各项性能指标必须符合要求。

2）木方

霉变、虫蛀、腐朽、劈裂等不符合一等材质的木方不得使用，木方的含水率不大于 20%。

2．钢模板

（1）选用钢模板钢材时，采用《碳素结构钢》（GB/T 700—2006）中的相关规定，一般采用 Q235 钢材。

（2）模板必须具备足够的强度、刚度和稳定性，能可靠地承受施工过程中的各种荷载，保证结构物的形状尺寸准确。

模板设计中考虑的荷载情况具体如下。

（1）计算强度时：

荷载 = 浇筑混凝土对模板的侧压力 + 倾倒混凝土时产生的水平荷载
+ 振捣混凝土时产生的荷载

（2）验算刚度时：

荷载 = 浇筑混凝土对模板的侧压力 + 振捣混凝土时产生的荷载

（3）钢模板加工制作允许偏差。

钢模板加工宜采用数控切割，焊接宜采用二氧化碳气体保护焊。模板接触面平整度、板面弯曲、拼装缝隙、几何尺寸等应满足相关设计要求，允许偏差及检验方法应符合相关标准规定。

2.5.4　灌浆料、灌浆连接套筒

钢筋连接用灌浆套筒是通过水泥基灌浆料的传力作用将钢筋对接连接所用的金属套筒，通常采用铸造工艺或者机械加工工艺制造，包括全灌浆套筒和半灌浆套筒两种形式。

全灌浆套筒两端均采用灌浆方式与钢筋连接；半灌浆套筒一端采用灌浆方式与钢筋连接，而另一端采用非灌浆方式与钢筋连接（通常采用螺纹连接）。

1. 灌浆料

1）一般规定

试件成型时，水泥基灌浆材料与拌和水的温度应与实验室的环境温度一致。

2）流动度试验

流动度试验应采用符合《行星式水泥胶砂搅拌机》（JC/T 681—2005）要求的搅拌机和水泥基灌浆材料。

截锥圆模应符合《水泥胶砂流动度测定方法》（GB/T 2419—2015）的规定，尺寸为下口内径 100mm ± 0.5mm，上口内径 70mm ± 0.5mm，高 60mm ± 0.5mm。玻璃板尺寸为 500mm × 500mm，并应水平放置。

3）抗压强度试验

抗压强度试验应符合下列规定：抗压强度试验试件应采用尺寸为 40mm × 40mm × 160mm 的棱柱体。抗压强度的试验应执行《水泥胶砂强度检验方法（ISO 法）》（GB/T 17671—1999）中的有关规定。

4）竖向膨胀率试验

竖向膨胀率试验结果取每组 3 个试件的算术平均值。

2. 灌浆连接套筒

1）一般规定

（1）铸造灌浆套筒内外表面不应有影响使用性能的夹渣、冷隔、砂眼、缩孔、裂纹等质量缺陷。

（2）机械加工灌浆套筒表面不应有裂纹或影响接头性能的其他缺陷，端部和外表面的边棱处应无尖棱、毛刺。

（3）机械加工灌浆套筒的壁厚不应小于 3mm，铸造灌浆套筒的壁厚不应小于 4mm。

（4）灌浆套筒外表面标识应清晰，灌浆套筒表面不应有锈皮。

（5）灌浆套筒长度应根据试验确定，且灌浆连接端长度不宜小于 8 倍钢筋直径，灌浆套筒中间轴向定位点两侧应预留钢筋安装调整长度，预制端不应小于 10mm，现场装配端不应小于 20mm。

（6）剪力槽两侧凹凸轴向厚度不应小于 2mm，剪力槽的数量应符合表 2–3 中的规定。

表 2–3　剪力槽的数量

连接钢筋直径 /mm	12 ～ 20	22 ～ 32	36 ～ 40
剪力槽数量 / 个	≥ 3	≥ 4	≥ 5

2）尺寸允许偏差

灌浆套筒尺寸偏差应符合表 2–4 中的规定。

表 2-4　灌浆套筒尺寸偏差

<table>
<tr><th rowspan="2">序号</th><th rowspan="2">项目</th><th colspan="6">灌浆套筒尺寸偏差</th></tr>
<tr><th colspan="3">铸造灌浆套筒（铸铁）</th><th colspan="3">机械加工灌浆套筒（钢制）</th></tr>
<tr><td>1</td><td>钢筋直径 /mm</td><td>12 ～ 20</td><td>22 ～ 32</td><td>36 ～ 40</td><td>12 ～ 20</td><td>22 ～ 32</td><td>36 ～ 40</td></tr>
<tr><td>2</td><td>外径允许偏差 /mm</td><td>± 0.8</td><td>± 1.0</td><td>± 1.5</td><td>± 0.6</td><td>± 0.8</td><td>± 0.8</td></tr>
<tr><td>3</td><td>壁厚允许偏差 /mm</td><td>± 0.8</td><td>± 1.0</td><td>± 1.2</td><td>± 0.5</td><td>± 0.6</td><td>± 0.8</td></tr>
<tr><td>4</td><td>长度允许偏差 /mm</td><td colspan="3">± 0.01L</td><td colspan="3">± 2.0</td></tr>
<tr><td>5</td><td>锚固段环形突起部分的内径允许偏差 /mm</td><td colspan="3">± 1.5</td><td colspan="3">± 1.0</td></tr>
<tr><td>6</td><td>锚固段环形突起部分的内径最小尺寸与钢筋公称直径差值 /mm</td><td colspan="3">⩾ 10</td><td colspan="3">⩾ 10</td></tr>
<tr><td>7</td><td>直螺纹精度</td><td colspan="3">—</td><td colspan="3">《普通螺纹　公差》（GB/T 197—2018）中 6H 级</td></tr>
</table>

注：表中 L 为套筒的长度，mm。

2.5.5　连接件

外墙保温拉结件是用于连接预制保温墙体内、外层混凝土墙板，传递墙板剪力，以使内外层墙板形成整体的连接器。拉结件宜选用纤维增强复合材料或不锈钢薄钢板加工制成。哈芬 DEHA 锚固，Thermomass MS 与 MC、CC 型连接件分别如图 2-43 和图 2-44 所示。

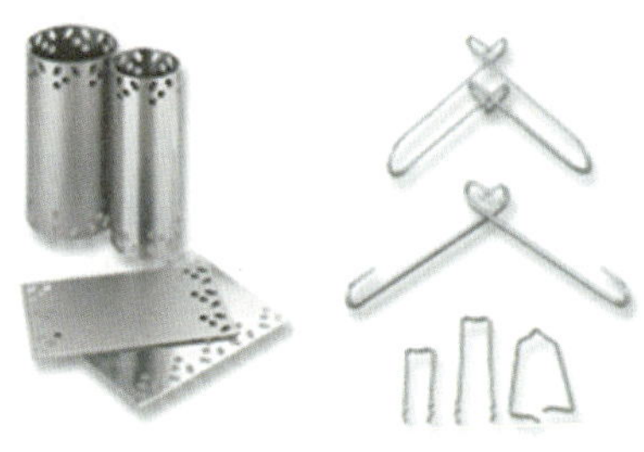

图 2-43　哈芬 DEHA 锚固

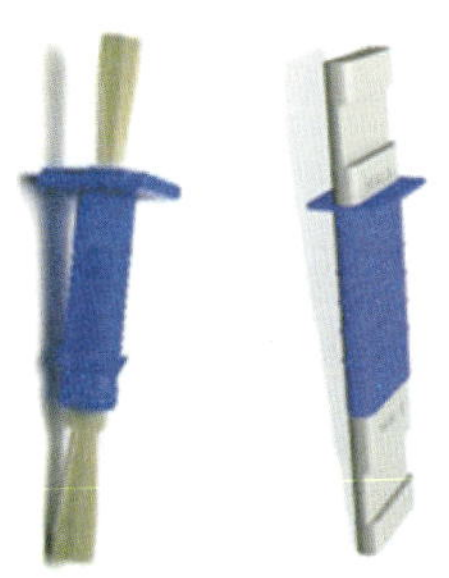

图 2-44　Thermomass MS 与 MC、CC 型连接件

夹芯外墙板中，内外叶墙板的拉结件应符合下列规定。

（1）金属及非金属材料拉结件均应具有规定的承载力、变形和耐久性能，并经过试验验证。

（2）拉结件应满足防腐和耐久性要求。

（3）拉结件应满足夹芯外墙板的节能设计要求。

2.5.6 外装饰材料

涂料、面砖或石材饰面等外装饰材料质量应满足现行相关标准和设计要求。

当采用面砖饰面时，宜选用背面带燕尾槽的面砖，其特征是背槽为梯形，底部宽度大于上口宽度。这样，黏结材料填充槽内可形成勾挂结构，提高了黏结质量。

PC 构件用混凝土原材料、钢筋、连接件及各类预埋件等材料与部件应有产品合格证，其质量应符合国家标准的有关规定。

2.6 PC 构件的准备工作与深化设计流程

PC 构件工厂和设计单位要加强沟通交流，共同配合设计 PC 构件加工图，建筑专业可以结合实际的建筑项目需求，向设计单位提供 PC 构件的类型和尺寸。除了精确定位机电管线和预制构件门窗洞口以外，还应注意 PC 构件的生产运输过程，考虑到预制装配式建筑施工现场各种固定和临时设施安装孔、吊钩的预埋预留。

深化设计是将目前不甚完整的装配式建筑设计，进行更深层次的分解细化，应具体到每一块墙板、叠合板、叠合梁、预制柱等 PC 构件生产与安装图纸。应绘制出总的 PC 构件平面布置图（即总装配图）、各种 PC 构件生产图（含钢筋布置图，灌浆套筒、保温连接器、线盒、水电暖气管线及预留孔洞、装饰装修预埋管道与挂点、构件起吊吊点、构件安装斜撑固定点等各专业预留预埋布置图），达到指导预制生产和现场装配施工的目的和要求。

目前，人们可以运用 BIM 技术进行相关研究，如在 BIM 设计软件（如 Autodesk Revit）中将各个构件模拟组装成一层或整栋装配式建筑，再嵌入已经建好的整个楼层的水电气等诸多管线和预留预埋件的模型。然后将这些管线和预留预埋件投影到每个构件的合理深度位置，碰撞检查调整修改后，形成一张张完整的 PC 构件生产图。

PC 构件的深化设计即可以消弭装配式建筑设计和组装构件时不能

察觉的错、碰、漏，弥补设计与施工之间的断层，又可以模拟进行现场装配，避免后期施工中的返工与切割修补。

2.6.1 准备工作

1. 人员配置、分工

由于装配整体式建筑设计与传统现浇建筑设计的最大区别在于建筑、结构、水电等各专业的高度融合、设计图纸的高度细化、与预制生产的高度紧密结合，所以组建的深化设计团队也要专业全面、配备齐全。人员配置表如表 2–5 所示。

表 2–5 人员配置表

团队人员	人数	工作内容
建筑专业设计工程师	1	建筑专业相关图纸审核
结构专业设计工程师	3	结构专业相关图纸审核，各构件结构设计。汇总各专业深化图纸，绘制生产图纸
给水排水专业设计工程师	1	给水排水专业相关图纸审核，在构件深化图纸上对相关预留预埋结构定位，绘出详图
暖通专业设计工程师	1	暖通专业相关图纸审核，在构件深化图纸上对相关预留预埋结构定位，绘出详图
电气专业设计工程师	1	强、弱电专业相关图纸审核，在构件深化图纸上对相关预留预埋结构定位，绘出详图
BIM 建模工程师	2	绘制建筑、结构、设备模型，碰撞检查。完成项目参建各方的其他要求，如设计优化模拟、现场装配模拟、3D 模拟、4D 模拟、5D 模拟等
设计负责人（可兼）	1	总协调

2. 硬件与软件配置

当前深化设计中应用的 BIM 平台系列软件因要进行大量的布尔运算，对计算机硬件配置要求较高，最低配置：Intel Core i5/8GB DDR3 内存 / 独立显卡（2G 显存）/500GB（5200 转），Windows7 64 位操作系统。BIM 工作站硬件、软件配置表分别如表 2–6 和表 2–7 所示。

表 2–6 BIM 工作站硬件配置表

计算机	主要配置	数量 / 台
戴尔 Precision T7610 工作站	CPU：Inter（R）Xeon E5–2603 v2、 内 存：32GB、 显 卡：2×NVIDIA Quadro K5000（2×4GB）	2
戴尔 Precision M6800 移动工作站	CPU：酷睿 i7–4900MQ、内存：16GB、显卡：NVIDIA Quadro K4100M（4GB）	2
其他	不低于推荐配置	30

表 2-7　BIM 工作站软件配置

软件名称	版本	软件功能
Revit	2016	模型制作、工程量统计、3D/4D/5D 演示
Navisworks	2016	碰撞检查、模拟施工、漫游、动画制作
PKPM	PKPM2010_v2.2	结构计算
AutoCAD	2016	图纸处理
3DMAX	2016	动画渲染

3. 深化设计的依据

（1）现行设计规程、标准、图集等资料。

（2）通过图审的整套施工图纸。

（3）行业内流通的拉结件、连接件、辅助件等各种配件产品的种类、性能等参数。

（4）国家标准规划、行业标准规划：

《装配式混凝土建筑技术标准》（GB/T 51231—2016）

《装配式钢结构建筑技术标准》（GB/T 51232—2016）

《装配式木结构建筑技术标准》（GB/T 51233—2016）

《装配式混凝土结构技术规程》（JGJ 1—2014）

《预制预应力混凝土装配整体式框架结构技术规程》（JGJ 224—2010）

《钢筋焊接网混凝土结构技术规程》（JGJ 114—2014）

《混凝土结构后锚固技术规程》（JGJ 145—2013）

《钢筋机械连接技术规程》（JGJ 107—2016）

《预应力混凝土空心板》（GB/T 14040—2007）

《钢筋套筒灌浆连接应用技术规程》（JGJ 355—2015）

《预应力混凝土结构设计规范》（JGJ 369—2016）

《预制带肋底板混凝土叠合楼板技术规程》（JGJ/T 258—2011）

《钢筋锚固板应用技术规程》（JGJ 256—2011）

《钢丝网架混凝土复合板结构技术规程》（JGJ/T 273—2012）

《蒸压加气混凝土建筑应用技术规程》（JGJ/T 17—2008）

《泡沫混凝土应用技术规程》（JGJ/T 341—2014）

《钢筋连接用灌浆套筒》（JG/T 398—2019）

《预应力混凝土结构抗震设计标准》（JGJ/T 140—2019）

（5）图集：

《装配式混凝土结构连接节点构造》（G310—1 ～ 2）

《装配式混凝土结构表示方法及示例（剪力墙结构）》（15G107—1）

《装配式混凝土结构连接节点构造》（楼盖结构和楼梯）（15G310—1）

《装配式混凝土结构连接节点构造》（剪力墙结构）（15G310—2）

《预制混凝土剪力墙外墙板》（15G365—1）
《预制混凝土剪力墙内墙板》（15G365—2）
《桁架钢筋混凝土叠合板（60mm 厚底板）》（15G366—1）
《预制钢筋混凝土板式楼梯》（15G367—1）
《预制钢筋混凝土阳台板、空调及女儿墙》（15G368—1）
《钢筋混凝土结构预埋件》（16G362）
《蒸压轻质加气混凝土板（NALC）构造详图》（03SG715—1）
《蒸压轻质砂加气混凝土（AAC）砌块和板材结构构造》（06CG01）

（6）设计单位提供的一套经过审核的正规施工图纸应包含以下内容，具体如表 2-8 所示。

表 2-8 施工图纸清单

序号	图纸名称	图纸签发
1	总目录	会签
2	建筑施工图	设计院资质章、图审章、注册建筑师资质章、会签
3	结构施工图	设计院资质章、图审章、注册结构师资质章、会签
4	给水排水施工图	设计院资质章、图审章、会签
5	电气施工图	设计院资质章、图审章、会签
6	设备施工图	设计院资质章、图审章、会签
7	装配式专项说明	设计院资质章、图审章、注册结构师资质章、会签

2.6.2 深化设计流程

1. 深化设计的组织形式

（1）预制生产企业组织自己的研发设计人员进行深化设计，然后将深化设计成果报请原设计单位审核确认后使用。

（2）委托原设计院或其他具有深化设计能力的公司进行深化设计。

2. 深化设计流程

1）建立辅助件族库

根据构件所需要各类辅助件类型、各供应商的产品参数创建各类辅助件模型，如水电管线、各种线盒、桁架钢筋、钢筋连接套筒、“三明治”墙板拉结件、构件吊点、斜支撑等各类族库。

一个族文件中还包含一个或多个更小的族文件“嵌套族”，如钢筋连接套筒中的灌浆管。Thermomass 保温连接器、内螺旋吊件、圆头吊钉、外挂墙板连接件、铸铁灌浆套筒 GTB4-12-A（带注浆管）、钢制灌浆套筒 GT12（带注浆管）、86 线盒、PVC 线管、窗户、斜支撑、U 形吊环、A80 桁架钢筋分别如图 2-45 ～图 2-56 所示。

图 2-45　Thermomass 保温连接器

图 2-46　内螺旋吊件

图 2-47　圆头吊钉

图 2-48　外挂墙板连接件

图 2-49　铸铁灌浆套筒 GTB4-12-A（带注浆管）

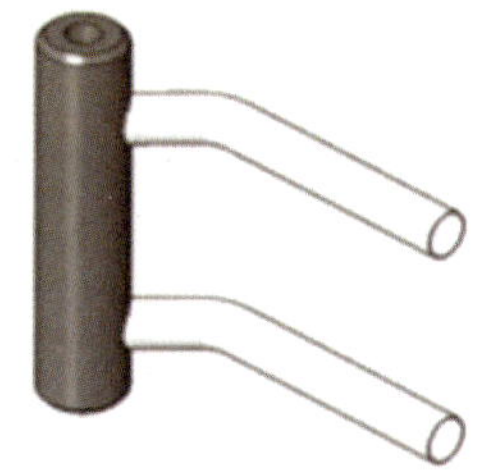

图 2-50　钢制灌浆套筒 GT12（带注浆管）

图 2-51　86 线盒

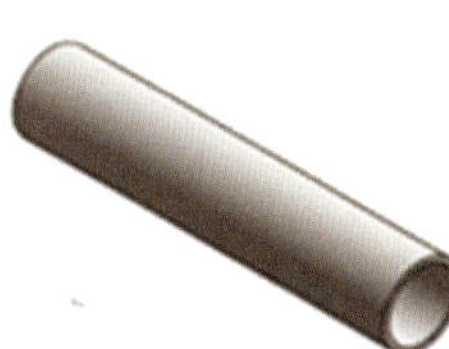

图 2-52　PVC 线管

图 2-53　窗户

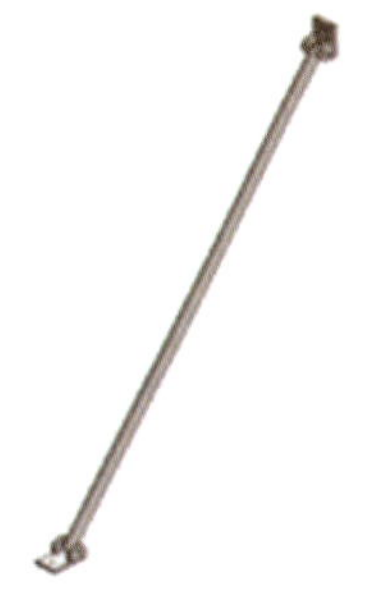

图 2-54　斜支撑

图 2-55　U 形吊环

图 2-56　A80 桁架钢筋

根据水电管线、线盒、桁架钢筋、套筒等各类辅助件的尺寸绘制 3D 模型（图 2-57），将同类型的模型放置在同一个族库（图 2-58）中。每个模型命名原则为“名称 + 型号”，如钢筋套筒 GTB4-16-A。

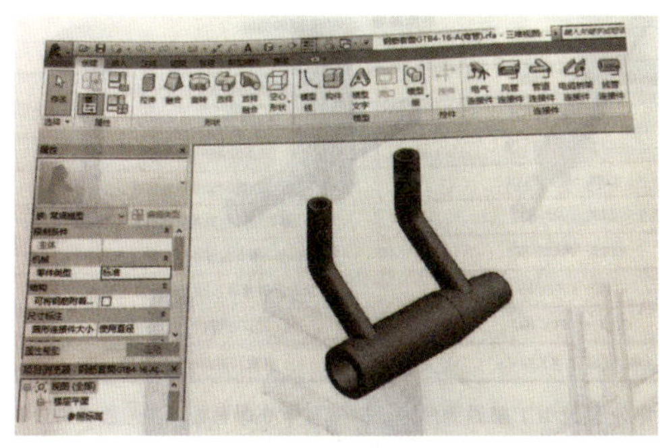

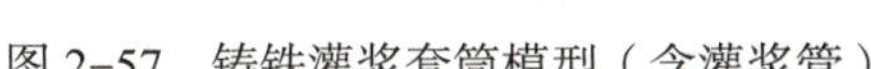

图 2–57 铸铁灌浆套筒模型（含灌浆管）

图 2–58 铸铁灌浆套筒族库

2）绘制构件模型（构件族）

建筑模型由多种 PC 构件组成，构件的结构也各不相同，尺寸不一。为了方便深化设计，在 Revit 软件中采用“族”的形式，根据现有图集建立各类构件族库。

目前，装配式建筑常用的 PC 构件包括叠合板、楼梯、内墙（实心墙、夹芯墙）、外墙（剪力墙、非剪力墙）、外挂墙板、柱、梁、空调板、阳台、女儿墙等。在建筑物建模前，需要建立以上 PC 构件的族库。

双向叠合板、双向叠合板透视图如图 2–59 和图 2–60 所示。楼梯、楼梯透视图如图 2–61 和图 2–62 所示。剪力墙板、剪力墙板透视图如图 2–63 和图 2–64 所示。非剪力墙外墙板、非剪力墙外墙板透视图如图 2–65 和图 2–66 所示。内墙板、双儿墙、叠合梁、预制柱、雨棚、空调板分别如图 2–67 ～图 2–72 所示。

图 2-59 双向叠合板

图 2-60 双向叠合板透视图

图 2-61　楼梯

图 2-62　楼梯透视图

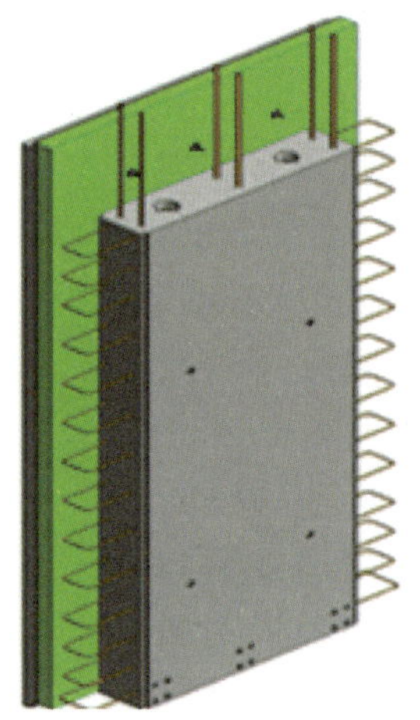

图 2-63　剪力墙板

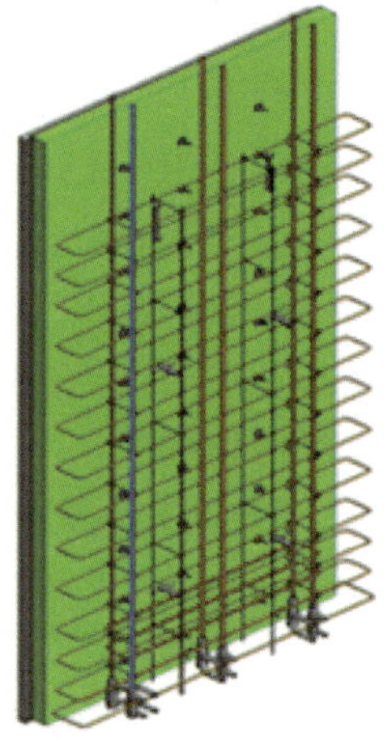

图 2-64　剪力墙板透视图

图 2-65　非剪力墙外墙板

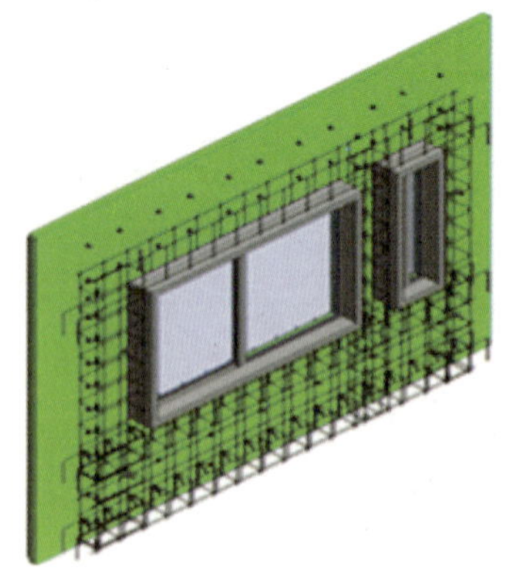

图 2-66　非剪力墙外墙板透视图

图 2-67　内墙板

图 2-68　女儿墙

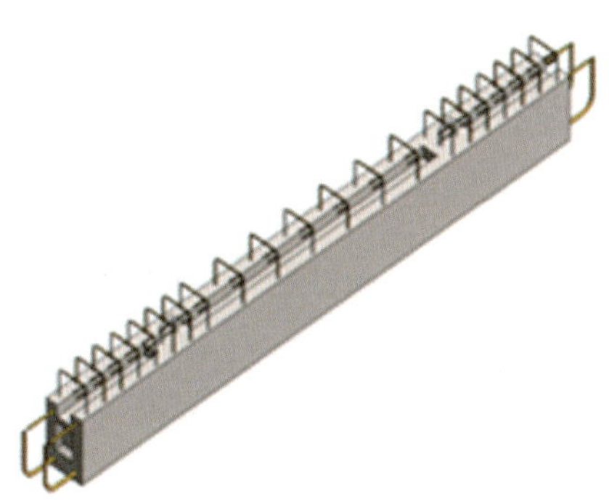

图 2-69　叠合梁

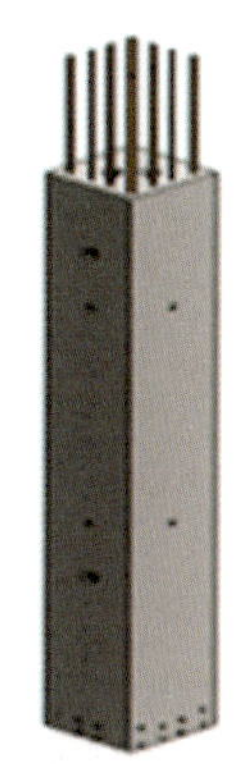

图 2-70　预制柱

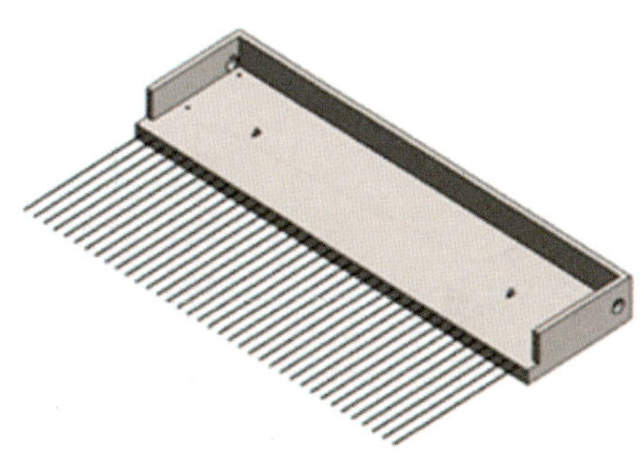

图 2-71　雨棚

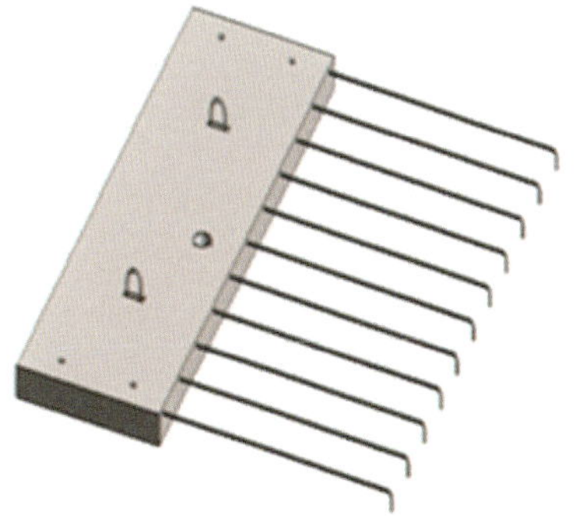

图 2-72　空调板

在深化设计阶段，优先使用构件族库已有的构件族。如果没有满足要求的可选构件族，就可以编辑修改较为接近的已有构件族，或者创建新的构建族文件，并将新构件族加入相应的族库中。

3）建立标准层的各专业模型

因为施工阶段可暂时不考虑建筑做法，所以在深化设计过程中，不用建立 Revit Architecture（建筑）模型。

需要根据结构施工图，绘制组合 Revit Structure（结构）模型，再根据电气、给水排水、设备、消防、避雷等各专业施工图，绘制标准层的 Revit MEP 中的机械、电气、给水排水等模型（图 2-73 ～图 2-75）。

图 2-73　标准层结构模型（未盖叠合板）

图 2-74　标准层结构模型（已盖叠合板）

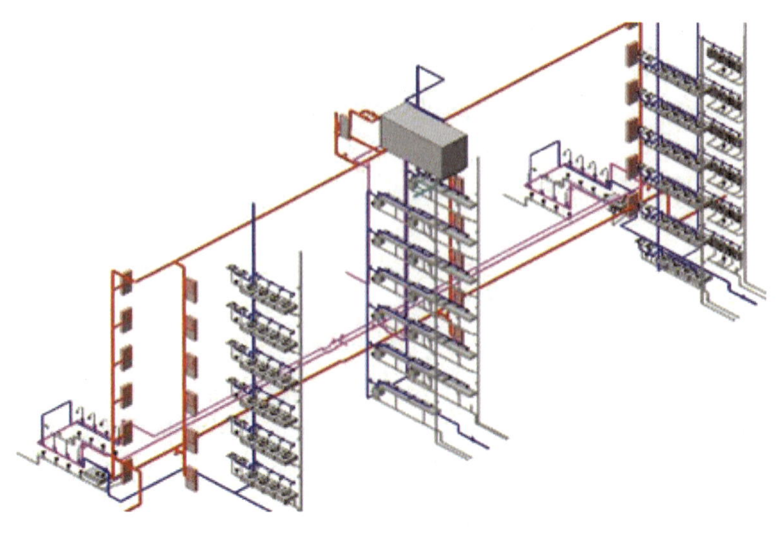

图 2-75　给水排水模型（局部）

在深化设计过程中，应考虑到在施工过程中辅助结构的空间位置，在结构模型中嵌入辅助结构模型，并确定相应预埋件的准确坐标。

通常，辅助结构包括塔吊和电梯附着、测量孔、临时通道、吊装平台、外挂架、叠合板竖向支撑、内外墙斜向支撑、现浇部分模板固定件等。加入斜向支撑的外墙板模型如图 2-76 所示。

4）组合碰撞

将已建成的各个专业 Revit 模型组合嵌入一栋完整的建筑模型，导入 Navisworks Manage 中进行碰撞检查（图 2-77）。软件会显示出碰撞位置、相互碰撞的项目 ID 和坐标。

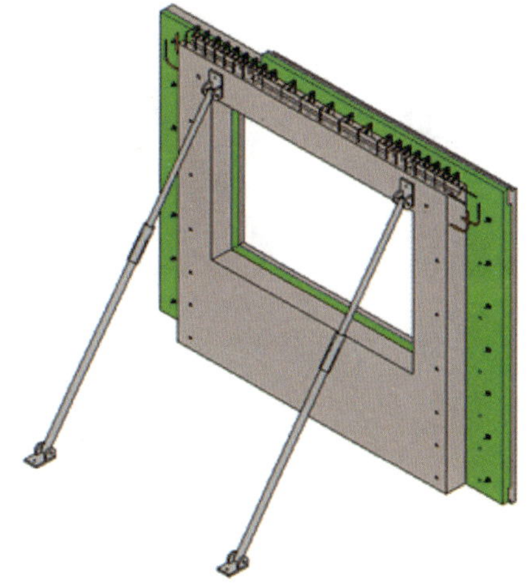

图 2-76　加入斜向支撑的外墙板模型

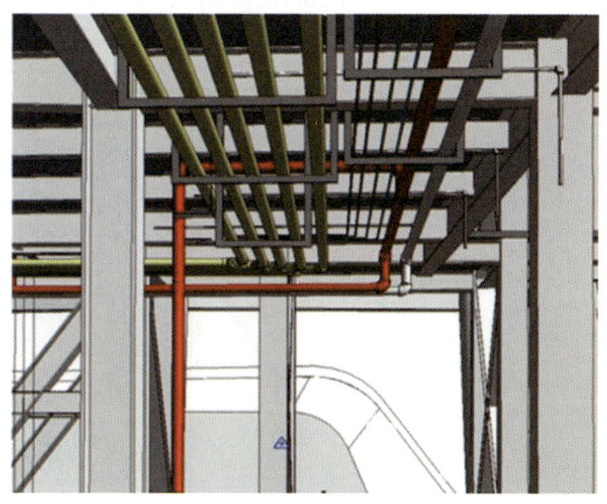

图 2-77　碰撞检查

解决行业技术“卡脖子”问题，实现核心技术自主可控

BIMBase 平台是国内某公司研发的完全自主知识产权的国产 BIM 基础平台，基于自主三维图形内核 P3D，致力解决行业信息化领域“卡脖子”问题，实现核心技术自主可控。平台重点实现图形处理、数据管理和协同工作，由三维图形引擎、BIM 专业模块、BIM 资源库、多专业协同管理、多源数据转换工具、二次开发包等组成。平台可满足大体量工程项目的建模需求，实现多专业数据的分类存储与管理，及多参与方的协同工作，支持建立参数化组件 B，具备三维建模和二维工程图绘制功能。

（扫描二维码查看详细内容）

根据 Navisworks Manage 生成的碰撞报告，进行详细碰撞分析，确定必须调整的硬性碰撞。对于轻微碰撞，有调整空间的也应予以调整，消除碰撞。然后返回到 Revit 模型中，对可调的硬性碰撞点逐个进行修改调整。

设计过程中，结构、钢筋、管线、预埋件之间存在碰撞，在传统二维图纸中是不易发现的，但在应用 BIM 技术后能够非常轻易地发现，可以减少施工中由此造成的不必要的返工。

碰撞检查的另一个应用如下：建立辅助结构模型，模拟进行安装。找出碰撞位置后，优化调整（图 2–78），确定辅助结构的精确坐标。进而绘制出辅助结构布置详图，用于指导现场安装。

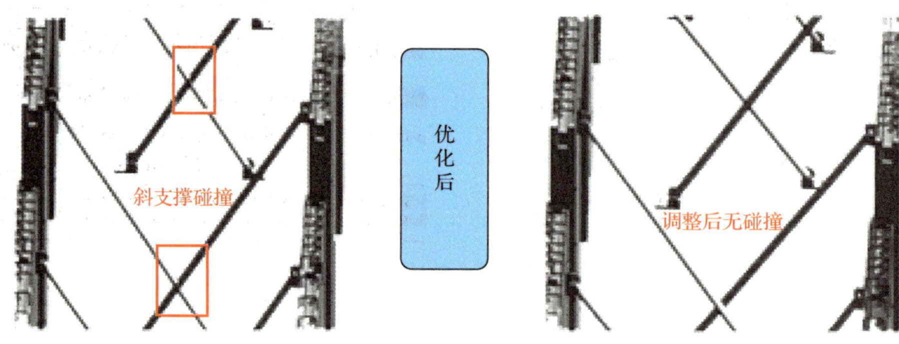

图 2–78　优化前后对比图

5）优化后再次碰撞

BIM 工程师根据 Navisworks Manage 发现模型中的碰撞点，用 Revit 软件对结构、机电（电气、给水排水、消防、弱电等）等模型进行调整优化，然后把调整后的模型导入 Navisworks Manage 进行碰撞测试。

有些碰撞是可以忽略的，如预留预埋、管线接头等嵌入类型的结构，虽然往往会显示为碰撞点，但没必要修改。

碰撞检查与优化调整是一个反复进行的过程，通过这样不断优化模型和碰撞检测，就可以实现理想状态下的“零”碰撞。

6）出图

运用 BIM 技术对建筑模型进行反复的碰撞测试和修改，最终经过建筑模型“零”碰撞检测合格后，利用 Revit 软件导出每个构件图，然后使用 AutoCAD 软件进行调整出图，构件生产图纸如图 2–79 所示。

另外，也可绘出 PC 构件 3D 图、平面图、立面图、剖面图、钢筋布置图、预埋件布置图和节点大样图、综合管线图等施工图。达到三维技术交底、指导构件预制生产、装配安装的目的。

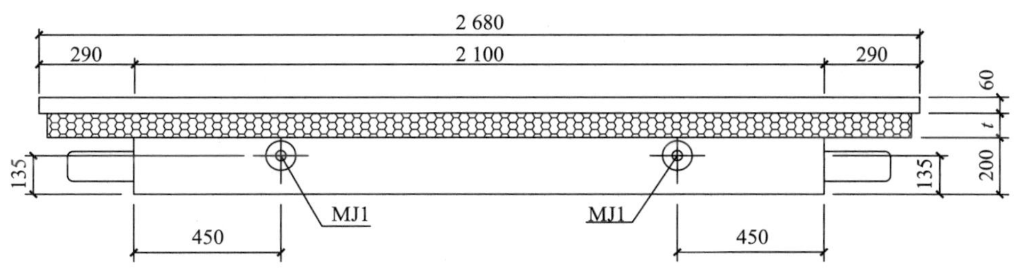

（a）俯视图

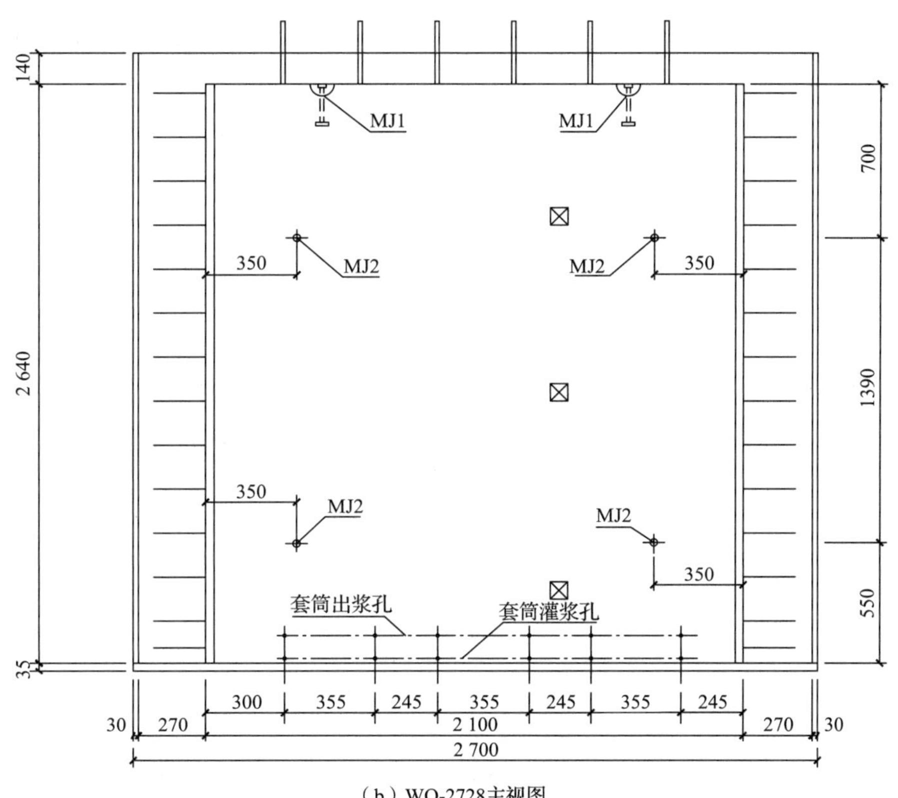

（b）WQ-2728主视图

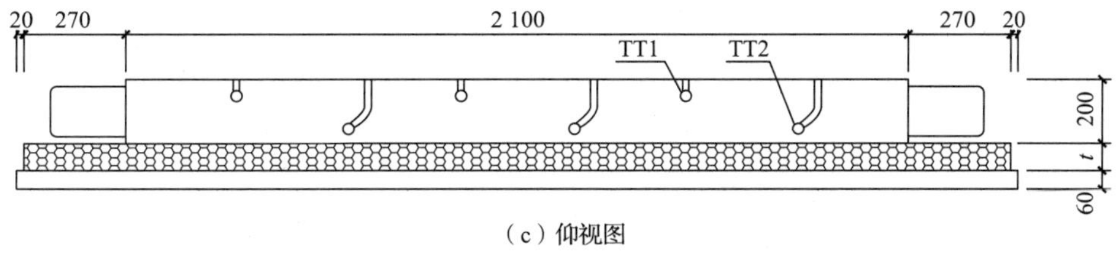

（c）仰视图

图 2-79　构件生产图纸

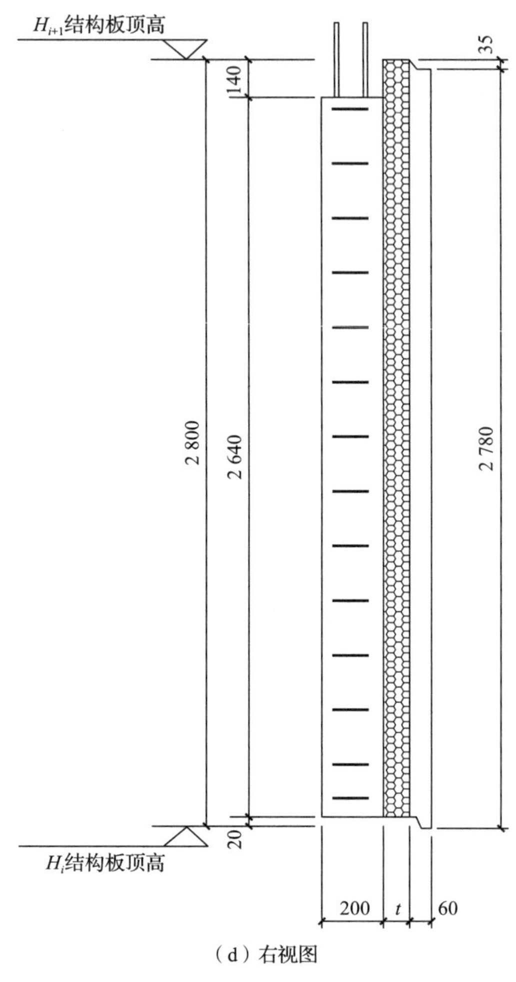

（d）右视图

图 2-79（续）

7）开模

PC 构件生产图经复核无误后，进行开模，即模具的设计与制造。

模具设计需要考虑以下因素。

（1）模具的尺寸应符合《装配式混凝土结构技术规程》（JGJ 1—2014）及地方标准的相关要求。

（2）模具的刚度应满足至少 200 次以上循环使用。

（3）模具表面的平整度应满足验收标准要求。

（4）模具的安装拆卸应安全、方便。

（5）应在满足生产工艺要求基础上进行模具设计，如“三明治”外墙板有“正打”和“反打”之分,所以模具设计时有“正打”及“反打”两种不同的模具设计。

8）试生产与验证

在正式生产前应进行试生产，深化设计等相关人员应参与进来。检查深化设计是否合理，并仔细研究是否有需要改进的地方。同时，通过试生产可以检查模具的可操作性，通过优化修整，可以提高生产效率。通过试生产的构件，经检测，满足设计要求及验收标准后，方可正式批量生产。

预制装配式建筑结构设计的关键在于优化构造节点设计，如对于框架梁柱节点的设计，应充分考虑预制构件吊装顺序及梁柱节点钢筋的避让检查，优化现场施工速度；对于剪力墙等竖向构件连接节点，结合设计意图，优化连接钢筋排布，保证接缝位置受力的连续性及合理性。

复习思考题

一、单选题

1. 实心墙板可用两类模具生产，即（　　）和立模。

A. 侧模　　B. 平模　　C. 端模　　D. 内模

2. “三明治”夹芯墙板采用（　　）模具生产。

A. 侧模　　B. 端模　　C. 平模　　D. 内模

3. （　　）俗称铁扁担、扁担梁，常用于梁、柱、墙板、叠合板等构件的吊装。

A. 横吊梁　　B. 吊索具　　C. 塔吊　　D. 起吊钩具

4. （　　）是专门用于连接新型吊点（圆形吊钉、鱼尾吊钉、螺纹吊钉）的连接吊钩，或者用于快速接驳传统吊钩，具有接驳快速、使用安全等特点。

A. 接驳连接器　　B. 平衡起重器　　C. 铁扁担　　D. 吊索具

5. （　　）是指混凝土中砂的质量与砂、石总质量的百分比。

A. 含水率　　B. 水胶比　　C. 水砂比　　D. 砂率

6. 当设计无具体要求时，对一、二级抗震等级，检验所得的强度实测值应符合下列规定：钢筋的抗拉强度实测值与屈服强度实测值的比值不应小于（　　），钢筋的屈服强度实测值与屈服强度特征值的比值不应大于1.3。

A. 1.15　　B. 1.20　　C. 1.25　　D. 1.30

7. 钢绞线应成批验收，每批钢绞线由同一牌号、同一规格、同一生产工艺捻制的钢绞线组成。每批质量不大于（　　）t。

A. 50　　B. 60　　C.65　　D. 70

8. （　　）灌浆套筒两端均采用灌浆方式与钢筋连接。

A. 全　　B. 半　　C. 铸铁　　D. 精钢

9. 竖向膨胀率试验结果取一组（　　）个试件的算术平均值。

A. 6　　B. 5　　C. 4　　D. 3

10. 预制装配式建筑结构设计的关键在于优化构造（　　）设计。

A. 结构　　B. 建筑　　C. 节点　　D. 细部

二、多选题

1. PC 构件工厂中产业工人分为以下 3 类：(　　)、(　　)、(　　)，PC 构件生产线及钢筋生产线等岗位产业工人。

A. 普通工人　B. 项目经理　C. 技术工人　D. 质量人员
E. 特种作业人员

2. PC 构件工厂特种作业人员包括起重工、(　　)、(　　)、(　　)、锅炉工、管道工、(　　) 等。

A. 架子工　B. 电工　C. 电焊工　D. 塔吊司机
E. 叉车司机

3. 平模生产也称为卧式生产，模具由 4 部分组成：(　　)、(　　)、(　　)、(　　)。

A. 侧模　B. 端模　C. 内模　D. 外模
E. 工装与加固系统

4. 混凝土的配合比设计，实际上就是确定单位体积混凝土拌和物中水泥、矿物掺和料、粗骨料、细骨料、外加剂和水等主要材料的用量。反映各材料用量间关系的 3 个主要技术参数为 (　　)、(　　) 和 (　　)。

A. 水灰比　B. 水胶比　C. 砂率　D. 含水率
E. 单位用水量

5. 预应力钢筋宜采用 (　　)、(　　)。

A. 圆钢　B. 螺纹钢
C. 预应力钢绞线　D. 钢丝
E. 低碳钢丝

三、简答题

1. 简述实验员的职责。

2. 简要回答 PC 构件生产线上各岗位培训要点。

3. 简述影响砂率的因素。

复习思考题参考答案

一、单选题

1. B 2. C 3. A 4. A 5. D 6. C 7. B 8. A 9. D 10. C

二、多选题

1. ACE 2. BCE 3. ABCE 4. BCE 5. CD

三、简答题

1.（1）负责车间内混凝土、钢筋、保温板、连接件等的抽样试验及检测工作。

（2）负责原材料及混凝土的质量控制，并对生产质量进行有效的监控。

（3）负责对混凝土的及原材料质量情况进行统计分析，定期向主管领导上报资料，参与预制构件生产中新材料、新技术、新工艺的推广应用试验工作。

（4）参与质量体系审核，制定本部门不合格项的纠正和预防措施，进行整改和验证。

2.（1）了解整个车间内各条生产线的布局、车间管理办法。

（2）掌握PC构件生产线的工艺流程、生产要素，以及各个生产工位的操作要点。

（3）掌握自己所在生产工位、生产岗位的全部职责和全部工作要求。

（4）掌握自己所在生产工位、生产岗位的危险源管控、安全工作要点。

3. 影响因素有石子的形状（卵石砂率较小、碎石砂率较大）、粒径大小（粒径大者砂率较小、粒径小者砂率较大）、空隙率（空隙率大者砂率较大、空隙率小者砂率较小）、水灰比等。

另外，当骨料总量一定时，砂率过小，则用砂量不足，混凝土拌和物的流动性差，易离析、泌水。当水泥浆量一定时，砂率过大，则砂的总表面积增大，包裹砂子的水泥浆层较薄，砂粒间的摩擦阻力加大，混凝土拌和物的流动性变差。若砂率不足，就会出现离析、水泥浆流失的现象。因此，砂率的确定，除进行计算外，还需进行必要的试验调整，从而确定最佳砂率，即单位用水量和水泥用量减到最少而混凝土拌和物具有最大的流动性，且能保持黏聚性和保水性能良好的砂率称为最佳砂率。

模块三 混凝土预制构件生产工艺

知识目标

1. 掌握叠合板的生产工艺。
2. 掌握预制墙板的生产工艺。
3. 掌握预制楼梯的生产工艺。
4. 掌握预制梁和预制柱的生产工艺。

能力目标

1. 能正确绘制各类PC构件的生产工艺流程图。
2. 能正确检验模板（模具）、钢筋、预埋预留及混凝土预制构件。
3. 能对各类PC构件的生产进行正确管理。

思政目标

1. 通过混凝土预制构件生产的学习，让学生了解建筑工业化是转变建筑业发展方式的重要途径，是建筑业转型升级的需要，是可持续发展的需求，培养学生立足本行业，为我国建成富强、民主、文明、和谐的社会主义现代化强国而努力奋斗的信心和决心。

2. 让学生了解生产工厂化是建筑业贯彻落实发展理念的需要，是实现建筑业现代化的需要，是提升建筑工程质量和品质的需要，是促进建筑业与信息化工业深度融合的需要，是培育新产业、新动能的需要。培养学生用科技改变行业，用科技改变生活的观念，培养学生对美好生活无限向往和积极追求的信念，培养学生要坚持绿色发展的理念。

3. 让学生了解建筑部品部件工厂化生产为减能减排做出的贡献，拓展《建筑碳排放计算标准》的知识，唤起学生节能降耗的意识，鼓励学生为“碳达峰，碳中和”做出积极贡献，培养学生为人类和平共处，和谐发展勇于担当的精神。

思维导图

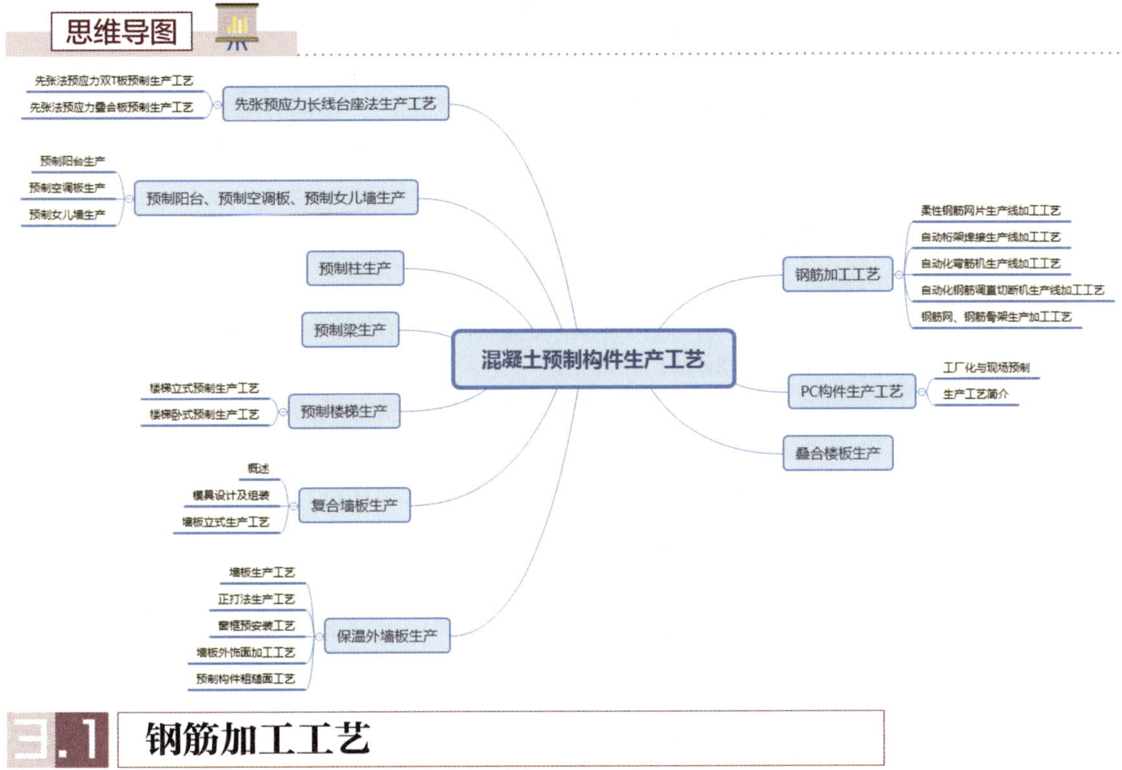

3.1 钢筋加工工艺

3.1.1 柔性钢筋网片生产线加工工艺

柔性钢筋网片生产线按机构部位与功能的不同，全机可分为电气控制部分、纵筋原料架、纵筋调直机构、纵筋送进机构、焊接机构、横筋调直机构、横筋落料机构、拉网机构、网片输出机构、气路系统和冷却水路系统等部分。柔性钢筋网片生产线加工工艺如图 3-1 所示，其加工工艺如下。

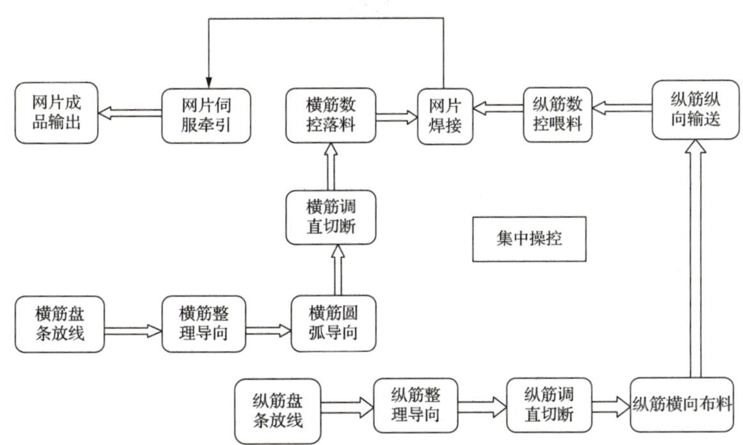

图 3-1　柔性钢筋网片生产线加工工艺

注：“集中操控”指中央控制系统所有环节的控制，本章其他图中同。

（1）将线材钢筋原料分别上料到横筋和纵筋盘条放线架上。

（2）经过对应的理线框对钢筋进行整理导向。

（3）纵筋直接进入纵筋调直切断机后，按网片要求生产网片纵筋。

（4）调直切断机配合横向布料系统，按照网片纵筋间距要求完成纵筋的生产和就位。

（5）成组纵筋端部打齐后，纵向输送系统抓取钢筋并向焊接主机方向输送。

（6）数控上料系统把成组纵向钢筋按坐标要求输送至上下电极之间，等待横筋落料。

（7）横向钢筋原料通过圆弧导向改变运动方向，垂直于纵向钢筋前进，进入横筋调直切断机。

（8）横筋调直切断机按照网片要求顺序进行生产，横筋落料系统要满足不同长度钢筋的需要。

（9）横筋落料系统配合网片伺服系统步进节奏，将横筋准确地布置到焊接主机上下电极之间，与纵筋 90° 交叉摆放，完成焊接准备工作。

（10）焊接主机与焊点对应的焊接单元压紧通电焊接，完成单排钢筋的电阻焊。

（11）按照横筋间距要求，网片伺服牵引系统对网片进行定尺步进，在工业控制计算机的程序控制下实现整张网片的焊接成型。

（12）网片成型后，通过拉网、接网、叠网及送网机构完成收集工作。钢筋网片生产线如图 3-2 所示。

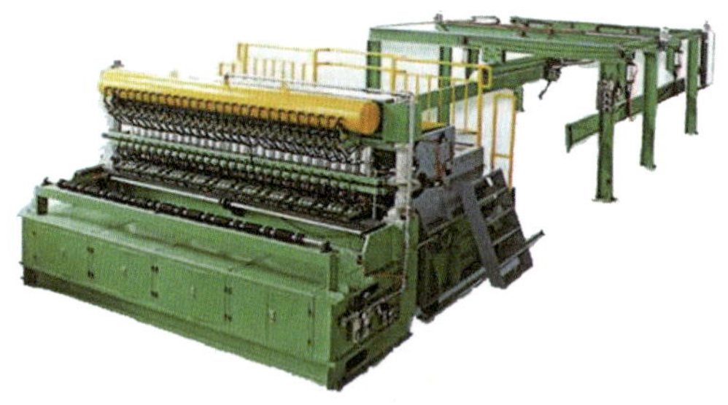

图 3-2　钢筋网片生产线

柔性钢筋网片生产线可以在设计位置完成开门窗孔洞网片的生产过程，也可以生产不含孔洞的标准网片。

3.1.2　自动桁架焊接生产线加工工艺

自动桁架焊接成型生产线是将螺纹钢盘料和圆钢盘料自动加工后焊接成截面为三角形桁架的全自动专用设备。

自动桁架焊接生产线主要包括放料架、校直机构、焊接主机、卸料架、液压系统和电气控制柜系统。

自动桁架焊接生产线加工工艺如图 3-3 所示，其加工工艺如下。

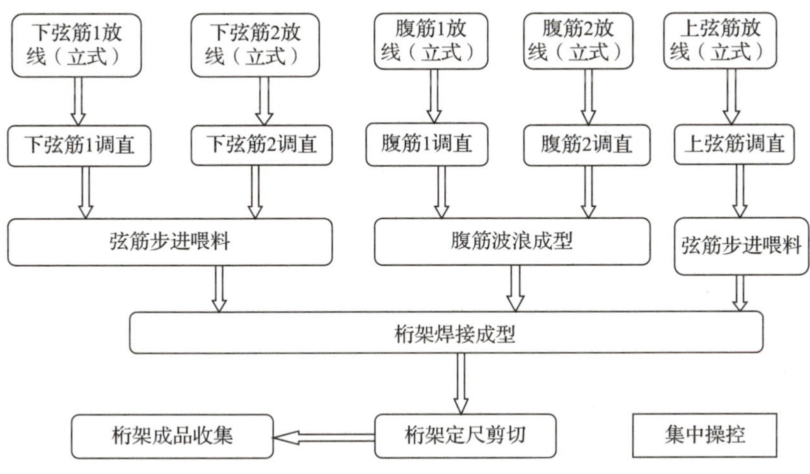

图 3-3　自动桁架焊接生产线加工工艺

（1）盘条钢筋直接上料到两个下弦筋放线架和一个上弦放线架上。

（2）由冷加工成型的冷拔丝上料到两个腹筋放线架上。

（3）在弦筋步进系统的牵引下，下弦筋经过调直喂料到焊接主机。

（4）腹筋在波浪成型系统牵引作业下，经过调直后也喂料到焊接主机。

（5）焊接系统通过高电流电阻焊完成腹筋和弦筋的焊接成型。

（6）PC 构件所需的桁架基本是直角桁架，所以一般不需要腹筋折脚即可进行定尺切断。

（7）通过卸料架完成桁架成品的收集工作。

桁架焊接生产线也可兼顾桁架板筋的生产，在焊接成型后增加折脚工序，然后剪切收集。钢筋桁架生产线如图 3-4 所示。

图 3-4　钢筋桁架生产线

3.1.3　自动化弯筋机生产线加工工艺

自动化弯筋机生产线是将盘条钢筋加工成箍筋、拉钩等不同形状成型钢筋制品的专用设备。

自动化弯筋机生产线主要包括放线架、理线框、矫直系统、牵引系统、弯曲系统、切断系统、气动系统和电控系统等部分。

自动化弯筋机生产线加工工艺如图 3-5 所示，其加工工艺如下。

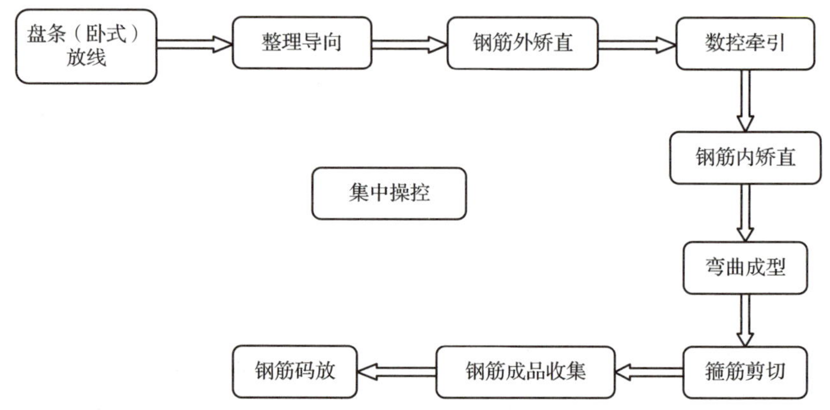

图 3-5　自动化弯筋机生产线加工工艺

（1）将盘条钢筋上料到卧式放线架后解捆。

（2）通过理线框整理导向，消除乱线或打结等问题。

（3）穿料到主机的矫直和牵引系统。

（4）通过内外矫直系统消除钢筋的环向应力,保证钢筋直线度要求。

（5）配置编码器的牵引系统送进钢筋时，同步计量钢筋长度，为下一步弯曲做好准备。

（6）牵引定尺送进后，弯曲系统根据对应位置的角度和方向要求完成正弯或反弯动作。

（7）当箍筋制品的所有边长和角度加工完成后，在最后一个边长的指定位置剪切完成。

（8）箍筋收集器将单个箍筋收集成组。

（9）成组钢筋码放成垛，完成生产。

当需要加工板筋等长钢筋制品时，一般采用多功能弯箍机，除收集系统不同外，其余工艺相同。

3.1.4　自动化钢筋调直切断机生产线加工工艺

自动化调直切断机生产线是将盘条钢筋加工成不同长度直条的专用设备。

自动化调直切断机生产线主要包括放线架、理线框、矫直系统、牵引系统、飞剪切断系统、对齐系统、暂存系统、收集系统、气动系统和电控系统等部分，其中调直系统分为平行辊外矫直和高速调直筒矫直两部分。

自动化钢筋调直切断机生产线加工工艺如图 3-6 所示，其加工工艺如下。

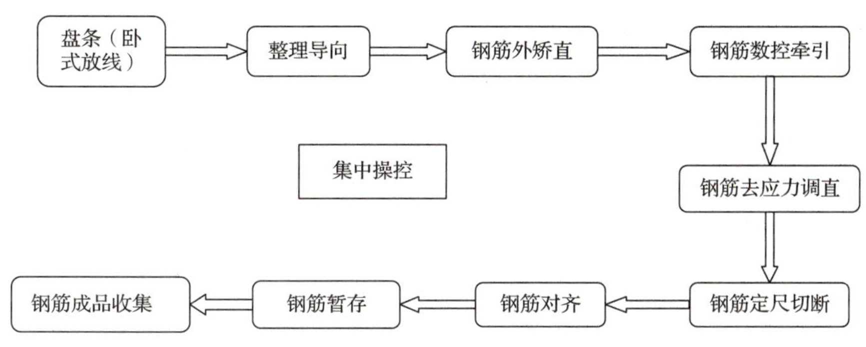

图 3-6 自动化钢筋调直切断机生产线加工工艺

（1）将盘条钢筋上料到卧式放线架后解捆。

（2）通过理线框整理导向，消除乱线或打结等问题。

（3）穿料到主机的矫直和牵引系统。

（4）通过内外两套矫直系统，尤其是高速调直筒调直模压紧变形量的调整，消除钢筋的环向应力，保证钢筋直线度要求。

（5）配置 4 组牵引轮送进钢筋，由减震编码器计量钢筋长度，为下一步飞剪剪切做好准备。

（6）牵引定尺送进到位，程序自动气动飞剪剪切系统，切刀由 0 迅速加速到钢筋前进速度，完成随动剪切。

（7）高速切断后的钢筋在螺旋对齐系统的作用下成组对齐。

（8）钢筋先收集到气动暂存架上，便于收集槽内钢筋的不停机吊运。

（9）最后成组直条钢筋由暂存架落入收集槽，完成直条生产。

有些调直切断机仍在采用气动离合器、固定位置液压剪切等传统工艺，切断时钢筋由高速降为 0，除第（6）项剪切动作外，其余工艺基本相同。

3.1.5 钢筋网、钢筋骨架

钢筋网、钢筋骨架应满足构件设计图纸要求，宜采用专用钢筋定位件，入模应符合下列要求。

（1）钢筋骨架尺寸应准确，骨架吊装时应采用多吊点的专用吊架，防止骨架产生变形。

（2）保护层垫块宜采用塑料类垫块，且应与钢筋骨架或网片绑扎牢固；垫块按梅花状布置，间距满足钢筋限位及控制变形要求。

（3）钢筋骨架入模时应平直、无损伤，表面不得有油污或者锈蚀。

（4）应按构件图纸安装好钢筋连接套管、连接件、预埋件。

（5）钢筋网片或骨架装入模具后，应按设计图纸要求对钢筋位置、规格、间距、保护层厚度等进行检查，允许偏差应符合表 3-1 规定。

表 3-1　钢筋网或者钢筋骨架尺寸和安装位置偏差（单位：mm）

<table>
<tr><th colspan="3">项目</th><th>允许偏差</th><th>检验方法</th></tr>
<tr><td rowspan="2">绑扎钢筋网</td><td colspan="2">长、宽</td><td>± 10</td><td>钢尺检查</td></tr>
<tr><td colspan="2">网眼尺寸</td><td>± 20</td><td>钢尺量连续三档，取最大值</td></tr>
<tr><td rowspan="3">绑扎钢筋骨架</td><td colspan="2">长</td><td>± 10</td><td>钢尺检查</td></tr>
<tr><td colspan="2">宽、高</td><td>± 5</td><td>钢尺检查</td></tr>
<tr><td colspan="2">钢筋间距</td><td>± 10</td><td>钢尺量两端、中间各一点</td></tr>
<tr><td rowspan="4">受力钢筋</td><td colspan="2">位置</td><td>± 5</td><td rowspan="2">钢尺量测两端、中间各一点，取较大值</td></tr>
<tr><td colspan="2">排距</td><td>± 5</td></tr>
<tr><td rowspan="2">保护层</td><td>柱、梁</td><td>± 5</td><td>钢尺检查</td></tr>
<tr><td>楼板、外墙板楼梯、阳台板</td><td>± 3</td><td>钢尺检查</td></tr>
<tr><td colspan="3">绑扎钢筋、横向钢筋间距</td><td>± 20</td><td>钢尺量连续三档，取最大值</td></tr>
<tr><td colspan="3">箍筋间距</td><td>± 20</td><td>钢尺量连续三档，取最大值</td></tr>
<tr><td colspan="3">钢筋弯起点位置</td><td>± 20</td><td>钢尺检查</td></tr>
</table>

3.2 PC 构件生产工艺

混凝土预制构件的制作

PC 构件生产线根据生产工艺特点规划生产线布局及相关配置，按照生产线布局配置的特点确定相关的辅助设备及设施，以保证整条生产流程的高质有效的运转。

3.2.1 工厂化与现场预制

（1）PC 构件的生产分游牧式工厂预制（现场预制）和固定式工厂预制。其中现场预制分为露天预制、简易棚架预制。工厂预制也有露天预制与室内预制之分。

随着机械化程度的提高和标准化的要求，工厂化预制逐渐增多。目前，大部分 PC 构件为工厂化室内预制。

（2）平模工艺是目前 PC 构件的主要生产工艺。

根据模台的运动与否，目前国内外 PC 构件生产工艺分为平模传送流水线法和固定模位法，如图 3-7 所示。

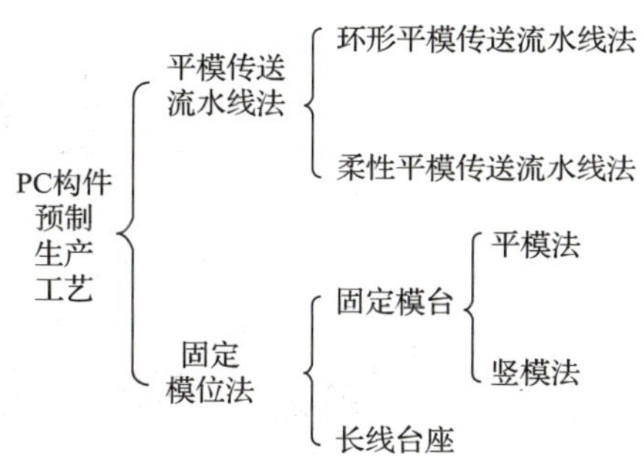

图 3-7　PC 构件预制生产工艺

创新生产技术，提高生产产能

中国建筑第三工程局有限公司成都市荥经新型建材厂项目的部品部件智能生产线“双循环”流水线采用“2+1”的模式，即在1条生产线上集成2条自动流水线和1条配套线，该生产线以“双循环”流水线为基础进行工艺规划设计，统一安排生产，统一调度生产资源，实现供需匹配。同时，两条流水线集中二次浇筑和养护，提高了场地利用率和预制构件产能，解决了传统流水线物料跨库配送的难题。

（扫描二维码查看详细内容）

3.2.2　生产工艺简介

PC 构件生产系统由 PC 构件生产线、钢筋生产线、混凝土拌和运输、蒸汽生产输送、车间门吊起运等生产系统组成。其中 PC 构件生产线为主线，钢筋生产线、混凝土拌和运输与蒸汽生产输送、轨道式起重机起运系统为辅助。

根据生产工艺要求的不同，目前常见的 PC 构件生产线有环形平模传送生产线、柔性平模传送生产线、固定模位生产线、长线台座生产线。

1. 环形平模传送生产线

环形平模传送生产线（图 3-8）一般为环形布置，适用于构件几何尺寸规整的板类构件，如“三明治”外墙板、内墙板、叠合板等。其具有效率高、能耗低的优势，但一次性投入的资金大，是目前国内普遍采用的 PC 构件生产线。

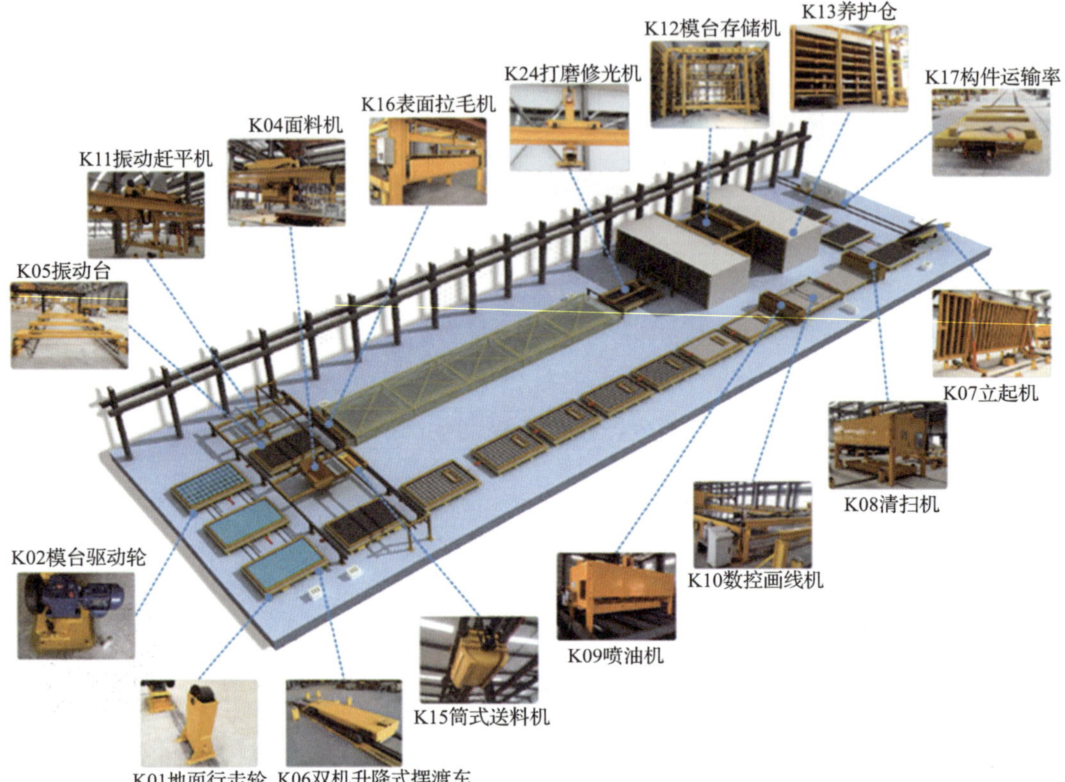

(a) 生产线全景 1

(b) 生产线全景 2

图 3-8　环形平模传送生产线

2. 柔性平模传送生产线

柔性平模传送生产线（图 3-9）是近些年在传统平模传送生产线只

能生产单一产品、兼容性差、不能很好地释放生产线产能的情况下，受机械、电子制造业的柔性生产线启发而研发出的一种最大限度地释放生产线产能，提高经济效益的新型 PC 构件流水生产线。

图 3-9　柔性平模传送生产线

柔性平模传送生产线具有适应性强、灵活性高的特点，在同一条生产线上，能同时生产多种不同规格的 PC 构件。其不仅极大地提高了生产线的产能，发挥出机械化优势，而且快速地摊薄生产线的投入成本，缩短成本回收周期。

3. 固定模位生产线

固定模位生产线适用于构件几何尺寸不规整，超长、超宽、超重的异形 PC 构件，如楼梯、阳台、飘窗、PCF 板等。

固定模位生产线既可设置在车间内，也可设置在施工现场。该种工艺具有投资少、操作简便的优点，但也有效率低、能耗高、速度慢等缺点。

在建筑工地角落处开辟出预制场地，进行大型构件的现场生产，不仅可以减轻 PC 构件运输的压力，同时大大降低工程成本。

固定模位生产线分为平模生产线、立模生产线两种，如图 3-10 和图 3-11 所示。

图 3-10　固定模位平模生产线

图 3-11　固定模位立模生产线

4. 长线台座生产线

对于板式预应力构件，如普通预应力楼板，一般采用挤压拉模工艺进行预制生产。

对于预应力叠合楼板，通常采用长线台座进行成批次预制生产。每个台位的预应力筋张拉到设计值后，浇筑混凝土并振捣，如图 3-12 所示。

非预应力叠合楼板、预制柱（图 3-13）也可采用长线台座生产线进行预制生产。

图 3-12 叠合楼板长线台座生产

图 3-13 预制柱长线台座法生产

预制混凝土构件全流程的衔接演示

PC 构件生产线包括模台循环系统、模台预处理系统、布料系统、养护系统、脱模系统、中央控制系统。PC 构件生产线应具备严谨精湛的生产制造工艺、人性化设计、自动化、智能化、机械化、标准化的综合技术集成。

3.3 叠合楼板生产

叠合楼板是预制和现浇混凝土相结合的一种结构形式。预制预应力薄板（厚度为 50 ～ 80mm）与上部现浇混凝土层结合成为一个整体，共同工作。

1. 叠合楼板生产流程

叠合楼板进行预制时，非常适合采用平模传送生产线生产，因为其具有生产效率高、产量大的特点。也可在车间内的固定模台上生产，采取叉车端运、桁吊吊运、桁吊与混凝土搅拌运输车配合运输混凝土等多种预制生产方式。叠合楼板固定模位生产线生产流程如图 3-14 所示。

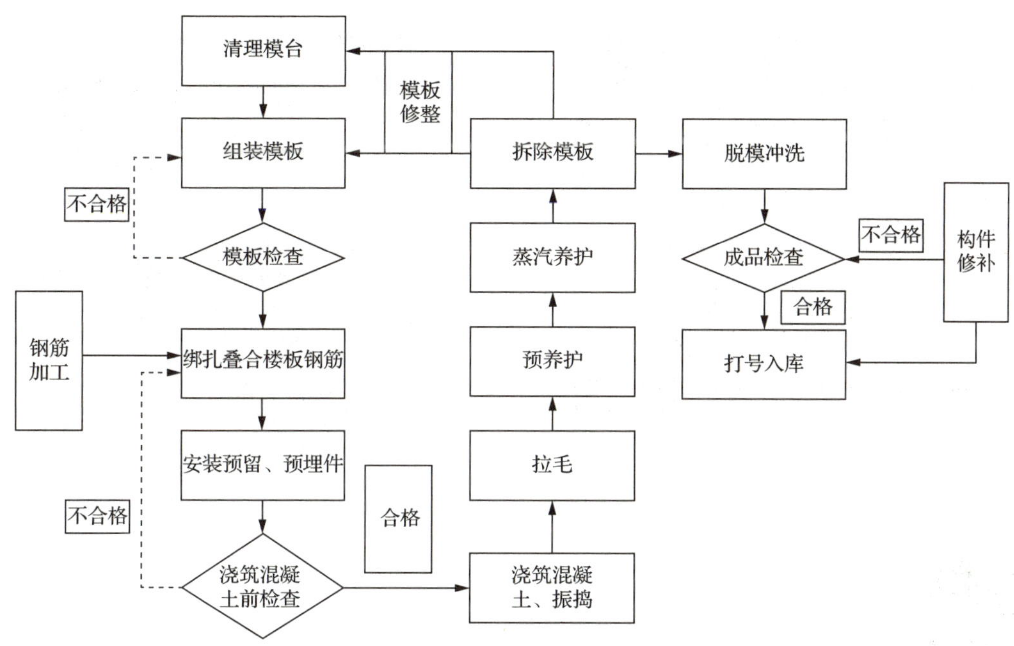

图 3-14　叠合楼板固定模位生产线生产流程

2. 模台清理

检查固定模台的稳固性和水平高差，对模台表面进行打磨处理，确保模台无锈迹。

3. 模具组拼

在吊机配合下，人工辅助拼装侧模和端模拼装，用紧固螺栓固定，保证拼装尺寸正确，保证垂直度。

钢筋绑扎（现场）

4. 涂刷隔离剂

在成型钢筋吊装入模之前，在模板内侧面和模台上涂刷隔离剂，注意不要将隔离剂涂刷到钢筋上。用抹布或海绵擦掉过多流淌的隔离剂。

5. 钢筋骨架绑扎安装

在钢筋网绑扎台位将钢筋网片绑扎成型，将钢筋网骨架吊放入模具，垫块布置成梅花状，保证保护层厚度符合要求。

钢筋绑扎

6. 安装预埋件、预留洞口

按构件加工图进行预埋件的安装和预留孔洞工装的布设。其中，主要预埋件为电盒（图 3-15）、吊环。预留孔洞（图 3-16）一般为上下水套管、叠合楼板设计缺口等。

预留预埋

图 3-15　叠合楼板电盒安装

图 3-16　叠合楼板预留孔洞

叠合板混凝土浇筑（现场）

外挂板二次浇筑与振捣

赶平

抹面

拉毛

7．浇筑混凝土

露天浇筑混凝土可用吊车、叉车、轨道式起重机运送混凝土；车间内一般用悬挂式输送料斗运输布料。

混凝土振捣一般在模台下安装振动器；未安装振动器的可采用振捣棒或平板振动器振捣。

振捣标准为混凝土表面泛浆，不再下沉，无气泡溢出。

8．混凝土抹面、拉毛

混凝土振捣密实后，用木抹抹平叠合楼板表面。流水线采用拉毛机进行机械拉毛；固定模台生产时，采用人工拽拖拉毛器进行拉毛（图 3-17）。

图 3-17　人工拉毛作业

9．养护

养护时，一般分为蒸汽养护和自然养护。

（1）蒸汽养护：采用移动式拱形棚架、拉链棚架将构件连同模台一起封闭养护（图 3–18）。

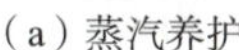
（a）蒸汽养护

（b）数字温度计

图 3–18 蒸汽养护

（2）自然养护：覆盖塑料薄膜养护，覆盖草苫洒水养护（图 3–19）。

图 3–19 覆盖养护棚架

预应力薄板一般采用长线台座法在预制构件厂生产。台座可设在室内，也可设在室外，要成对设置，以便组织流水作业。台座最好采用表面平整光滑钢制的热炕平台。有些非永久性的台座，也可采用水泥砂浆抹面或水磨石抹面的台面。侧模要固定在台面上。预应力钢筋宜在薄板中心，防止放张产生弯曲。为了缩短生产周期，一般采用蒸汽养护。

3.4 保温外墙板生产

“三明治”外墙板包含饰面层、保温层、结构层三层，通过连接件（材质为高强玻璃纤维）将饰面层、保温层、结构层拉结成一个整体，在生产时一次成型。

3.4.1 墙板生产工艺

（1）墙板生产包括平模、挤出、立模工艺：立模有单组模腔、双组模腔（靠模）、多组模腔等工艺；挤出常见的工艺有挤压成型法、振动拉模法等；平模工艺是目前构件的主流生产工艺。

（2）平模预制生产三明治外墙的方式分为正打法（图 3-20）、反打法（图 3-21）。其中，正打法的具体做法如下：首先进行内叶板混凝土的浇筑生产，然后在组装外叶板模板、安装保温层、拉结件、外叶板钢筋后，浇筑外叶板混凝土。反之，则是反打法。

图 3-20　正打法墙板生产

图 3-21　反打法墙板模板

装配式建筑助力现代建筑业绿色发展

在国家绿色发展、“双碳”发展重大战略历史机遇期，大力发展绿色建材，推进装配式建筑发展不是选择题，而是必答题。青岛将绿色、可循环理念引入建筑领域，鼓励发展装配式建筑，不断提高绿色建材应用比例，建成了一批绿色建材生产企业。

（扫描二维码查看详细内容）

① 正打法的优点：浇筑内墙板时，可通过吸附式磁铁工装将各种预留预埋进行固定，方便、快捷、简单、规整。正打法的缺点：相对加大了外叶板抹面收光的工作量，外叶板抹面收光后的平整度和光洁度会相对较差。

② 反打法的优点：外叶板的平整度和光洁度高。反打法的缺点：在浇筑内叶板混凝土时，会对已浇筑的外叶板混凝土和刚刚安装的保温层造成很大的压力，造成保温层四周的翘曲。

由于内叶板面存在较多的预留预埋，不利于振动赶平机的作业，同时振动赶平机对于 20cm 厚的内叶板的振捣质量，与 5cm 厚的外叶板相比较差，要采用人工辅助振捣。相对而言，正打法适合于自动化流水线生产。

3.4.2　正打法生产工艺

下面以正打法为例，介绍“三明治”夹芯外墙板预制生产的各道工序。实心墙板的预制生产与之相比，缺少一次模板组装、混凝土浇筑和保温板安放的工序。正打法墙板生产工艺流程图如图 3-22 所示。

1．模台面清理

模台在翻板机位侧向竖起 80°，桁吊将 PC 构件吊起运走。翻板机放平后，模台前行至清扫机位。

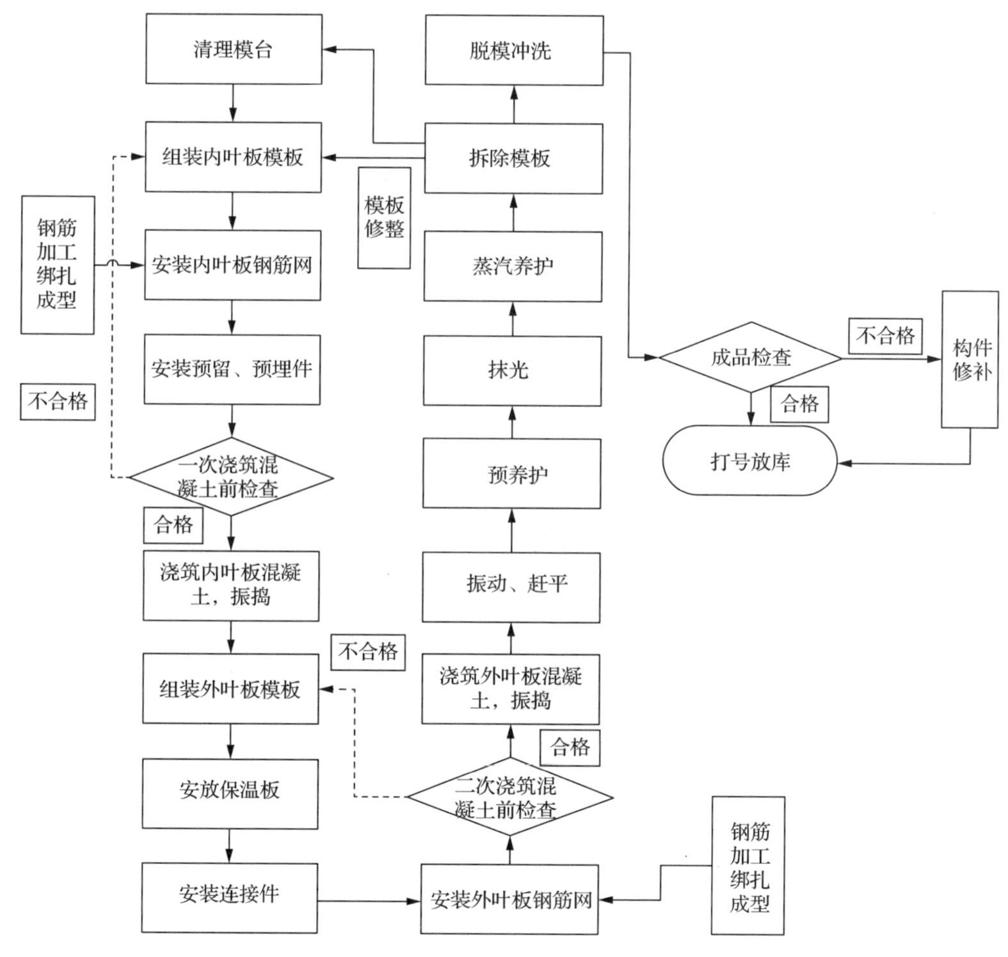

图 3-22　正打法墙板生产工艺流程图

清扫机将台面上零星混凝土碎块、砂浆等杂物，自动归纳进废料收集斗（图 3-23）。同时，滚刷进行模台表面的刷洗处理，清扫过程中产生的粉尘被收集到除尘器。如果模台通过清扫机后的清扫效果不佳，需人工手持角磨机,进行二次清除和打磨。应定期清理清扫机中的废料箱、除尘器收集箱和滤筒，保证机器的正常使用。

图 3-23　清扫机作业

2. 喷涂、画线

模台清扫打磨干净后，运行至喷涂机位前。随着模台端部进入喷涂机，喷油嘴开始自动进行脱模剂的雾化喷涂作业（图 3-24）。可通过调整作业喷嘴的数量、喷涂的角度和时间来调整模台面脱模剂喷涂的厚度、宽度、长度。

喷涂完毕，模台运行至画线工位。画线机识别读取数据库内输入的构件加工图和生产数量，在模台面进行单个或多个构件的轮廓线（模板边线）、预埋件安装位置的喷绘（图 3-25）。有门窗洞口的墙板，应绘制出门洞、窗口的轮廓线。

图 3-24　模台喷涂作业

图 3-25　画线机作业

3. 组装内叶板模板、安装内叶板钢筋网

进行喷涂画线工作后，模台输送到内叶板组模和钢筋安装工位。清理干净内叶模板后，工人按照已画好的组装边线，进行内叶板模板的组装(图3-26)。按照边线尺寸先安放内叶模板的侧板，再安装另外二块端模，拧紧侧模与端模之间的连接螺栓。螺栓连接后，模板外侧用磁盒加固。

将绑扎好的内叶板钢筋网吊入模板或在模台上绑扎内叶板钢筋，并安装好垫块（图 3-27）。在模板表面涂刷脱模剂。涂刷要均匀，不漏刷，不流淌。一般涂刷两遍。

图 3-26 内叶板模具组装

图 3-27 内叶板钢筋安装

4. 安装预留、预埋件

组模和钢筋安装完成后，模台运转到预埋件安装工位。开始安装钢筋连接灌浆套筒、浆锚搭接管、支撑点内螺旋、构件吊点、模板加固内螺旋、电线盒、穿线管等各种预埋件和预留工装。

1）钢筋连接灌浆套筒

按材质，钢筋连接灌浆套筒分为球墨铸铁、碳素钢套筒。按结构形式，钢筋连接灌浆套筒分为半灌浆套筒、全灌浆套筒。

在正打法预制生产中（图 3-28），与套筒进出浆孔相连的波纹软管的另一端被固定磁座向下吸附于模台面上。反打法中采用 PVC 硬质塑料注浆管，下端与套筒进出浆孔相连固定，上端口伸出浇筑混凝土表面，并封闭，防止浆液进入堵塞注浆孔。

钢筋连接灌浆套筒固定工装的橡胶塞一端，塞入套筒口内，另一端螺栓穿过模板上的开孔，逐渐拧紧固定螺钉，橡胶塞被压缩膨胀后，与套筒口紧密结合，于是整个钢筋连接灌浆套筒就固定于模板开孔的位置。除钢筋灌浆套筒连接外，还有浆锚钢筋搭接连接，如图 3-29 所示。

图 3-28 正打法半灌浆套筒安装

图 3-29 NPC 浆锚钢筋搭接

2）构件安装支撑点内螺栓连接件、模板加固内螺旋

图 3-30　内螺旋连接件安装

外墙板的安装支撑点、现浇段模板连接固定点，均可采用磁性底座，将内螺旋连接件吸附固定于模台上（图 3-30）。

3）构件吊点

外墙板的吊点可采用与构件重量相对应的吊钉（图 3-31），也可用钢筋自行加工 U 形吊环。每块墙板两个吊点或吊环，预埋在内叶板顶部。

4）电线盒和穿线管

采用方形、八角形磁性底座将电线盒吸附固定在模台上。穿线管与电盒连接后，用扎丝绑扎固定在邻近的钢筋上（图 3-32）。

图 3-31　吊钉安装

图 3-32　电线盒、穿线管安装

混凝土卸料（现场）

混凝土振捣（现场）

轨道式混凝土输送料斗（现场）

5）预留孔洞

后浇段加固模板采用穿心式设计。在外墙板预制时，预留穿墙孔洞，通过穿墙螺杆加固模板。在外墙板底部用圆形磁性底座固定 PVC 管，预留出空调连接管路进出的通道。

6）窗口木砖

采用后装法安装窗户，则需要在预制墙板时，提前将木砖安装固定妥当。

5. 一次浇筑、振捣内叶板混凝土

模板、钢筋和预留预埋件安装完成后，模台运行至一次混凝土浇筑工位。再次对模板、钢筋、预留、预埋件进行检查，待符合验收要求后，抬升模台并锁定在振动台上，根据构件混凝土厚度、混凝土方量调整振动频率和时间，确保混凝土振捣密实。

输送料斗通过上悬式轨道，从搅拌站将拌和好的混凝土输送至车间内布料机的上方，进行卸料作业。布料机往内叶板内自动布料时，需要

根据构件浇筑宽度、有无开口、混凝土坍落度等参数设置浇筑程序，调整布料机自动分段和开口参数。

内叶板混凝土（图 3-33）浇筑振捣完成后，用木抹将混凝土表面抹平，确保表面平整。每次工作完毕后，要及时清理和清洗混凝土输料斗、布料斗。清理出的废料、废水应转运至垃圾站处理。振动完成后，振动台下降到模台底与导向轮、支撑轮接触，模台流转到下一个工位。

图 3-33 浇筑内叶板混凝土

6. 组装外叶板模板、安装保温板

工人在桁吊辅助下，安装上层的外叶板模板，上下层模板采用螺栓连接固定牢固。在模板表面涂刷脱模剂。在内叶板混凝土未初凝前，将加工拼装好的保温板逐块在外叶模板内安放铺装，使保温板与混凝土面充分接触，保温板整体表面要平整。保温板要提前按照构件形状，设计切割成型，并在模台外完成试拼。

7. 安装连接件和外叶板钢筋网

（1）采用玻璃纤维连接件时，在铺设好的保温板上，按照连接件设计图中的几何位置，进行开孔。将连接件穿过孔洞，插入内叶板混凝土，将连接件旋转 90° 后固定［图 3-34（a）］。

采用套筒式、平板式［图 3-34（b）］、别针式［图 3-34（c）］、桁架式的钢制连接件，应根据需要，用裁纸刀在挤塑板上开缝，或将整块保温板裁剪成块，围绕连接件逐块铺设。必须按照厂家提供的连接件布置图，进行连接件的布置安装，且经过受力验算合格。在保温板安装完成后，用胶枪将板缝、连接件安装留下的圆形孔洞注胶封闭。

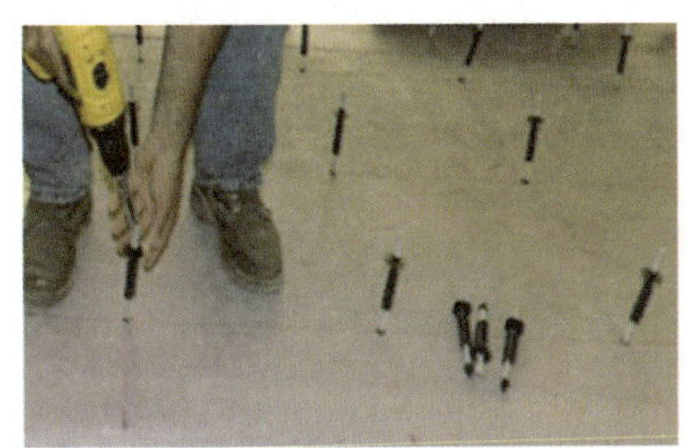

（a）安装玻璃纤维连接件

（b）平板式钢制连接件安装

（c）别针式钢制连接件安装

图 3-34 连接件安装

（2）桁吊将加工好的钢筋网片铺设到保温板上的外叶板模板内（图 3-35），安装垫块，保证保护层厚度。同时，尽量不要碰撞已安装好的连接件。对在钢筋安装过程中，被触碰移位的连接件，要重新就位。

8. 二次浇筑、刮平振捣外叶板混凝土

（1）在二次浇筑工位，检查校核外叶板模板尺寸和钢筋网保护层，确保符合设计和施工规范要求后进行外叶板混凝土的浇筑。浇筑混凝土时，人工辅助整平，使混凝土的高度略高于模板。

（2）进入振捣刮平工位后，振捣刮平梁对混凝土表面，边振捣边刮平，直到混凝土表面出浆平整为止。根据外叶板的混凝土的厚度，调整振捣刮平梁的振频，确保混凝土振捣密实。可局部人工再次刮平修整（图 3-36）。

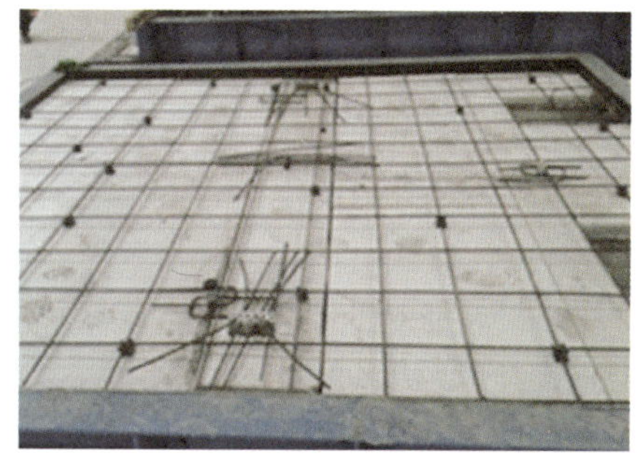

图 3-35　安装外叶板钢筋网片

图 3-36　振捣赶平外叶板混凝土

9. 构件预养护、板面抹光

（1）构件外叶板完成表面振捣刮平后，进入预养窑内，对构件混凝土进行短时间的养护（图 3-37）。通过干蒸，利用蒸汽管道散发的热量维持预养窑内的温度。窑内温度控制为 30 ～ 35℃，最高温度不得超过 40℃。

（2）在预养窑内的 PC 构件完成初凝且达到一定强度后，将构件移出预养窑，进入抹光工位。抹光机对构件外叶板面层进行搓平抹光（图 3-38）。如果构件表面平整度、光洁度不符合规范要求，要再次作业。

图 3-37　构件预养护作业

图 3-38　构件抹光作业

10．构件养护

构件抹光作业结束后，进入蒸汽养护工位，码垛机将PC构件连同模台一起送入立体蒸养窑进行蒸养（图3-39）。

立体蒸养采取湿蒸的养护方式，自动控制窑内的温度、湿度。最高温度不超过60℃，升温速度不大于15℃/h，降温速度不大于20℃/h，恒温温度不大于60℃。PC构件在蒸养窑内恒温蒸养8～10h，混凝土的强度达到脱模、吊装要求后，码垛机将模台和构件从蒸养窑内取出，进入下一工位。

11．构件拆模、起运、清洗、修整

（1）拆模前，用专用撬棍松动固定磁盒，解除锁定。再用扳手松开，去除模板上的螺栓后，桁吊配合拆除起运模板（图3-40）。模板清理干净后转运到下一模板组装工位。

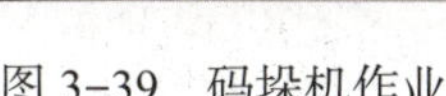

图3-39　码垛机作业

图3-40　正打法外墙板脱模

（2）已拆除模具后的构件在模台上，运行至墙板起吊工位。安装快速接驳器和吊具，翻板机将墙板倾斜状竖起后起吊，将PC构件吊至清洗修补工位。

（3）根据拆模起运后构件的表观质量，清洗构件，对破损的部位进行适当修补。然后运至指定位置堆放，并牢固固定构件。

3.4.3 窗框预安装工艺

1．预埋法

在工厂进行PC构件制作时，将窗框预埋在墙体中。先做一个限位框，大小同窗框内径。安装窗框前，采用限位框把窗框固定牢靠。在内叶板模板安装后，将固定好的窗框放入墙板内模。其下面为窗洞钢模，以固定窗框的上下位置，确保窗框位于内叶板靠室外一侧的5cm的位置。

吊装安放内叶板钢筋网后，安装窗框与内叶板混凝土连接的拉结件，拉结件在内叶板内的尾端安装拉筋。窗框与模板接触面采用双面胶密封。门窗装入洞口后应横平竖直，外框与洞口连接牢固，不得直接埋入墙体。门窗框安装固定后，框与墙体间应间隔均匀，用密封材料填充至饱满密实。检查各个部件的固定情况，确定位置准确，固定牢靠后，浇筑内叶板混凝土。

2. 预留洞口法

在生产外墙板时，按图纸设计预留门窗洞口。

3.4.4 墙板外饰面加工工艺

外墙板面采用装饰一体化的设计时，一般采用反向预铺瓷砖，水平浇筑混凝土一次成型反打工艺，或者是塑胶定型整体浇筑成型这两种生产加工工艺。也可在外墙构件预制完成后，在室内直接进行外饰面的装修作业（图 3-41）。相对传统室外高空作业，室内装修作业具有施工容易、固定牢靠、安全方便的特点。

图 3-41　外饰面室内贴装

1）墙板外饰面反打工艺

（1）外装饰面砖的图案、分隔、色彩、尺寸需要和设计要求一致，做饰面大样图。

（2）面砖铺贴前，先按照外装饰敷设大样图中的编号分类摆放，并对模具进行清理。

（3）按照图纸中的每块面砖的位置尺寸和标高，在模具底模的分区内，逐个将背面有鱼尾槽或连接钩的瓷砖敷设进去，并固定和校正面砖位置（图 3-42）。

（4）面砖敷设后表面要平整，接缝应顺直，接缝的宽度和深度应符合设计要求。

（a）外墙砖装饰面层铺贴

（b）面砖装饰面层铺贴

（c）石材装饰面铺贴

图 3-42　外饰面反打施工

面砖、石材需要更换时，应采用专用修补材料，对嵌缝进行修整，使墙板嵌缝的外观质量一致。外墙板面砖、石材粘贴的允许偏差应符合表 3-2 的规定。

表 3-2　外墙板面砖、石材粘贴的允许偏差和检验方法

项目	允许偏差 /mm	检验方法
表面平整度	2	2m 靠尺和塞尺检查
阳角方正	2	2m 靠尺检查
上口平直	2	拉线，钢直尺检查
接缝平直	3	钢直尺和塞尺检查
接缝深度	1	
接缝宽度	1	钢直尺检查

2）装饰面层的要求

涂料饰面的构件表面应平整、光滑，棱角、线槽应符合设计要求，大于 1mm 的气孔应进行填充修补。具体施工情况如图 3-43 和图 3-44 所示。

图 3-43　涂料装饰面层施工

图 3-44　装饰面层修补

3）塑胶定型工艺

如果采用现浇混凝土塑造墙板的外饰面，应采用塑胶定型的工艺。

（1）根据墙板的外饰面设计，对瓷砖、大理石，或者有纹理、有文字的装饰材料进行塑胶定型（图 3-45）后，提取出带图案和造型的塑胶模型。

图 3-45　塑胶定型

（2）将带有装饰面凹凸或图案的塑胶底模铺设到模具内，固定牢靠后浇筑混凝土，拆模去掉定型塑胶即可得到表面有特定造型的混凝土外墙板。

3.4.5　预制构件粗糙面工艺

预制构件与后浇混凝土、坐底砂浆、灌浆料结合处进行粗糙面处理，可以采用人工凿毛法、机械凿毛法（图 3-46）、化学缓凝水冲法（图 3-47），结合面键槽（图 3-48），拉毛法（图 3-49）等形成良好的结合面，达到需要的表面效果。下面以化学缓凝水冲法为例进行说明。

（a）机械凿毛

（b）凿毛粗糙面

（c）刻花粗糙面

图 3-46 机械凿毛法

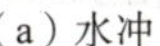

（a）水冲

（b）水冲粗糙面

图 3-47 化学缓凝水冲法

图 3-48　键槽

图 3-49　拉毛

缓凝水冲法露骨粗糙面处理 1（现场）

缓凝水冲法露骨粗糙面处理 2（现场）

“三明治”墙板生产过程

化学缓凝水冲法是指将高效缓凝剂涂抹在与混凝土面接触的模板内侧的方法。浇筑构件混凝土后，与涂刷缓凝剂的模板面相接触的 3 ～ 5mm 厚范围内的混凝土，在渗入缓凝剂的作用下，尚未凝固。用高压水冲洗构件表层，使碎石外露而形成粗糙表面。

化学缓凝水冲法具有操作简单、效率快、粗糙面处理质量高的优点。但是，缓凝剂会对环境造成污染，需要对冲洗后的废水进行集中处理后，方可排放。

具有“三明治”外墙板的装配式建筑物可以有非常不同的外观，这取决于夹芯墙板生产中使用的台模和原材料，墙板的颜色和预制混凝土“三明治”墙板的外饰面。由于观赏主题和立体效果在建筑中越来越受欢迎，创新的预制生产技术逐渐兴起。

3.5 复合墙板生产

近年来，复合墙板发展较快，生产工艺不断更新，从地模发展到卧模再到现在主流的成套流水线立模形式。另外，轻质复合墙板生产配方更新，掺入大量的粉煤灰，在大幅降低生产成本的同时，还提高了复合墙板的各项性能。

3.5.1 概述

墙板立式预制法的优点：①只有一个侧面需要抹面、收光；用工量少，生产迅速，效率高；构件外形平整、美观。②设备占地空间小，可以采用成组立模的形式来批量生产。

墙板立式生产预制的历史较为悠久，从单一的单组模腔到双组模腔，即“靠模”，后来发展为多组模腔。目前，成组立模的模腔数多为 8 组、10 组、12 组、16 组、20 组。

成组立模的结构种类有半拆式立模、全拆式立模、悬挂式立模、芯模固定等形式，且多用于生产复合材料的内外墙板，如复合夹芯板不仅包括聚苯颗粒水泥夹芯板、泡沫石膏夹芯板等，还包括轻质混凝土条板、石膏类条板等。

3.5.2 模具设计及组装

成组立模模具通常由底模（底座）、侧模隔板、端模堵板、加固系统组成，其中底模是与底座连在一起的整体钢制底模。

侧模隔板侧立于底模上，组成成组的空腔，每个模组空腔即为一片墙板。端模堵板安装在成组空腔的两端，被侧模隔板紧固卡在设计位置，保证预制墙体的尺寸符合设计要求。

组装定位后，将连接系统紧固在成组立模周边，使每一片侧模与底模和端模紧密接触。再将钢筋网片或成排的芯管插入模腔中定位，即可浇筑水泥复合墙体材料。

3.5.3 墙板立式生产工艺

墙板立式生产工艺流程如下。

（1）搅拌机搅拌混合料，完成一组成组立模浇筑墙板用料的搅拌。

（2）将成组立模打开，逐个清理模腔内杂物，并涂上脱模剂。

（3）安装钢筋网片并定位后，合上立模，并加固成组立模。

（4）在抽芯机工位，穿入成组芯管，检查芯管位置。

（5）成组立模在布料工位，成组立模在倾模机带动下，转换姿态，进入布料状态。

（6）混凝土输送泵将混合料送到布料机，布料机将混合料均匀注入各个模腔中。

叠合板起吊（现场）

（7）完成浇注混合料的立模，在初养工位养护，待浇注的混合料达到一定强度后，进入抽芯工位。抽芯机抽出芯管。

（8）芯管抽出的立模进入正式养护工位。

（9）完成养护的立模进入拆模工位。开模后，取出墙板，同时，清理模腔、涂上隔离剂，成组立模进入下一次生产循环（图 3-50）。

图 3-50 墙板成型后起吊

（10）用叉车将墙板运至成品堆场堆放，并进行二次养护。

立式轻质复合墙板生产线包括墙板预制、浇注成型、养护脱模三大生产工序。生产工艺在不断更新，如自动化程序很好地应用于复合墙板生产工艺中，机械自动化代替部分人工减少了生产人工的同时，产品质量的稳定性更有保障。

3.6 预制楼梯生产

楼梯生产车间（现场）

预制钢筋混凝土楼梯作为装配式制构件时，较容易实现标准化设计和批量生产的构件类型，与现浇楼梯的主要差别在于，预制楼梯按照严格的尺寸进行设计生产，更易安装和控制质量，不仅能够缩短建设的工期，还能做到稳定结构，减少裂缝和误差。

楼梯预制生产工艺包括立式预制生产工艺、卧式预制生产工艺。

立式楼梯模具（现场）

3.6.1 楼梯立式预制生产工艺

楼梯立式预制生产工艺，具有生产速度快、抹面和收光工作量小的优点。其具体生产工艺如下。

1. 模具清理、喷涂刷油

打开模具丝杠连接，将立式楼梯模具活动一侧滑出，检查楼梯模具的稳固性能及几何尺寸的误差、平整度。对楼梯模具的表面进行抛光打磨，确保模具光洁、无锈迹。

2. 钢筋加工绑扎

在地面绑扎工位，在支架上按照设计图纸要求绑扎楼梯钢筋，并绑扎垫块。

3. 楼梯钢筋入模就位、预埋件安装

使用桥式起重机将绑好的楼梯钢筋骨架吊入楼梯模具内，调整垫块保证混凝土保护层厚度。预埋件采用螺栓，穿过模具预留孔安装、固定（图 3-51）。

图 3-51　安装楼梯钢筋

4. 合模、加固

使用密封胶条，在模具周边密封。将移动一侧的模板滑回，与固定一侧模板合在一起，关闭模具，用连接杆将模具固定，并紧固螺栓。

5. 浇筑、振捣混凝土

图 3-52 浇筑楼梯混凝土

桥式起重机将装满混凝土的料斗运至楼梯模具以上，打开布料口卸料。按照分层、对称、均匀的原则，每 20 ～ 30cm 一层浇筑混凝土（图 3-52）。振捣棒应快插慢拔，每次振捣时间为 20 ～ 30s，以混凝土停止下沉、表面泛浆，不冒气泡为止。也可以通过楼梯模具外侧的附着式振动器，进行楼梯混凝土的振捣密实。

6. 楼梯侧面抹面、收光

浇筑至模具的顶面后，进行抹面。静置 1h 后，进行抹光。

7. 养护

楼梯混凝土外露面抹光，罩上养护棚架，静置 2h 后，开始升温养护。楼梯混凝土的蒸汽养护按照相关技术规范及要求进行。

8. 拆模、吊运

拆模时，首先松开预埋件螺栓的紧固螺丝，解除两块侧模之间的拉杆连接，然后横移滑出一侧的模板，用撬棍轻轻移动楼梯构件，穿入起重机的吊钩后慢慢起吊（图 3-53），吊运楼梯构件至车间内临时堆放场地，进行检查清洗打号。

图 3-53 成组楼梯构件起吊

3.6.2 楼梯卧式预制生产工艺

预制卧式楼梯的生产工艺（图 3-54）与预制立式楼梯的生产工艺基本一致，其抹面收光的工作量大。

（a）楼梯混凝土浇筑

（b）楼梯拆除侧模

图 3-54　预制卧式楼梯的生产工艺

预制卧式楼梯模具进行组装时，先安放底模（锯齿状模板），再安装两侧的侧模和端模，然后用螺栓紧固。拆模时，操作顺序则相反。

预制楼梯实行全部统一标准化设计。预制楼梯的造价比传统楼梯的造价相对较低，传统楼梯需要大量木模板，而且使用频率较低，标准化后的预制楼梯模具可以反复利用，只是会在运输费用上有一定增加，传统施工的人工和现场作业辅助工具材料，相对预制而言费用更高，所以综上所述，预制楼梯会比传统楼梯便宜。

3.7 预制梁生产

预制梁是一种在 PC 构件厂或施工工地现场支模、搅拌、浇筑而成，待强度达到设计规定后，运输到安装位置进行安装的钢筋混凝土梁构件。根据预制形式分为叠合梁和全预制钢筋混凝土梁两种。

叠合梁是一种预制混凝土梁，在现场后浇混凝土而形成的整体受弯构件。根据受力状态，叠合梁又分普通钢筋混凝土叠合梁和预应力叠合梁。一般情况下，叠合梁下部主筋已在工厂完成预制并与混凝土整浇完成，上部主筋需现场绑扎或在工厂绑扎完毕但未包裹混凝土，如图 3-55（a）所示。

全预制钢筋混凝土梁［图 3-55（b）］预制部分采用先张法预应力技术，梁下部纵筋采用钢绞线，在预制部分上部放置少量钢绞线，上部及下部钢绞线同时进行张拉、放张。上部钢绞线用于平衡下部钢绞线放张后对梁预制部分产生的向上挠度及控制预拉区的混凝土法向拉应力值。

（a）叠合梁

（b）全预制钢筋混凝土梁

图 3-55　叠合梁和全预制钢筋混凝土梁

叠合梁的一部分受力构造是在 PC 工厂制造生产的，生产厂具有较高的机械化程度，构件质量较高。预制构件的模板可重复使用，在进行现浇部分的施工时模板和脚手架可使用预制构件代替，具有省料、省工、省时的特点。结合各个截面的受力情况使用不同成分和不同等级的混凝土，节约了水泥使用量。

叠合梁预制部分可采用矩形或凹口截面形式。叠合梁预制部分与后浇混凝土叠合层之间的结合面设置为粗糙面（预制构件结合面上的凹凸不平或骨料显露的表面），预制梁端面设置键槽，如图 3-56 所示。键槽的深度 t 不宜小于 30mm，宽度 w 不宜小于深度的 3 倍且不宜大于深度的 10 倍；键槽可贯通截面，当不贯通时槽口距离截面边缘不宜小于 50mm；键槽间距宜等于键槽宽度；键槽端部斜面倾角不宜大于 30°。粗糙面的面积≥结合面的 80%，预制梁端的粗糙面凹凸深度≤ 6mm。

图 3-56　梁端键槽

下面以叠合梁的生产为例介绍预制梁的生产工艺。

1. 工艺流程

叠合梁的生产线工艺流程如下：生产线清理→调整精轧螺纹钢筋→钢绞线下料→放置箍筋、穿钢绞线套管、端部螺旋筋→钢绞线初张拉→箍筋及预埋件放样→钢绞线张拉→绑扎箍筋、埋设预埋件→固定套管、放置端部钢筋网片→搁置端头模板→放置侧模板→混凝土浇筑→养护→钢绞线放张→拆模、构件吊装。

2. 钢绞线套管

因为叠合梁截面小，钢绞线配置较多，所以为防止端部出现较大的应力集中，在梁的两端特别设置于中间位置的部分钢绞线应套入直径20mm、长800～1000mm的PVC管，并用双面胶带封口。

3. 钢绞线初张拉

钢绞线下料完成后，需使用人工或YDC 220型穿心式千斤顶将钢绞线拉直，使精轧螺纹钢筋外露长度基本一致，以保证在整体张拉时，每根钢绞线伸长值保持一致。

4. 钢绞线张拉

同一条生产线的钢绞线采用群张工艺，将两个台座式千斤顶一上一下搁置在可活动的搁置架上；每条生产线两端均固定有一根钢锚固柱，紧贴台座端部深梁外侧，与钢绞线连接的精轧螺纹钢筋从生产线内伸出，穿过固定的钢锚固柱预留孔洞，伸入千斤顶伸出端前的活动钢锚固柱，精轧螺纹钢筋与钢锚固柱通过螺母予以固定。

（1）根据设计要求，计算上下两部分钢绞线的张拉力，然后根据千斤顶及钢绞线的高度，采用力矩平衡法计算上下两千斤顶不同的张拉控制力。

（2）做好正式张拉前的准备工作。张拉前，台座内的人员应撤离，测量并记录气温，将千斤顶搁置架安置在生产线张拉端的固定锚柱及活动锚柱之间，安装台座式千斤顶及油管、电动液压泵，检查张拉设备状况，准备预应力筋张拉记录表，标明本次张拉力、对应油压表读数及张拉伸长值。

（3）张拉前，将活动锚柱紧贴千斤顶活塞前端，然后将活动锚柱外侧的精轧螺纹钢螺母拧紧。张拉时，先缓慢打开高压泵控制阀（以无异常声响为标准），千斤顶张拉活塞伸出推动活动锚柱向前移，待活塞全部伸出（一个行程）后，关闭控制阀，持荷，记录油压表读数和伸长值，工人将固定锚柱处的精轧螺纹钢筋螺母拧紧。打开卸荷载回油，千斤顶活塞回程，油压回到零值时，关闭卸荷载。然后将活动锚梁推回千斤顶端部，拧紧其外侧对拉螺杆螺母，继续下一个张拉流程，直至达到张拉控制读数，关闭控制阀，再拧紧固定锚柱处的精轧螺纹钢螺母，同时记录钢绞线伸长值。

（4）张拉过程中，若钢绞线实际伸长值大于计算伸长值的10%或小于计算伸长值的5%时，应暂停张拉，待查明原因并采取措施调整后，方可继续张拉。

（5）张拉过程中，若出现个别钢绞线拉断时，可用连接器将拉断处的钢绞线连接好，用穿心式千斤顶按单根钢绞线张拉力重新张拉。若出现钢绞线从连接器中松脱较明显时，依据松脱长度，使用穿心式千斤顶单独对该钢绞线补张拉，使其达到应用的伸长量及张拉应力。

5. 钢绞线放张

（1）根据气候条件及试件试压或回弹，确定构件强度达到放张要求。根据生产线内外露钢绞线长度计算放张量。

（2）做好正式放张前的准备工作。放张前台座内的人员应撤离，测量并记录气温，将千斤顶搁置架安置在需生产线张拉端的固定锚柱及活动锚柱之间，安装台座式千斤顶及油管、电动液压泵，检查张拉设备状况。

（3）首先缓慢打开控制阀，使千斤顶活塞基本全部伸出，关闭控制阀，持荷，然后将活动锚柱推至千斤顶活塞端部，将活动锚柱处的精轧螺纹钢筋螺母拧紧。

（4）同样先缓慢打开控制阀，千斤顶活塞稍稍伸出将钢绞线拉伸少许，使固定锚柱处的精轧螺纹钢筋螺母与固定锚柱稍有松动，然后关闭控制阀，持荷，卸下支座锚柱处对拉螺杆螺母后，打开卸荷载回油，千斤顶活塞缓慢回程，缓慢放张，直至放张完毕。

3.8 预制柱生产

装配式结构中一般部位的框架柱采用预制柱，如图3-57所示。重要或关键部位的框架柱，如穿层柱、跃层柱、斜柱，高层框架结构中地下室部分及首层柱应进行现浇混凝土形式。

1. 生产线工艺流程

预制柱生产线工艺流程如下：清模→涂刷隔离剂→测量放线→钢筋绑扎→安装预埋件→模板支设→浇筑混凝土→养护→模板拆除。

图 3-57　预制柱

2. 模台、模具的清理、画线

1）作业过程

（1）清理模台时，若清扫机清理不赶紧需要对模台进行人工二次清扫。

模台清理（现场）

（2）人工清扫时先用钢丝刷或刮板将模具上残留混凝土、锈渍等其他杂物清理干净，然后用抹布蘸脱模剂将模具擦拭一遍。

（3）如遇特殊情况（如模具破损、模具腐蚀等）应及时向班组长汇报情况并处理。

2）注意事项

（1）模台清理后应该保证模台表面无锈、无油、无杂物，可以见到模台本色。

（2）模具清理时保证所有拼接处均用刮板清理干净，确保组模时无尺寸偏差。

（3）模具上下基准面必须清理干净，便于抹面时保证混凝土厚度。

（4）构件粗糙面处模具可以不做清理直接涂刷粗糙剂。

（5）工装需清理干净，保证无残留混凝土。

（6）画线宽度不得大于 3mm。

3. 刷界面剂（脱模剂和缓凝剂）

1）作业过程

（1）模台上的界面剂应先机器喷涂，如机器喷涂不均匀需要对模台进行人工二次涂刷。

（2）人工喷涂时宜使用喷壶、严禁擅自使用其他工具。

（3）界面剂宜采用水性界面剂。

（4）根据图样要求，明确涂刷脱模剂和缓凝剂的位置，严禁错涂、漏涂。

2）注意事项

（1）涂刷界面剂时涂刷均匀且厚度不得少于2mm，严禁有流淌、堆积现象，有堆积的界面剂应用干抹布吸干。

（2）模具、模台界面剂涂刷检查合格后应及时投入生产，若长时间未使用将会使界面剂失效，此时要重新涂刷界面剂。

（3）工具使用后清理干净，整齐放入指定工具箱内。

（4）及时清扫作业区域，垃圾放入垃圾桶内。

4．组模

1）生产线上组模的作业过程

（1）将拼装好的模具连同钢筋骨架整体吊运至组模工位的模台上，并按照划线位置检查模具组装尺寸。

（2）预组模：在组模工作区将模具粗略组装完毕，精度要求可适当放低，但必须保证准确性。

（3）钢筋绑扎：此时绑扎初步形成钢筋网的雏形即可。

（4）模具检查合格后运至模具工位。

（5）以划线位置为基准控制线安装模具，对超出模具组装尺寸线的位置进行调整，控制模具组装尺寸，然后紧固螺栓。

（6）模具下边模和模台用紧固螺栓连接固定，上边模靠花篮螺栓连接固定，左右采用对拉螺栓固定。

2）固定台模上组模的作业流程

（1）模具检查合格后运至组模工位。

（2）在固定模台上安装模具，调整后各部位螺丝拧紧，模具拼接部位不得有间隙。

（3）侧模、门模和窗模对号拼接，不得漏放螺栓和各种零件，在拼接部位要粘贴密封胶条，且保证胶条平直、无间断、无褶皱。

（4）模具下边模和模台用紧固螺栓连接固定。

3）注意事项

（1）进行组模前，组模工作区应自熄检查模具是否有损坏、缺件现象，损坏、缺件的模具应及时保修或更换。

（2）各个螺栓校紧，确保模具和模台连接牢固，模具拼接部位不得有间隙。

（3）侧模对号拼装，不许漏放螺栓和各种零件，在拼接部位要粘贴密封胶条，防止漏浆且保证胶条平直、无间断、无褶皱。

5. 钢筋绑扎

1）作业过程

（1）在钢筋骨架绑扎前，应准备好常用的绑扎工具，包括钢筋钩、钢卷尺、绑线、钢筋保护层垫块（塑料或水泥砂浆垫块）等。

（2）根据设计图纸，核对钢筋加工配料单和料牌，并检查已加工成型的成品钢筋的规格、形状、数量、间距是否符合图纸要求，确定没有错配和遗漏的地方。

（3）钢筋骨架绑扎：①按照设计图纸进行绑扎，所有尺寸误差不得超过检查标准，严禁私自改动钢筋骨架结构。②用两根绑线绑扎连接处，相邻两个绑扎点的绑扎方向相反。③拉筋钩在受力主筋上，不准漏放，135° 钩靠上，直角钩靠下。④钢筋骨架绑扎完毕后应布置保护层垫块，按 500mm 间距梅花状布置，并调整钢筋位置。

2）注意事项

（1）操作人员按钢筋配料单核对钢筋编号、数量、规格及尺寸，并检查模具组装尺寸。

（2）操作人员按照先后顺序进行钢筋绑扎，应满足所有钢筋绑扎后尺寸和钢筋保护层偏差在允许范围内、不易变形和稳定性要求。

（3）钢筋骨架绑扎完毕后，必须根据设计图认真检查钢筋的型号、直径、根数、间距等是否正确，特别要检查钢筋的保护层是否正确，然后检查钢筋的搭接长度与接头位置是否符合检查标准，钢筋绑扎有无松动、变形。

（4）外漏钢筋外露部分应该保证整齐、顺直，长度误差在 ±2mm 范围内，做好防锈处理。

6. 预埋件安装

1）作业过程

（1）将灌浆软管固定在套筒套头上，然后用磁性底座（或工装）将套筒软管固定在模台上。

（2）用磁性底座连同预埋件安装在模台上，并均用涂刷脱模剂，利用辅助钢筋将磁性底座与钢筋骨架绑扎牢靠，防止磁性底座移位。

2）注意事项

（1）保证套筒、预埋件的安装数量、型号、垂直度等，且套筒端头与面板之间无缝隙。

（2）套筒内要保持干净，无浮灰，套丝钢筋与套筒连接时必须要用台虎钳和管钳拧紧，确保无松动、无倾斜等。

（3）检查电器盒的安装质量，包括数量、位置、上沿高度等。

（4）安装套筒和预埋件过程中不许弯曲、切断任何钢筋。

（5）整个过程中要保护模台的清洁度。

（6）安装埋件时，禁止直接踩踏钢筋笼，可以搭设跳板，避免工作人员被钢筋刮伤或钢筋骨架变形。

7．混凝土浇筑及振捣

1）自动化生产线

（1）自动化生产线采用布料机浇筑混凝土，采用振捣棒进行振捣。

（2）浇筑前观察混凝土坍落度（120～160mm），过大或过小均不允许使用，用料不得超过理论用量的2%。

（3）浇筑时避开预埋件及工装位置。

（4）浇筑过程中使用刮杠随时测量控制混凝土厚度，在基本达到厚度要求时停止下料，混凝土上表面与面板上边沿平齐。

（5）混凝土浇筑后通过振动平台振捣，个别振捣不彻底的位置，需要用振捣棒进行补振，振捣直至混凝土表面无明显气泡溢出为止。

（6）如有特殊情况时进行人工干预，用振捣棒辅助振捣。

（7）人工振捣过程中严禁触摸模具、钢筋骨架、埋件等。

（8）作业过程中操作人员时刻注意布料机或混凝土料斗走向，避免在工作中碰伤。

2）固定模台

（1）固定模台混凝土的浇筑采用人工混凝土料斗浇筑，并且人工采用振捣棒振捣。

（2）浇筑时避开连接件、预埋件及工装。

（3）严格控制内叶墙浇筑厚度，浇筑过程中使用刮杠随时测量混凝土厚度，在基本达到厚度要求时停止下料，混凝土上表面与面板上边沿平齐。

（4）如有特殊情况时进行人工干预，用振捣棒辅助振捣。

（5）振动棒应垂直插入，操作时应快插慢拔，插点要均用分布（300～400mm），振捣时间控制为20～30s，不得漏振。振捣过程中严禁触碰钢筋和模具。混凝土表面呈水平，无显著沉降，不再出现气泡及表面泛出灰浆为止。

（6）浇筑时避开预埋件及工装位置，该过程中振捣棒不允许触碰套管和预埋件。

3）注意事项

（1）人工振捣时振捣棒不允许触碰预埋件，以免埋件松动脱落。

（2）确保振捣完全，不允许出现漏振现象。

（3）清理散落在模具、底模和地面上的混凝土保持该工位清洁，将洒落到地上的混凝土及时清理，浇筑后剩余的混凝土应放到指定料斗中，严禁随地乱放。

（4）混凝土浇筑、振捣过程中严禁加水。

8. 抹面

1）作业过程

自动化生产线构件抹面工序采用磨光机机械操作，配合人工进行边角部位处理，固定模台的构件抹面需人工操作，以下为固定模位构件抹面作业过程。

（1）将所有预埋件的工装拆掉，并及时清理干净整齐地摆放到指定位置，预埋件用泡沫棒封堵，且保证预埋件与混凝土表面平齐。

（2）一次抹面：使用塑料抹子粗抹，粗抹后混凝土表面基本平整、无外漏石子、外表面无凹凸现象。

（3）使用铁抹子找平，混凝土如果高出模具上沿要及时压平，保证边沿不超厚并无毛边，此道工序需将表面平整度控制在 3mm 以内。

（4）二次抹面：使用铁抹子对混凝土上表面进行压光，保证表面无裂纹、无气泡、无杂质、表面平整光洁，不允许有凹凸现象。并用靠尺边测量边找平，保证上表面平整在 3mm 以内。

2）注意事项

（1）混凝土强度达到初凝状态时才能抹面。

（2）机器抹面的边角区域需要人工进行抹平。

（3）人工抹面时抹面路线要平顺、统一。

（4）抹面过程过程中严禁加水。

（5）成活面要求混凝土平整度满足检查标准，表面无裂纹。

9. 养护

养护工序只针对自动化生产线构件的养护，固定模台构件需人工覆盖帆布养护，具体注意事项如下。

（1）养护最高温度不高于 60℃，最长时长不超过 10h。

（2）养护过程分为升温、恒温、降温 3 个阶段，升温速率不大于 10℃ /h，养护总时间不少于 8h。

（3）操作手应随时监测养护窑温度（50℃），控制养护时间（8h）。

（4）要求混凝土平整度满足检查标准，表面无裂纹。

（5）为防止温度骤降产生裂缝，构件出窑时与环境温差不超过 20℃，如果温差超过 20℃，构件出窑时应及时覆盖保温被。

3.9 预制阳台、预制空调板、预制女儿墙生产

3.9.1 预制阳台生产

1. 生产线工艺流程

预制阳台生产线工艺流程如下：模具清理→粘贴密封条→刷脱模剂、缓凝剂→模具组装→钢筋骨架安装→埋件安装→混凝土浇筑→蒸汽养护→拆除模具→粗糙面处理及修补→构件标识→运输码放。

2. 模具清理要点

（1）新制模具需要使用抛光机将表面浮锈打磨掉，露出钢板表面的氧化皮，切记不可破坏表面氧化皮。抛光打磨后，使用脱模剂清洗模具内表面 3 ～ 5 遍，直至清洗后脱模剂干净无污染变色。

（2）使用铲刀将模具内腔黏结的混凝土浮渣清理干净，特别应注意边角处、埋件附件的清理。使用铲刀将压缩使用后的密封条铲除干净。当冬季生产时，铲刀无法将顽固的灰渣铲掉时，可借助抛光机等打磨工具将黏结牢固的灰渣打磨掉。

（3）使用百洁布、钢丝刷等工具，将模具表面浮灰清理干净。清理时要有规律有方向清理，切记随机跳跃清理，以免遗漏。

（4）当所有打磨、除渣、去灰工序完成后，使用扫帚将大面积的杂质清理出模具；最后使用棉丝将模具的边边角角清理干净（图 3–58），保证模具内壁无灰尘。

图 3–58　模具清理

3. 密封条粘贴要点

（1）密封条主要粘贴在活动模具与固定模具之间的缝隙处。根据模具缝隙大小选用不同的密封条，一般常用的密封条是 5mm × 20mm 和 10mm × 30mm 的较厚密封条，10mm × 30mm 密封条用于底部下口。5mm × 20mm 用于端模两侧和底部。粘贴部位是指活动背板与固定模具下部接触部位。

（2）对于埋件的四边使用密封条进行密闭（图 3–59），防止埋件进灰，后期清理困难。

图 3–59　密封条粘贴

4. 脱模剂（缓凝剂）涂刷要点

（1）脱模剂宜选用蜡质脱模剂，使用专用干净结实的桶存放脱模剂。涂刷脱模剂部位为模具内腔和不做粗糙面处理的混凝土接触面。涂刷时，从每个部件模具的一侧均匀地向另一个方向涂抹，保证涂膜剂不流淌、漏刷问题出现。冬季使用蜡质脱模剂时应先将其预热，防止凝结。涂刷脱模剂完毕后，经过 10 ～ 20min 时间，将表面残留的多余脱模剂擦拭干净。

图 3-60　脱模剂（缓凝剂）涂刷

（2）模具的阴角部位为重点部位，特别是固定侧模立面与底部交接的阴角，在涂刷时，要注意不得漏涂、多涂，以免造成集蜡问题，在最后将阴角缝隙部位残留的脱模剂擦拭干净，以免出现构件“烂边”的问题。

（3）预留凹槽、孔洞的成型砣，需要涂刷脱模剂，涂刷时要保证均匀覆盖，不得漏刷、少刷，以免在拆除时无法脱出。

（4）涂刷缓凝剂部位为有钢筋外漏出筋需要做粗糙面处理的模具内腔。涂刷时，从每个部件模具的一侧均匀地向另一个方向涂抹，不得出现漏刷问题（图 3-60）。

5. 模具组装要点

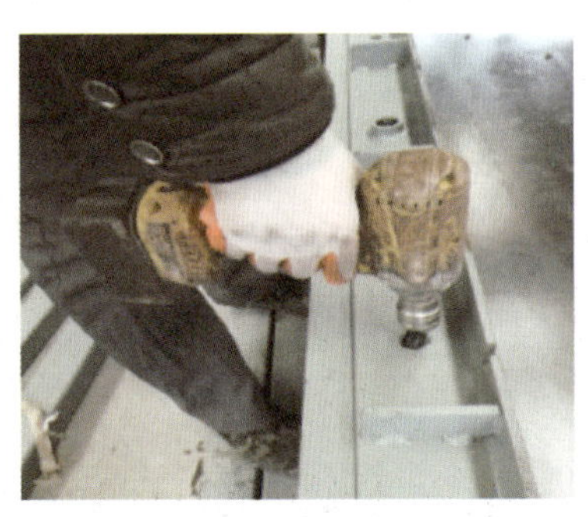

图 3-61　模具组装

侧模模具固定时，首先要把侧模下部用螺栓固定在底板上，再将螺栓紧固，之后使用扳手将侧模与侧模螺栓紧固到位（图 3-61）。

6. 钢筋骨架安装要点

（1）钢筋根据图纸设计要求绑扎。调整钢筋骨架间距位置，避免与埋件、成型砣冲突。

（2）吊环安装。在模具标识位置安装吊环，吊环在厚度方向应符合图纸要求，不得随意放置。吊环外露长度应有可靠保证措施，避免振捣时，沉入混凝土中。

（3）保护层在调解到位后，为了保证钢筋骨架位置不偏移。需安装支架垫块，保证钢筋保护层（图 3-62）。

图 3-62　钢筋骨架安装

7. 预埋件安装要点

（1）安装成型板和预埋件时，埋件及成型板应方正，不得歪扭。埋件应紧固到位。

（2）对于预留孔洞，需要使用成型砣来成孔，将成型砣使用螺钉固定在模具的相应孔位上，保证安装牢固，无转动位移等问题（图 3-63）。

8. 混凝土浇筑要点

（1）混凝土通过布料斗进行布料，将布料斗降至与模具上口在200mm左右时进行布料，先由模具一端向另一端进行均匀布料，当布料快达到模具顶部时，应注意减少放料，直至放满为止，如图3-64所示。

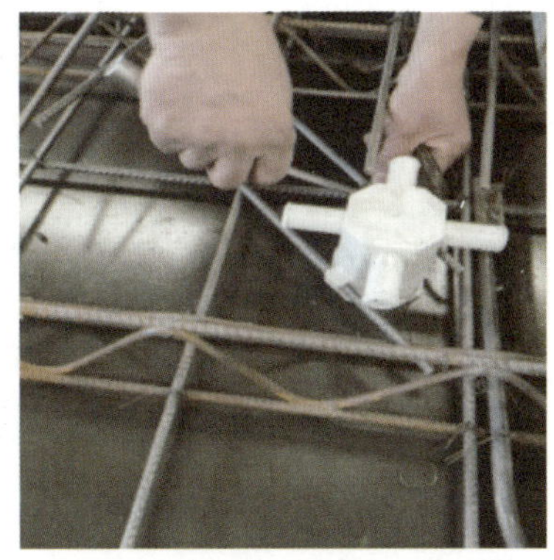

图3-63　预制阳台预埋件安装

（2）开始进行振捣，振捣人员应为专业振捣工，掌握快插慢拔的要求，根据振捣棒的作用半径按照一定间距朝另一方向排距振捣，当最终振捣到另一端后，应多振捣一定时间，将集中起来的起泡振捣释放出来。

（3）浇筑完成后，首先使用木抹子进行粗平，将表面多余的混凝土刮去，或者将低洼的地方填补平整。

（4）阳台板拉毛采用人工拉毛，阳台板粗糙面凹凸尺寸不小于4mm，表面拉毛处理时，对于灰浆较厚的，应从振捣环节、拉毛时机及采用人工辅助加强拉毛。

图3-64　混凝土浇筑

9. 蒸汽养护要点

（1）在苫盖前围绕模具布置蒸汽管，线管放置一般不少于两条，一端管接在分气缸上，另一端分开对称布置或对角布置在养护罩内，来保证蒸汽均匀供应。管线蒸汽出口距离构件表面不应小于300mm，并且保证喷出的蒸汽应为散发方式。不应集中喷射蒸汽。

（2）构件通过蒸汽养护罩来养护，养护罩为推拉伸缩方式，通常由两人以上将养护罩拉开，苫盖在模具上，最后将端部布帘放下绑好，同时将数显温度计的测线放入罩内，用来进行温度管控，测温人员应由专人负责，根据蒸汽养护制度进行蒸汽调控。

（3）根据蒸汽养护制度，一般分为4个阶段：①静停阶段，一般需2～6h（可从浇筑完成到开气之前计算）。②升温阶段，混凝土原始温度上升到恒温阶段，升温速度，一般为15℃/h。③恒温阶段，恒温温度不超过60℃。恒温湿度宜保持在90%～100%。恒温时间一般为4～6h（具体视脱模强度）。④降温阶段，降温速度，一般为10℃/h。设置专职测温员，每小时测温一次，填写测温记录（图3-65）。

图3-65　蒸汽养护

10. 构件脱模要点

（1）当构件强度经过试块试验，混凝土强度达到75%以上时，方可拆模。首先将各种预留孔、预埋件与模具固定的螺母拆下，包括固定螺栓等，拆模顺序基本与组装模具顺序相反（图3-66）。

图 3-66　构件脱模

图 3-67　粗糙面处理及修补

图 3-68　构件标识

图 3-69　构件运输码放

（2）使用 U 形卡环或吊钩，吊装过程中，吊索与构件水平夹角不宜小于 60°，不应小于 45°，先期起吊时应轻起，当构件离开底板后 50mm 左右时，方可恢复向上正常起吊，同时在构件上升过程中，应避免摇摆构件，防止构件剐蹭。

11. 粗糙面处理及修补要点

（1）由专业的修补人员进行构件修理，使用磨光机将构件边缘飞边毛刺打磨平整，然后使用配置的封堵小气泡的专用修补材料进行气泡封堵（俗称“搓面”）。对于较大气泡，应使用高强修补材料专项封堵。

（2）当阳台板在脱模时有损伤的时候，要进行较大掉块修补，按照修补的规定办法分层次、多步修补，直至修补完成，基本无色差为止。

（3）粗糙面可以采用高压水枪和钢丝刷处理，凹凸尺寸不小于 4mm 的粗糙面，且外露粗骨料的凹凸应沿着整个截面连续分布（图 3-67）。

12. 构件标识要点

构件标识根据预先打印的条码，将条码与模具一一对应起来，使用扫描枪将条码型号输入喷码枪内，用喷码枪在构件固定位置进行喷码标识。设备应由专人操作。构件标识（图 3-68）的内容包括工程名称、生产厂家、构件型号、生产日期、状态、监理。

13. 构件运输码放要点

（1）构件吊起后，平移到运输车辆上，运输车辆上应先准备好 200mm × 200mm 左右木方，并且在对准构件吊母位置放置，构件在码放第二层时，垫木应对准吊母位置，与第一层 200 木方相对应，所有垫木应保证上下左右一致，每层由 4 个垫木支撑构件，垫木一般尺寸为 100mm × 100mm，长度为 400mm。

（2）构件运输到堆场后进行码放，码放的层数不宜超过 2 层（图 3-69）。

3.9.2 预制空调板生产

1. 生产线工艺流程

预制空调板生产线工艺流程如下：模具清理→粘贴密封条→刷脱模剂、缓凝剂→埋件安装→模具组装→钢筋骨架安装→混凝土浇筑→蒸汽养护→拆除模具→粗糙面处理及修补→构件标识→运输码放。

2. 模具清理要点

（1）新制模具需要使用抛光机将表面浮锈打磨掉，露出钢板表面的氧化皮，切记不可破坏表面氧化皮。抛光打磨后，使用脱模剂，清洗模具内表面 3 ～ 5 遍，直至清洗后脱模剂干净无污染变色。

（2）使用铲刀将模具内腔黏结的混凝土浮渣清理干净，特别应注意边角处、埋件附件的清理。使用铲刀将压缩使用后的密封条铲除干净。当冬季生产时，铲刀无法将顽固的灰渣铲掉时，可借助抛光机等打磨工具将黏结牢固的灰渣打磨掉。

（3）使用百洁布、钢丝球等工具，将模具表面浮灰清理干净。清理时要有规律有方向清理，切记随机跳跃清理，以免遗漏。

（4）当所有打磨、除渣、去灰工序完成后，使用扫帚将大面积的杂质清理出模具；最后使用棉丝将模具的边边角角清理干净，保证模具内壁无灰尘。

3. 密封条粘贴要点

（1）密封条主要粘贴在活动模具与固定模具之间的缝隙处。根据模具缝隙大小选用不同的密封条，一般常用的密封条是 5mm × 20mm 和 10mm × 30mm 的较厚密封条，10mm × 30mm 密封条用于底部下口。5mm × 20mm 用于端模两侧和底部。粘贴部位是指活动背板与固定模具下部接触部位。

（2）对于埋件的四边使用密封条进行密闭，防止埋件进灰，后期清理困难。

4. 脱模剂（缓凝剂）涂刷要点

（1）脱模剂宜选用蜡质脱模剂，使用专用干净结实的桶存放。涂刷脱模剂部位为模具内腔和不做粗糙面处理的混凝土接触面。涂刷时，从每个部件模具的一侧均匀地向另一个方向涂抹，保证涂膜剂不流淌，避免漏刷等问题。冬季使用蜡质脱模剂时应先将其预热，防止凝结。涂刷脱模剂完毕后，经过 10 ～ 20min 时间，将表面残留的多余脱模剂擦拭干净。

（2）模具的阴角部位为重点部位，特别是固定侧模立面与底部交接的阴角，在涂刷时，要注意不得漏涂、多涂以免造成集蜡问题，在最后将阴角缝隙部位残留的脱模剂擦拭干净,以免出现构件“烂边”的问题。

（3）预留凹槽、孔洞的成型砣，需要涂刷脱模剂，涂刷时要保证均匀覆盖，不得漏刷、少刷，以免在拆除时无法脱出。

（4）涂刷缓凝剂部位为有钢筋外漏出筋及需要做粗糙面处理的模具内腔。涂刷时，从每个部件模具的一侧均匀地向另一个方向涂抹，不能出现漏刷。

5. 埋件安装要点

图 3-70　预制空调板预埋件安装

（1）安装成型板和预埋件时，埋件及成型板应方正，不得歪扭。埋件应紧固到位，如图 3-70 所示。

（2）对于预留孔洞，需要使用成型砣来成孔，将成型砣使用螺钉固定在模具的相应孔位上，保证安装牢固，无转动位移等问题。

6. 模具组装要点

侧模模具固定时，首先要把侧模下部用螺栓固定在底板上，再将螺栓紧固，并使用扳手将侧模与侧模螺栓紧固到位。

7. 钢筋骨架安装要点

图 3-71　吊环安装

（1）钢筋根据图纸设计要求绑扎。调整钢筋骨架间距位置，避免与埋件、成型砣冲突。

（2）吊环安装。在模具标识位置安装吊环，吊环在厚度方向应符合图纸要求，不得随意放置。吊环外露长度应有可靠保证措施，避免振捣时，沉入混凝土中，如图 3-71 所示。

（3）保护层在调解到位后，为了保证钢筋骨架位置不偏移。需安装支架垫块，保证钢筋保护层。

8. 混凝土浇筑要点

（1）混凝土通过布料斗进行布料，将布料斗降至与模具上口在 200mm 左右时进行布料，先由模具一端向另一端进行均匀布料，当布料快达到模具顶部时，应注意减小放料速度，直至放满为止。

（2）开始进行振捣，振捣人员应为专业振捣工，掌握快插慢拔的要求，根据振捣棒的作用半径按照一定间距朝另一方向排距振捣，当最终振捣到另一端后，应多振捣一定时间，将集中起来的起泡振捣释放出来。

（3）浇筑完成后，首先使用木抹子进行粗平，将表面多余的混凝土刮去，或者将低洼的地方填补平整，在静停一段时间后（根据混凝土实际情况），使用铁抹子进行初次和二次精平。最后使面层达到平整光滑，无模痕，平整度应控制在3mm范围内。注意抹面过程中不得加水或者添加水泥等材料，要保持原浆压光。

（4）收面压光完成后，采用600～800mm宽的薄膜苫盖在构件表面，薄膜应与面层保持一定间距，有一定的支撑力，薄膜不得接触面层。薄膜在苫盖过程中应注意防止剐蹭模板，将薄膜刮烂。

9．蒸汽养护要点

（1）在苫盖前围绕模具布置蒸汽管，线管放置一般不少于两条，一端管接在分气缸上，另一端分开对称布置或对角布置在养护罩内，来保证蒸汽均匀供应。管线蒸汽出口距离构件表面不应小于300mm，并且保证喷出的蒸汽应为散发方式。不应集中喷射蒸汽。

（2）构件通过蒸汽养护罩来养护，养护罩为推拉伸缩方式，通常由两人以上将养护罩拉开，苫盖在模具上，最后将端部布帘放下绑好，同时将数显温度计的测线放入罩内，用来进行温度管控，测温人员应由专人负责，根据蒸养制度进行蒸汽调控。

（3）根据蒸汽养护制度，一般分为4个阶段：①静停阶段，一般需2～6h（可从浇筑完成到开气之前计算）。②升温阶段，混凝土原始温度上升到恒温阶段，升温速度，一般为15℃/h。③恒温阶段，恒温温度不超过60℃。恒温湿度宜保持在90%～100%。恒温时间一般为4～6h（具体视脱模强度）。④降温阶段，降温速度，一般为10℃/h。设置专职测温员，每小时测温一次，填写测温记录。

10．构件脱模要点

（1）当构件强度经过试块试验，混凝土强度达到75%以上时，方可拆模，首先将各种预留孔、预埋件与模具固定的螺母拆下，包括固定螺栓等，拆模顺序基本与组装模具顺序相反。

（2）使用U形卡环或吊钩，吊装过程中，吊索与构件水平夹角不宜小于60°，不应小于45°，先期起吊时应轻起，当构件离开底板后50mm左右时，方可恢复向上正常起吊，同时在构件上升过程中，应避免摇摆构件，防止构件剐蹭。

11．粗糙面处理及修补要点

（1）由专业的修补人员进行构件修理，使用磨光机将构件边缘飞边、毛刺打磨平整，然后使用配置的封堵小气泡的专用修补材料进行气泡封堵（俗称“搓面”）。对于较大气泡，应使用高强修补材料专项封堵。

（2）当阳台板在脱模时有损伤的时候，要进行较大掉块修补，按照修补的规定办法分层次、多步修补，直至修补完成，基本无色差为止。

（3）粗糙面可以采用高压水枪和钢丝刷处理，凹凸尺寸不小于4mm，且外露粗骨料的凹凸应沿着整个截面连续分布。

12. 构件标识要点

构件标识根据预先打印的条码，将条码与模具一一对应起来，使用扫描枪将条码型号输入喷码枪内，用喷码枪在构件固定位置进行喷码标识。标识设备应由专人操作。标识的内容包括工程名称、生产厂家、构件型号、生产日期、状态、监理。

13. 构件运输码放要点

（1）构件吊起后，平移到运输车辆上，运输车辆上应先准备好200mm×200mm左右木方，并且在对准构件吊母位置放置，构件在码放第二层时，垫木应对准吊母位置，与第一层200木方相对应，所有垫木应保证上下左右一致，每层由4个垫木支撑构件，垫木一般尺寸为100mm×100mm，长度为400mm。

（2）构件运输到堆场后进行码放，码放的层数不宜超过8层。

3.9.3 预制女儿墙生产

预制女儿墙生产线工艺流程如下：模具清理→粘贴密封条→刷脱模剂、缓凝剂→模具组装→钢筋骨架安装→埋件安装→混凝土浇筑→蒸汽养护→拆除模具→粗糙面处理及修补→构件标识→运输码放。

3.10 先张预应力长线台座法生产工艺

目前，采用先张预应力长线台座法（图3-72）生产长条形构件比较常见，如叠合楼板、空心楼板、预应力梁、双T板，预制桩、预制柱也可采用长线台座进行生产。长线台座一般长度为100～180m。

图3-72　预应力叠合楼板长线台座生产线

长线预应力模位法与叠合楼板环形流水模位法的区别之处在于，前者模台不移动。增加了预应力筋的安装、张拉、放张和切割环节。混凝土运输、振捣、养护方式也不同。

预应力双 T 板的生产有长线钢筋混凝土台座和特制钢模台座两种方式。

张拉台座根据构件的大小、吨位、预应力筋的拉力大小来选择。张拉吨位较小的小型构件一般选择墩式台座；张拉吨位大的大型构件一般选择槽式台座。设计时必须根据张拉吨位进行台座的安全验算，防止在张拉预应力筋的过程中，台座被压裂损坏，发生安全事故。

3.10.1　先张法预应力双T板预制生产工艺

1. 预应力双 T 板台座的设计

1）预应力双 T 板长线台座设计

先张法预应力双 T 板台座采用墩式台座，由传力台柱、座板、横系梁组成。采取传力台柱、横系梁共同受力的形式，以平衡预应力筋的张拉力。

台座的设计计算主要包括台座的抗倾覆验算、抗滑移验算、传力台柱的配筋计算、钢横系梁的选取验算和混凝土台面水平承载力计算。

先张法预应力双 T 板预制生产流程图如图 3-73 所示。

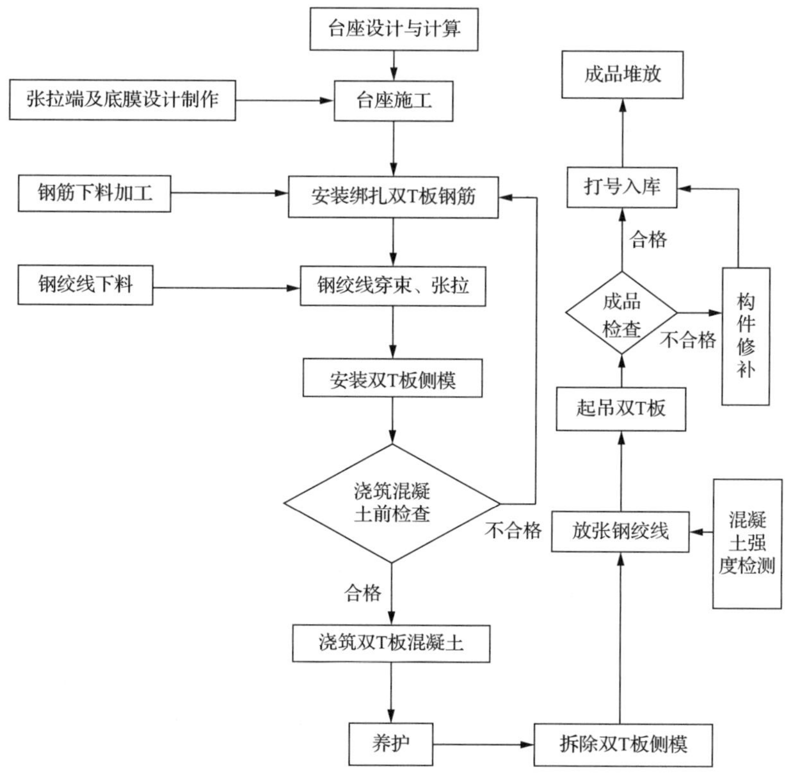

图 3-73　先张法预应力双 T 板预制生产流程图

2）双 T 板特制钢模台座

双 T 板特制钢模台座生产原理同墩式台座设计，以钢桁架为整体式钢制台座，以平衡预应力筋的张拉力。

2. 台座的施工与安装

1）预制场基底处理

预制场在台座开始施工前，先清除场地台座范围内松散的表土，用碎石回填，使台座的基础比四周的原地面稍高，用压路机碾压密实，在台座的周边挖好排水沟。

2）台座施工

（1）台座混凝土施工。由台座中部向两端同时进行施工。先浇筑传力台柱和横系梁的混凝土，再进行两端重力墩的施工。台座混凝土采用 C30 及以上强度的钢筋混凝土。

台座的张拉端、锚固端的台座混凝土需一次浇筑成型。施工中要保持左右两柱在安装横梁的一面处于同一条直线上，并使两墩受力面的连线垂直于台座轴线，以免传力柱承受扭矩造成应力集中而破坏传力柱。

（2）台座底板施工。台座底板是台座中的非受力部位，主要承受板的重量。施工时，使用水平仪观测控制台座底板的平整度。

（3）端部横梁安装。在端部横梁与传力柱端部的接触面处设置厚度为 2cm 的钢板，防止受力不均压坏传力柱的端筋，再同时放张预应力大的区域的预应力筋。但都应分阶段、对称、交错放张。防止构件产生扭曲、裂纹、预应力筋的断裂。并且均应缓慢释放，防止对构件造成冲击。放张时，应拆除侧模，使构件能自由变形。

（4）台座监测。为便于对台座各部分的受力情况进行分析，在每个台座的传力柱、横系梁上设置观测点，张拉端及锚固端横向也设立观测点，每个观测点用钢筋头埋入混凝土内，并做好标记。

当台座预应力筋张拉到位后，测量人员对传力柱、横系梁上的预埋点进行持续观测和记录，并计算起拱度、轴线变形及位移量。

当观测值超出底座设计受力验算结果时，应立即停止生产，并释放已张拉的预应力筋。检查底座受力情况，并在采取补强措施后，方可恢复生产。

3.10.2 先张法预应力叠合板预制生产工艺

预应力叠合板生产工艺与双 T 板生产工艺基本一致。

预应力楼板所采用钢丝的张拉力远远小于双 T 板的钢绞线受力，所以其传力柱、横系梁设计标准要远低于双 T 板的台座设计。

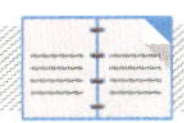

复习思考题

一、单选题

1.（ ）是将盘条钢筋加工成箍筋、拉钩等不同形状成型钢筋制品的专用设备。

A. 自动切割机　　B. 自动调直机

C. 自动化弯筋机　　D. 钢筋加工机

2. 平模传送流水线一般为（ ）布置，适用于构件几何尺寸规整的板类构件。

A. 圆形　B. 环形　C. 方形　D. 直形

3. 固定模位法适用于构件几何尺寸不规整、超长、超宽、超重的（ ）PC构件，如楼梯、阳台、飘窗、PCF板等。

A. 异形　B. 圆形　C. 方形　D. 规则形

4. 模台在翻板机位侧向竖起（ ），桁吊将PC构件吊起运走。

A. 60°　B. 70°　C. 75°　D. 80°

5. 立体蒸养采取（ ）的养护方式，自动控制窑内的温度、湿度。

A. 干蒸　B. 干养　C. 湿蒸　D. 湿养

6. 预应力叠合梁预制部分采用（ ）预应力技术，梁下部纵筋采用钢绞线，在预制部分上部放置少量钢绞线，上部及下部钢绞线同时张拉、放张。

A. 先张法　　B. 后张法

C. 无黏结先张法　　D. 有黏结后张法

7. 二次抹面：使用铁抹子对混凝土上表面进行压光，保证表面无裂纹、无气泡、无杂质、表面平整光洁，不允许有凹凸现象。并用靠尺边测量边找平，保证上表面平整在（ ）mm以内。

A. 2　B. 3　C. 3.5　D. 4

8. 自动化生产线浇筑混凝土（ ）采用，采用振捣棒进行振捣。

A. 搅拌机　B. 画线机　C. 布料机　D. 翻模机

9. 振动棒应垂直插入，操作时应快插慢拔，插点要均匀分布（300～400mm），振捣时间控制在（ ）s，不得漏振。

A. 10～15　B. 10～20　C. 15～20　D. 20～30

10.（ ）主要粘贴在活动模具与固定模具之间的缝隙处。

A. 拼缝条　B. 节点条　C. 密封条　D. 细部条

二、多选题

1. 固定模位法适用于构件几何尺寸不规整、超长、超宽、超重的异形PC构件，如（ ）、（ ）、（ ）、（ ）等。

A. 楼梯　B. 阳台　C. 飘窗　D. PCF板　E. 叠合板

2. “三明治”外墙板包含（ ）、（ ）、（ ）三层，通过连接件（材质为高强玻璃纤维）将（ ）、（ ）、（ ）拉结成一个整体，在生产时一次成型。

A. 装饰层　B. 饰面层　C. 保温层　D. 结构层　E. 面层

3. 平模预制生产“三明治”外墙的方式分为（　　）、（　　）。

A. 单打法　B. 正打法　C. 反打法　D. 双打法　E. 背打法

4. 构件与后浇混凝土、坐底砂浆、灌浆料结合处进行粗糙面处理，可以采用（　　）、（　　）、（　　），达到需要的表面效果。

A. 水洗法　B. 砂磨机打磨法

C. 人工凿毛法　D. 机械凿毛法

E. 化学缓凝水冲法

5. 根据蒸汽养护制度，一般分为4个阶段：（　　），一般需2～6h（可从浇筑完成到开气之前计算）；（　　），混凝土原始温度上升到恒温阶段，升温速度一般为15℃/h；（　　），恒温温度不超过60℃，恒温湿度宜保持在90%～100%，恒温时间一般为4～6h（具体视脱模强度）；（　　），降温速度一般为10℃/h。设置专职测温员，每小时测温一次，填写测温记录。

A. 静停阶段　B. 升温阶段　C. 恒温阶段　D. 降温阶段

E. 持温阶段

三、简答题

1. 简述平模预制生产“三明治”外墙板的正打法、反打法。

2. 简述预制阳台的生产流程。

3. 简述预制空调板的生产流程。

复习思考题参考答案

一、单选题

1. C　2. B　3. A　4. D　5. C　6. A　7. B　8. C　9. D　10. C

二、多选题

1. ABCD　2. BCD　3. BC　4. CDE　5. ABCD

三、简答题

1. 正打法，首先进行内叶板混凝土的浇筑生产，然后组装外叶板模板、安装保温层、拉结件、外叶板钢筋后，浇筑外叶板混凝土；反之，则是反打法。

（1）正打法的优点：浇筑内墙板时，可通过吸附式磁铁工装将各种预留预埋进行固定，方便、快捷、简单、规整。缺点：相对加大了外叶板抹面收光的工作量，外叶板抹面收光后的平整度和光洁度会相对较差。

（2）反打法优点：外叶板的平整度和光洁度高。缺点：在浇筑内叶板混凝土时，会对已浇筑的外叶板混凝土和刚刚安装的保温层造成很大的压力，造成保温层四周的翘曲。

由于内叶板面存在较多的预留预埋，不利于振动赶平机的作业，同时振动赶平机对于20cm厚的内叶板的振捣质量，与5cm厚的外叶板相比较差，要采用人工辅助振捣。相对而言，正打法适合于自动化流水线生产。

2. 工艺流程：模具清理→粘贴密封条→刷脱模剂、缓凝剂→模具组装→钢筋骨架安装→埋件安装→混凝土浇筑→蒸汽养护→拆除模具→粗糙面处理及修补→构件标识→运输码放。

3. 工艺流程：模具清理→粘贴密封条→刷脱模剂、缓凝剂→埋件安装→模具组装→钢筋骨架安装→混凝土浇筑→蒸汽养护→拆除模具→粗糙面处理及修补→构件标识→运输码放。

模块 4 混凝土预制构件标识、存放与运输

知识目标

1. 熟悉PC构件运输的相关知识。
2. 掌握PC构件标识的内容。
3. 掌握PC构件存放的要点。

能力目标

1. 能对PC构件进行正确标识。
2. 能对PC构件进行正确存放。
3. 能正确编制PC构件运输方案。

思政目标

1. 通过对混凝土预制构件标识的学习，引导学生认识到建筑工业化与信息化深度融合的重要性以及BIM、互联网、物联网、大数据、云计算技术的强大性，加强学生对国家发展道路的认可及自豪感，并提高学生积极学习智能建造技术的兴趣。

2. 通过对混凝土预制构件运输知识的学习，使学生掌握有关的交通安全知识，让学生明白遵守交通规则，人人有责，增强学生安全意识。

思维导图

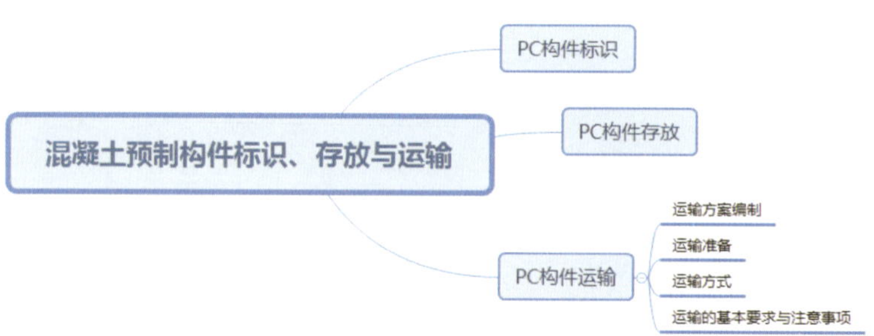

4.1 PC 构件标识

装配式混凝土建设项目实践经验表明，PC 构件产品种类较多、编号规则不一，采用一种科学的产品标识方法对各企业的技术管理和产品研发都是必需和行之有效的；构件标识的规范促进了预制混凝土构件标准化技术的协调发展。深圳市建筑产业化协会已发布团体标准《预制混凝土构件产品标识标准》（T/BIAS 3—2019），于 2019 年 8 月 1 日正式实施。

随着“互联网 +”技术在各行各业的推广和 BIM 技术在国内的快速应用，二维码扫描构件信息的方式也逐渐在建筑行业中推广应用。这种集信息化、可视化为一体的便捷措施，有利于 PC 构件生产标准化厂房的管理，便于提高 PC 构件生产效率，对践行绿色低碳发展理念，推动传统建筑产业转型升级具有重大意义。

1. 标识样式

入库后和出厂前，PC 构件检查合格后，必须进行产品标识，标明产品的各种具体信息。标识中应包括工程名称（含楼号）、构件编号（包含层号）、构件重量、生产日期、检验人生产单位和监理签章及安装方向等信息。

标识可标注于工厂和施工现场堆放、安装时容易辨识的位置，可由构件生产厂和施工单位协商确定。标识的颜色和文字大小、顺序应统一，宜采用喷涂或印章方式制作标识，如图 4-1 所示。

工程名称	
构件编号	
构件方量	
生产日期	

图 4-1　产品标示图

国有建筑企业数字化升级，服务建筑业高质量发展

中建集团在“一创五强”战略引领下，全面开启“中建 136 工程”，为贯彻落实集团要求，中国建筑第五工程局有限公司聚焦“一最两创、三强三优”战略目标，用信息化重塑管理流程，以引领转型升级、赋能企业高质量发展为使命，全面开启信息化 4.0 工程。随着互联网技术的发展，人类生产生活方式发生巨大变化，使企业商业模式、管理方式发生快速变革。作为全球最大投资建设集团中国建筑的骨干子企业，中国建筑第五工程局有限公司一直积极探索信息化技术的应用，在推动企业数字化转型中不断前进。

（扫描二维码查看详细内容）

2. 埋设芯片或张贴二维码

为了在 PC 构件生产、运输存放、装配施工等环节，保证 PC 构件信息跨阶段的无损传递，实现精细化管理和产品的可追溯性，就要为每个 PC 构件编制唯一的“身份证”——ID 识别码（二维码或芯片）。二维码相当于 PC 构件的身份证，替代了传统标识牌，通过二维码信息管理技术，将 PC 构件的信息输入二维码信息存储平台，把生成的二维码张贴在 PC 构件上，只需用手机扫描，屏幕上便会立刻显示出该构件的详细的信息，一旦 PC 构件出现质量问题，可以通过二维码扫描出来的信息，追溯到责任人、工序、原因，从而实现质量管控。

在未浇筑混凝土之前植入芯片，或在 PC 构件上张贴二维码，如图 4-2 和图 4-3 所示。为方便在存储、运输、吊装过程中对 PC 构件进行系统管理，有利于安排下一步工序，PC 构件编码信息录入要全面，应包括原材料检测、模板安装检查、钢筋安装检查、混凝土配合比、混凝土浇筑、混凝土抗压报告、入库存放等信息。PC 构件置入的芯片（二维码）编码要与 PC 构件编号一一对应，以方便读取构件信息。

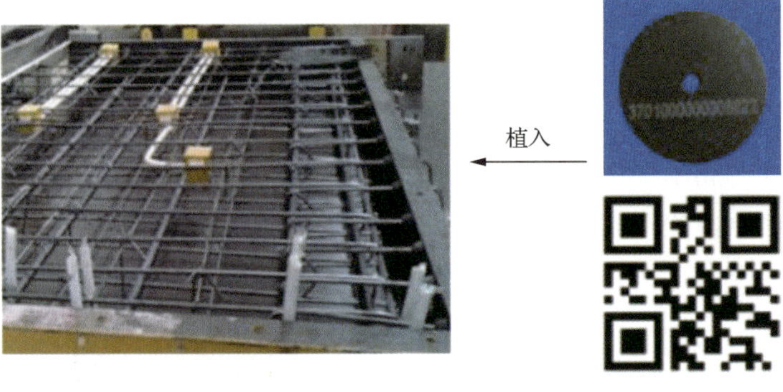

图 4-2　二维码、芯片预埋置入

图 4-3　产品标识（二维码识别）

3．标识读取

可以通过手机扫描、RFID 扫描枪（图 4-4）读取数据信息，如图 4-5 所示，工作人员正用手机扫描 PC 构件上的二维码获取 PC 构件的信息。

图 4-4　RFID 扫描枪

图 4-5　二维码识读

4.2 PC 构件存放

如果现场缺乏专门对构件进行管理的人员和制度，很容易导致 PC 构件存放不当造成构件的损坏。还有一些 PC 构件生产厂为了满足施工现场流水作业而过早地大批量生产PC构件，造成PC构件堆放时间过长，长时间暴露在空气中而发生氧化，导致钢筋锈蚀，影响工程质量，所以应加强 PC 构件的存放的管理。PC 构件的存放应考虑便于吊升及吊升后的就位，应做好构件堆放的布置图。PC 构件堆场（图 4-6）应进行硬化处理，并应有排水措施；堆放 PC 构件的支垫应坚实。成品应按合格区、待修区和不合格区分类堆放，并应进行标识。同时，施工现场也必须设置 PC 构件存放堆场，场地选择以塔式起重机能一次起吊到位为优，尽量避免在场地内二次倒运 PC 构件。

预制混凝土构件的存储与运输

图 4-6　PC 构件堆场

PC 构件应按吊装和安装顺序分类存放于专用存放架上，防止构件发生倾覆；严禁在 PC 构件堆放场地外堆放构件；严禁将 PC 构件以不稳定状态放置于边坡上；严禁采用未加任何侧向支撑的方式放置预制墙板、楼梯等 PC 构件；PC 构件堆放区应用定型化防护栏杆围成一圈作为吊装区域，场外设置警示标牌，严禁无关人员入内，并对吊装作业工人进行书面交底。叠合板存放如图 4-7 所示。

图 4-7　叠合板存放

1. 车间内临时存放

1）在车间设置专门的 PC 构件存放区

PC 构件存放区内主要存放出窑后需要检查、修复和临时存放的 PC

构件。特别是蒸汽养护的PC构件出窑后，应静止一段时间后，方可转移到室外堆放。PC构件存放区内采用立式、平式方法存放PC构件，划分出不同的存放区域。PC构件存放区内设置PC构件存放专用支架、专用托架。PC构件存放区与生产区之间要画出并标明明显的分隔界限。

图4-8　PC构件运输车

同一跨车间内主要使用轨道式起重机进行短距离的PC构件输送。跨车间或长距离运送时，采用PC构件运输车运输（图4-8）、叉车输送等方式。

PC构件临时堆放

2）不同PC构件存放方式有所不同

在车间内堆放时，首先应保证PC构件的结构安全，其次应考虑PC构件运输的方便，存放和吊装时的便捷。

在车间堆放同类型PC构件时，应按照不同工程项目、楼号、楼层进行分类存放。PC构件底部应放置两根通长方木，以防止其与硬化地面接触造成缺棱掉角现象。同时两个相邻PC构件之间也应设置木方，防止起吊时对相邻PC构件造成损坏。

（1）预制叠合板堆放严格按照标准图集要求，预制叠合板下部放置通长10mm×10mm方木，垫木放置在桁架两侧。每根方木与预制叠合板端部的距离及堆放的层数不得超过有关规范要求。不同板号要分类堆放，如图4-9所示。

预制叠合板构件较薄，必须放置在倒运架上后才可用叉车叉运。防止在运输过程中，预制叠合板发生断裂现象。同时也方便快捷运输。

（2）民用建筑预制墙板在临时存放区设专用竖向墙体存放支架，内立式存放，而工业建筑的预制外挂墙板，受车间门高度的限制，需要侧立存放，如图4-10所示。

图4-9　车间内预制叠合板堆放

图4-10　车间内预制墙板堆放

（3）预制楼梯采用平向存放，其底部与地面及预制楼梯间支垫方木，如图 4-11 所示。

图 4-11　车间内预制楼梯堆放

（4）预制柱和预制梁均采用平式存放，底部与地面及层与层之间支垫方木，如图 4-12 所示。

（a）预制柱

（b）预制梁

图 4-12　车间内预制柱、预制梁堆放

2. 车间外堆放

PC 构件在发货前一般堆放在露天堆场内。在车间内检查合格，并静止一段时间后，用专用 PC 构件转运车和随车起重运输车、改装的平板车运至室外堆场分类进行存放。

1）PC 构件堆放应符合的规定

（1）堆场应平整、坚实，并应有排水措施。

（2）预埋吊件应朝上，标识宜朝向堆垛间的通道。

（3）PC 构件支垫应坚实，垫块在 PC 构件下的位置宜与脱模、吊装时的起吊位置一致。

（4）重叠堆放 PC 构件时，每层 PC 构件间的垫块应上下对齐，堆垛层数应根据 PC 构件、垫块的承载力确定，并应根据需要采取防止堆垛倾覆的措施。

（5）堆放 PC 构件时，应根据其起拱值的大小和堆放时间采取相应措施。

在堆场内的每个存放单元内划分成不同的存放区，用于存放不同的 PC 构件。根据堆场每跨宽度，在堆场内呈线型设置预制墙板存放钢结构架，每跨可设 2 ～ 3 排存放架，存放架距离轨道式起重机轨道 4 ～ 5m。在钢结构存放架上，每隔 40cm 设置一个可穿过钢管的孔道，上下两排，错开布置。

图 4-13　堆场预制墙板堆放

根据预制墙板厚度选择上下临近孔道，插入无缝钢管，卡住预制墙板。因为立放墙板的重心高，所以存放时必须考虑紧固措施（一般采用楔形木加固），防止在存放过程中因外力（风或震动）造成预制墙板倾倒，从而使 PC 构件破坏，如图 4-13 所示。

预制叠合板采用叠放存储，每层间加放垫木，如图 4-14 所示。

图 4-14　堆场预制叠合板堆放

2）PC 构件现场堆放应注意的问题

为了方便施工，PC 构件在施工现场堆放（图 4-15）时，应注意以下几个方面。

（1）重型 PC 构件靠近起重机布置，中小型 PC 构件则布置在重型 PC 构件外侧。

（2）尽可能布置在起重半径的范围内，以免二次搬运。

（3）PC 构件布置地点应与吊装就位的布置相配合（图 4-16），尽量减少吊装时起重机的移动和变幅。

（4）PC 构件进行叠层预制时，应满足安装顺序要求，先吊装的底层 PC 构件在上，后吊装的上层 PC 构件在下。

总之，PC 构件堆放时，应按吊运及安装次序顺号堆放，并有适当通道，防止越堆吊运；预制墙板堆放采用竖立插放或靠放，架体应有足够的刚度，并且安放垫木稳固，防止倾倒或下沉，损坏构件面层；预制楼梯、叠合板采用水平叠放，一般不大于 6 层为宜，层与层之间应以垫木隔开稳固，各层垫木的位置应在吊点处，上下层垫木必须在一条垂直线上；构件堆垛时，吊环向上，标志向外；PC 构件与地面倾斜角度大于 80° 堆放；雨季应注意防止地面软化下沉而造成构件折裂破坏，应做好成品保护。

图 4-15　施工现场 PC 构件堆放

图 4-16　施工现场 PC 构件吊装

4.3 PC 构件运输

PC 构件如果在存储、运输、吊装等环节发生损坏将会很难补修，既耽误工期又造成经济损失。因此，大型 PC 构件的存储工具与物流组织非常重要。PC 构件运输的准备工作也尤为重要，主要包括制订运输方案、设计并制作运输架、验算 PC 构件强度、清查 PC 构件等内容。

4.3.1 运输方案编制

PC 构件的运输方案编制需要根据运输构件实际情况，装卸车现场及运输道路的情况，施工单位或当地的起重机械和运输车辆的供应条件以及经济效益等因素综合考虑，最终选定运输方法、起重机械（装卸构件用）、运输车辆和运输路线。运输线路的制定应按照客户指定的地点及货物的规格和重量制定特定的路线，确保运输条件与实际情况相符。

运输方案内容应包括运输时间、次序、堆场、运输线路、固定要求、堆放支垫及成品保护措施等。对于超高、超宽、形状特殊的大型 PC 构件的运输和堆放应有专门的质量安全保证措施。

项目部有关负责人应将 PC 构件需求计划及运输事宜与 PC 构件工厂协商好，如需求计划、装车顺序、车载数量，吊装进度计划、装车所需时间、从 PC 构件厂到施工现场所需时间、到货时间、PC 构件重量应满足吊装施工要求等。

踏勘和规划运输线路：首先在相关地图软件上进行运输线路的模拟规划，然后派车辆沿规划路线，逐条进行实地勘察验证。对每条运输路线所经过的桥梁、涵洞、隧道等结构物的限高、限宽、限重等要求，进行详细调查记录，要确保 PC 构件运输车辆无障碍通过。运输时，应选择平整坚实，少坑洼的线路，以防止车辆摇晃时引致构件碰撞、扭曲和变形，满足PC构件运输车辆通行的要求。此外，由于目前构件运输费用较高，运输路线选择时注意控制合理运输半径。最后合理选择2～3条线路，PC构件运输车选择其中的一条作为常用的运输路线，其余的1～2条可作为备用方案。运输PC构件的车辆经过城区道路时，应遵守国家和地方的道路交通管理相关规定。要在与地方交通、交警协商确认的通过时间内通过，不扰民，不影响城市里居民的休息。

叠合板一般采用随车起重运输车（随车吊）运输，墙板和楼梯等构件采用专用构件专用运输车和改装后的平板车进行运输。对常规运输货车进行改装时，要在车厢内设置构件专用固定支架，并固定牢靠后方可投入使用。

PC构件装卸位置应在塔吊吊运半径范围内，周边不应有障碍物，并应有满足PC构件周转使用的场地。预制阳台板、空调板等PC构件吊装至安装位置后，需设置水平抗滑移的连接措施，必要时与现浇部位的梁板构件附加必要的焊接连接；阳台板、空调板安装时应根据图纸尺寸确定挑出长度，阳台板、空调板的外边缘应与已施工完成层阳台板、空调板外边缘在同一直线上；预制阳台板、空调板外侧应有安全可靠的临边防护措施，确保预制阳台板、空调板上部施工人员操作安全。

施工现场PC构件堆场应整平压实，不积水，设置排水措施。PC构件堆放应按规格、类型、所用部位、吊装顺序分别设置，堆场布置应能满足PC构件堆放数量及塔吊吊运半径范围，以免PC构件吊装时相互影响同时避免二次吊运，堆垛之间宜设置通道。此外，施工现场堆场的选择应与其他工种作业区之间设置隔离防护栏杆，尽量避免吊装过程中在其他工种工作区内经过，影响其他工种正常工作。同时设置警示牌及标识牌，提醒非吊装作业人员严禁入内，与其他工种保持安全作业距离。

对钢筋混凝土屋架和钢筋混凝土柱等构件，根据运输方案所确定的条件，验算PC构件在最不利截面处的抗裂度，避免在运输中出现裂缝。如有出现裂缝的可能，应进行加固处理。此外，还要注意清查PC构件的型号、质量和数量，有无加盖合格印和出厂合格证书等。

此外，对钢筋混凝土屋架和钢筋混凝土柱等PC构件，根据运输方案所确定的条件，验算其在最不利截面处的抗裂度，避免在运输中出现裂缝。若有出现裂缝的可能，应进行加固处理。

小知识

控制合理运输半径

合理运输距离的测算主要是以运输费用占构件销售单价比为考核参数。通过运输成本和预制构件合理销售价格分析，可以较准确地测算出运输成本占比与运输距离的关系，根据国内平均或者世界上发达国家占比情况反推合理运输距离。

在PC构件合理运输距离分析表（表4-1）中，运费参考了北京某公司近几年的实际运费水平。PC构件平均每立方米综合单价按3 000元计算（水平构件较为便宜，为2 400～2 700元；外墙、阳台板等复杂构件为3 000～3 400元）。以运费占销售额8%估计的合理运输距离约为120km。

表 4-1　近几年某公司 PC 构件合理运输距离分析表

项目	近距离	中距离	较远距离	远距离	超远距离
运输距离 /km	30	60	90	120	150
运费 /（元 / 车）	1 100	1 500	1 900	2 300	2 650
运费 /［元 /（车 • km）］	36.7	25.0	21.1	19.2	17.7
平均运量 /（m^3/ 车）	9.5	9.5	9.5	9.5	9.5
平均运费 /（元 /m^3）	116	158	200	242	252
水平 PC 构件市场价格 /（元 /m^3）	3 000	3 000	3 000	3 000	3 000
水平运费占 PC 构件销售价格比例 /%	3.87	5.27	6.67	8.07	8.40

合理运输半径测算：从PC构件生产企业布局的角度，合理运输距离由于还与运输路线相关，而运输路线往往不是直线，运输距离还不能直观地反映布局情况，故提出了合理运输半径的概念。从PC构件厂到PC构件使用工地的距离并不是直线距离，且运输构件的车辆为大型运输车辆，因交通限行、超宽、超高等原因经常需要绕行，所以实际运输路线更长。根据PC构件运输经验，实际运输距离平均值比直线距离长20%左右，因此将PC构件合理运输半径确定为合理运输距离的80%较为合理。因此，以运费占销售额8%估算，合理运输半径约为100km。合理运输半径为100km意味着，以项目建设地点为中心，以100km为半径的区域内的生产企业，其运输距离基本可以控制在120km以内，从经济性和节能环保的角度，处于合理范围。

总之，如今国内的PC构件运输与物流的实际情况还有很多需要提升的地方。目前，虽然有个别企业在积极研发PC构件的运输设备，但总体来看还处于发展初期，标准化程度低，存储和运输方式较为落后。同时受道路、运输政策及目前市场环境的影响，运输效率不高，PC构件专用运输车还比较缺乏且价格较高。

4.3.2　运输准备

PC 构件的运输准备工作主要包括制订运输方案、设计并制作运输架、验算 PC 构件强度、清查 PC 构件及查看运输路线。

（1）制订运输方案：PC 构件运输方案内容应包括运输时间、次序、堆放场地、运输线路、固定要求、堆放支垫及成品保护措施等。

（2）设计并制作运输架：要根据 PC 构件的质量和外形尺寸进行设计制作，且尽量考虑运输架的通用性。

（3）验算 PC 构件强度：对钢筋混凝土屋架和钢筋混凝土柱等 PC 构件，根据运输方案所确定的条件，验算其在最不利截面处的抗裂度，避免其在运输中出现裂缝。若有出现裂缝的可能，应进行加固处理。

（4）清查 PC 构件：清查 PC 构件的型号、质量和数量，有无加盖合格印和出厂合格证书等。

（5）查看运输路线：在运输前再次对路线进行勘查，对于沿途可能经过的桥梁、桥洞、电缆、车道的承载能力，通行高度、宽度、弯度和坡度，沿途上空有无障碍物等实地考察并记载，制订出最佳的路线。这就需要进行实地现场的考察，如果仅凭经验和询问，有可能发生许多意料之外的事情，有时甚至需要交通部门的配合等，因此这点不容忽视。在制订方案时，每处需要注意的地方需要注明。若不能满足车辆顺利通行，应及时采取措施。此外，应注意沿途是否横穿铁道，如有应查清火车通过道口的时间，以免发生交通事故。

由于 PC 构件厂不在项目所在地，运输路程较长，应在 PC 构件正式运送之前，事先对路线进行勘察。对预先选定路线的路况、条件限制等情况仔细了解，从而对运输路线进行最后的调整，确定最合理的线路。

4.3.3 运输方式

构件装车

近年来，随着国家对装配式建筑支持的力度逐步加大，PC 构件市场呈爆发式增长趋势，PC 构件生产总量越来越大，对运输的需求也越来越大。PC 构件在尺寸及重量上普遍较大，属于重型运输范畴，目前 PC 构件主要采用公路汽车运输的方式。PC 构件运输方式有半挂车运输和专用运输车运输。国内大多数装配式建筑 PC 构件工厂采用传统平板货车运输装配式 PC 构件，现在应逐步采用装配式建筑 PC 构件专用运输车。专用运输车与传统平板车相比，具有高效、安全、经济效益高等优势，PC 构件专用运输车的投用标志着我国在建筑工业化和住宅产业化领域迈出坚实的一步。

半挂车运输 PC 构件（图 4-17 和图 4-18）具体的做法如下：在半挂车装载平台上加装运输工装，有立放工装及倾斜放置工装，PC 构件置于工装上，用绳索捆绑固定。该运输方式整车重心高，行驶稳定性差，耗时费力，易损坏 PC 构件，运载 PC 构件尺寸受限，容易引发安全事故，且装卸时，车辆均需在原地等待，效率较低。

相比普通半挂车，专用运输车（图 4-19）具备自装卸功能，采用中空车体，半轴悬架，预制件用专用夹具固定，装卸时无须吊装设备辅助，单人即可在 10min 内完成操作，效率极高，且正常行驶时，装载平面距地仅约 0.4m（普通半挂车基本在 1m 以上），极大降低装载后的整车重心，行驶稳定性更高。车体两侧坚固的厢体结构不仅用于承载全部的载荷，也可作为可靠的防护装置，即使运输时发生构件倾倒，也可有效防止额外事故及损失。这种专业的PC构件运输车大大提高了运输效率，保证了PC构件的运输安全。

图 4-17　半挂车运输墙板

图 4-18　半挂车运输叠合板

（a）专用运输车 1

（b）专用运输车 2

图 4-19　专用运输车

严格进行构件运输车辆的选择，避免安全事故的发生

2018年3月3日11时34分，江苏太仓346国道与浏翔公路附近。一辆满载混凝土预制墙板的预制构件运输车转弯时突然侧翻，装载的混凝土预制构件向一侧的轿车压了过去。事故中，两辆轿车的车头部分受损严重，所幸车内乘客无人受伤。

（扫描二维码查看详细内容）

PC构件的运输车辆应满足构件尺寸和载重要求，装卸与运输时应符合下列规定。

（1）装卸PC构件时，应采取保证车体平衡的措施。

（2）运输PC构件时，应采取防止PC构件移动、倾倒、变形等的固定措施。

（3）运输PC构件时，应采取防止PC构件损坏的措施，对PC构件边角部或链索接触处的混凝土，宜设置保护衬垫。

PC构件在运输车上放置的方式分为平层叠放运输方式（图 4-20）、立式运输方式（图 4-21）、散装运输方式（图 4-22）。

图 4-20　平层叠放运输方式

图 4-21　立式运输方式

图 4-22　散装运输方式

（1）平层叠放运输方式：将 PC 构件平放在运输车上，一件一件往上叠放在一起进行运输。叠合板、阳台板、楼梯、装饰板、梁、柱等构件多采用平层叠放运输方式。各 PC 构件每叠的层数：叠合板是标准 6 层 / 叠，不影响质量安全可到 8 层，堆码时按产品的尺寸大小堆叠；预应力板是堆码 8 ～ 10 层 / 叠；叠合梁是 2 ～ 3 层 / 叠（最上层的高度不能超过挡边一层），考虑是否有加强筋向梁下端弯曲。

（2）立式运输方式：在低盘平板车上按照专用运输架，墙板对称靠放或者插放在运输架上。对于内墙板、外墙板和 PCF 板等竖向构件多采用立式运输方案。预制墙板宜在专用支架框内采用竖向靠放的方式运输，或采用 A 形专用支架斜向靠放运输，即在运输架上对称放置两块预制墙板。

（3）散装运输方式：对于一些小型 PC 构件和异形 PC 构件，多采用散装方式进行运输。

施工现场将要施工时，应充分考虑 PC 构件运送车辆的长度和重量，加宽现场临时道路，道路下铺设工程渣土并压实，在临时道路内配钢筋。通过这一系列措施，确保 PC 构件能够顺利地被运输到施工现场。

4.3.4　运输的基本要求与注意事项

合理的运输距离与运输路线相关，而运输路线往往不是直线，运输距离还不能直观地反映布局情况，因此本节提出了合理运输半径的概念。根据 PC 构件运输经验，实际运输距离平均值比直线距离长 20% 左右，因此将 PC 构件合理运输半径确定为合理运输距离的 80% 较为合理。

构件运输时应注意以下几个方面。

（1）PC 构件的混凝土强度达到设计强度时方可运输。

（2）运输前应进行安全技术交底。

（3）运输 PC 构件车辆应满足构件尺寸和载重要求，大型货运汽车装载 PC 构件高度从地面起不准超过 4m，宽度不得超出车厢，长度不准超出车身。

（4）施工现场内运输严禁掉头，宜设置循环线路。

（5）运输跨度长的 PC 构件时应考虑设置水平支架。

（6）PC 构件与链索接触部位和构件边角部位应采用柔性支垫保护、支撑牢固，不得有松动。

（7）预制墙板可采用竖立方式运输，叠合板、预制阳台板、预制楼梯可采用平层叠放方式运输，柱宜采用平放运输，采用立放运输时应有防止倾覆措施。

（8）当采用靠放架运输构件时，靠放架应具有足够的承载力和刚度，与地面倾斜角度宜大于 80%；墙板宜对称靠放且外饰面朝外，上部宜采用木垫块隔离；运输时构件应采取固定措施。

（9）当采用插放架直立运输 PC 构件时，宜采取直立运输方式；插放架应有足够的承载力和刚度，并应支垫稳固。

（10）采用平层叠放的方式运输 PC 构件时，应采取防止 PC 构件产生裂缝的措施。

因此大多数 PC 构件的长度与宽度远大于厚度，正立放置自身稳定性较差，所以 PC 构件运输过程中，车上应设有专用架，且有可靠稳定 PC 构件的措施，车辆行驶每隔一段路程下车检查紧固 PC 构件措施的情况，当发现移位、倾斜、变形、捆扎和防滑垫块松动时，要及时进行加固处理，防止运输时道路及施工现场场地不平整、颠簸情况下 PC 构件发生倾覆。

复习思考题

一、单选题

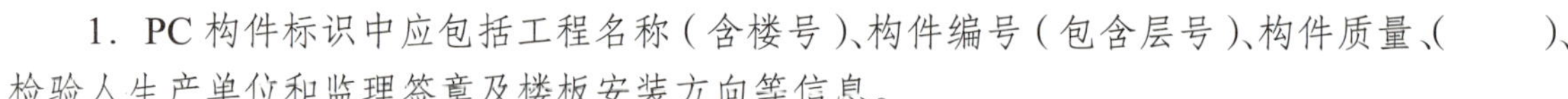

1. PC 构件标识中应包括工程名称（含楼号）、构件编号（包含层号）、构件质量、（　　）、检验人生产单位和监理签章及楼板安装方向等信息。

　A. 生产标号　　B. 生产人　　C. 生产日期　　D. 产品合格证

2. PC 构件成品应按（　　）、待修和不合格区分类堆放，并应进行标识。

　A. 优秀　　B. 合格　　C. 良好　　D. 及格

3. PC 构件应按吊装和（　　）顺序分类存放于专用存放架上，防止 PC 构件发生倾覆。

　A. 安装　　B. 施工　　C. 上下　　D. 楼层

4. 车间内存放区内根据（　　）、平式存放 PC 构件，划分出不同的存放区域。

　A. 侧式　　B. 竖直　　C. 部位　　D. 立式

5. PC 构件底部应放置（　　）根通长方木，以防止构件与硬化地面接触造成构件缺棱掉角。

　A. 1　　B. 2　　C. 3　　D. 4

6. 楼梯采用（　　）存放，楼梯底部与地面及楼梯与楼梯之间支垫方木。

　A. 横向　　B. 竖向　　C. 平向　　D. 站式

7. 预埋吊件应朝（　　），标识宜朝向堆垛间的通道。

A. 上　　B. 下　　C. 左　　D. 右

8. 在钢结构存放架上，每隔（　　）cm 设置一个可穿过钢管的孔道，上下两排，错开布置。

A. 20　　B. 25　　C. 30　　D. 40

9. 叠合板采用（　　）存储，每层间加放垫木。

A. 横放　　B. 竖放　　C. 叠放　　D. 立放

10. 为了方便施工，PC 构件在施工现场布置时，尽可能布置在起重（　　）的范围内，以免二次搬运。

A. 直径　　B. 半圆　　C. 内径　　D. 半径

二、多选题

1. 运输 PC 构件时，应采取防止其发生（　　）、（　　）、（　　）等的固定措施。

A. 平移　　B. 移动　　C. 倾倒　　D. 变形

E. 锈蚀

2. 与传统平板车相比，装配式建筑 PC 构件专用运输车具有（　　）、（　　）、（　　）等优势，PC 构件专用运输车的投用标志着我国在建筑工业化和住宅产业化领域迈出坚实的一步。

A. 高效　　B. 安全　　C. 经济效益高

D. 便利　　E. 快捷

3. PC 构件运输方案内容应包括运输（　　）、（　　）、（　　）、（　　）、（　　）、堆放支垫及成品保护措施等。

A. 时间　　B. 次序　　C. 堆放场地　　D. 运输线路

E. 固定要求

4. 规划运输线路：对每条运输路线所经过的（　　）、（　　）、（　　）等结构物的限高、限宽、限重等要求，进行详细调查记录，要确保 PC 构件运输车辆无障碍通过。

A. 道路　　B. 桥梁　　C. 涵洞　　D. 高架

E. 隧道

5. PC 构件的运输准备工作也尤为重要，主要包括（　　）、（　　）、（　　）、（　　）等内容。

A. 制订运输方案　　B. 设计并制作运输架

C. 验算 PC 构件强度　　D. 清查 PC 构件

E. 运输

三、简答题

1. 简述 PC 构件采用平层叠放运输方式的要求。

2. 简述PC构件在施工现场布置时应注意的内容。

3. 简述构件堆放应符合的规定。

复习思考题参考答案

一、单选题

1. C 2. B 3. A 4. D 5. B 6. C 7. A 8. D 9. C 10. D

二、多选题

1. BCD 2. ABC 3. ABCDE 4. BCE 5. ABCD

三、简答题

1. 叠合板、阳台板、楼梯、装饰板、梁、柱等PC构件多采用平层叠放运输方式。各PC构件每叠的层数：叠合板是标准6层/叠，不影响质量安全可到8层，堆码时按产品的尺寸大小堆叠；预应力板是堆码8～10层/叠；叠合梁是2～3层/叠（最上层的高度不能超过挡边一层），考虑是否有加强筋向梁下端弯曲。

2.（1）重型PC构件靠近起重机布置，中小型PC构件则布置在重型PC构件外侧。

（2）尽可能布置在起重半径的范围内，以免二次搬运。

（3）PC构件布置地点应与吊装就位的布置相配合，尽量减少吊装时起重机的移动和变幅。

（4）PC构件叠层预制时，应满足安装顺序要求，先吊装的底层PC构件在上，后吊装的上层PC构件在下。

3.（1）堆放场地应平整、坚实，并应有排水措施。

（2）预埋吊件应朝上，标识宜朝向堆垛间的通道。

（3）PC构件支垫应坚实，垫块在PC构件下的位置宜与脱模、吊装时的起吊位置一致。

（4）重叠堆放构件时，每层PC构件间的垫块应上下对齐，堆垛层数应根据构件、垫块的承载力确定，并应根据需要采取防止堆垛倾覆的措施。

（5）堆放PC构件时，应根据其起拱值的大小和堆放时间采取相应措施。

模块5 混凝土预制构件质量检查与验收

知识目标

1. 掌握PC构件生产过程中检查与验收的内容。
2. 掌握PC构件产品的检查与验收。
3. 掌握PC成品构件缺陷修补的相关知识。

能力目标

1. 能对PC构件生产过程进行正确的检查与验收。
2. 能对PC构件产品进行正确检查与验收。
3. 能正确制订PC成品构件缺陷修补方案。

思政目标

1. 通过学习混凝土预制构件质量检验与验收，引导学生认识到在工作中要爱岗敬业，对本职工作的一丝不苟，才能高质量、创造性地完成工作，践行新时代工匠精神。

2. 通过“楼歪歪”等案例分析，引出“楼倒倒”“楼垮垮”“楼塌塌”“楼脆脆”“楼裂裂”等案例，培养学生工程质量意识，强调工程师的责任意识，以人为本的设计理念。

3. 讲好科学家的故事，弘扬前辈们在建筑和结构设计中探求科学真理和团结协作的精神，以激励学生汲取榜样的力量，形成内在的学习动力。比如讲到钱塘江大桥时，融入茅以升的个人事迹，在施工过程中发明“沉箱法”“射水法”“浮远法”等，解决了建桥中的一个个技术难题，而且亲临现场，甚至一个铆钉都不放过检查，以此激励学生勤奋好学，勇于创新，树立正确的职业道德和工作作风，同时增强国家认同感。

思维导图

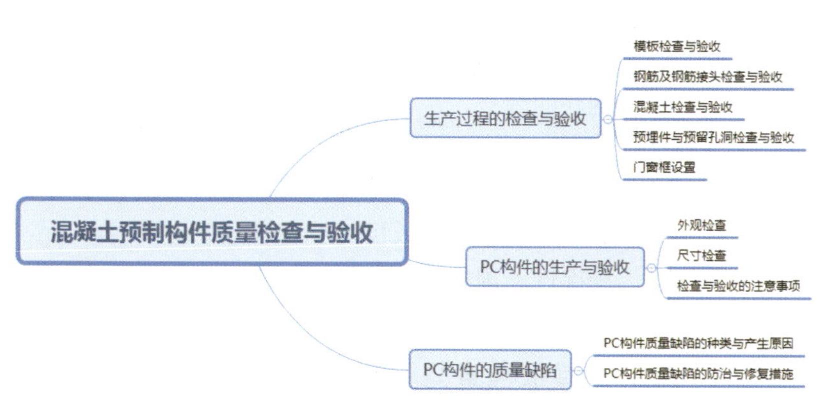

目前，国家还未出台预制装配式混凝土构件生产与质量验收方面的标准（湖北省已经出台了地方标准，可作为验收的参考）。各企业目前都参照《混凝土结构工程施工质量验收规范》（GB 50204—2015）和相关企业制定的标准或制度进行验收。

对 PC 构件的一般要求如下。

（1）PC 构件制作单位应具备相应的生产工艺设施，并应有完善的质量管理体系和必要的试验检测手段。

（2）PC 构件制作前，应对其技术要求和质量标准进行技术交底，并应制订生产方案，方案应包括生产工艺、模具方案、生产计划、技术质量控制措施、成品保护、堆放及运输方案等内容。

（3）PC 构件用混凝土的工作性能应根据产品类别和生产工艺要求确定，构件用混凝土原材料及配合比设计应符合国家标准、规范、规程，如《混凝土结构工程施工规范》（GB 50666—2011）、《普通混凝土配合比设计规程》（JGJ 55—2011）和《高强混凝土应用技术规程》（JGJ/T 281—2012）等的要求。

（4）PC 构件采用钢筋套筒灌浆连接时，应在构件生产前进行钢筋套筒灌浆连接接头的抗拉强度试验，每种规格的连接接头试件数量不应少于 3 个。

（5）PC 构件中钢筋的加工、连接与安装应符合国家标准、规范、规程，如《混凝土结构工程施工规范》（GB 50666—2011）和《混凝土结构工程施工质量验收规范》（GB 50204—2015）等有关要求。

5.1 生产过程的检查与验收

侧模支设

装配式结构连接部位及叠合构件浇筑混凝土之前，应进行隐蔽工程验收。隐蔽工程验收应包括下列主要内容。

（1）混凝土粗糙面的质量，键槽的尺寸、数量、位置。

（2）钢筋的牌号、规格、数量、位置、间距，箍筋弯钩的弯折角度及平直段长度。

（3）钢筋的连接方式、接头位置、接头数量、接头面积百分率、搭接长度、锚固方式及锚固长度。

（4）预埋件、预留管线的规格、数量、位置。

5.1.1 模板检查与验收

模板的检查与验收的内容包括模具组装前的检查，刷隔离剂的检查，模具组装后的检查，其中模具组装如图 5-1 所示。

图 5-1　模具组装

1. 模具组装前的检查

根据生产计划合理加工和选取模具，所有模具必须清除干净，不得存有铁锈、油污及混凝土残渣。对于变形量超过规定要求的模具一律不得使用。首次使用及大修后的模板应当全数检查，使用中的模板应当定期检查，并做好检查记录。

2. 隔离剂的检查

模具与混凝土接触的表面除饰面材料铺贴范围外，应均匀涂刷隔离剂。隔离剂的检查包括检查隔离剂有效期，检查隔离剂涂刷是否均匀。

3. 模具组装后的检查

模具组装前应将钢模和预埋件定位架等部位彻底清理干净，严禁使用锤子敲打。确定模具组装前在模具拼接处贴双面胶，或是组装后打密封胶。侧模与底模、顶模与侧模组装后必须在同一平面内，不得出现错台。

模具应安装牢固、尺寸准确、拼缝严密、不漏浆，精度必须符合设计要求，设计无要求时，应符合表 5-1 的规定，并应经验收合格后再投入使用（图 5-1）。模具组装后校对模具内尺寸，检验人员拉对角线校核，如图 5-2 和图 5-3 所示。

表 5-1　模具尺寸的允许偏差和检验方法

测定部位	允许偏差 /mm		检验方法
边长	± 2		钢尺四边测量
板厚	+1，0		钢尺测量，取两边平均值
扭曲	2		四角用两根细线交叉固定，钢尺测中心点高度
翘曲	3		四角固定细线，钢尺测细线到钢模边距离，取最大值
表面凹凸	2		靠尺和塞尺检查
弯曲	2		四角用两根细线交叉固定，钢尺测细线到钢模边距离
对角线误差	2		细线测两根对角线尺寸，取差值
预埋件位置（中心线）	± 2		钢尺检查
侧向扭度	$H \leqslant 300$m	1.0	两角用细线固定，钢尺测中心点高度
	$H > 300$m	2.0	两角用细线固定，钢尺测中心点高度

注：H 为模具高度。

图 5-2　叠合板模板长度检查

图 5-3　叠合板钢筋长度检查

5.1.2　钢筋及钢筋接头检查与验收

钢筋成品（骨架）中钢筋、配件和埋件的品种、规格、数量和位置等应符合有关设计文件的要求。钢筋的骨架尺寸应准确，宜采用专用成型架绑扎成型。钢筋绑丝甩扣应弯向构件内侧。钢筋成品（骨架）中开孔部位应根据图纸要求配置加强筋。加强筋不应少于 3 处绑扎固定点。

骨架吊运时宜采用多吊点的专用吊架。钢筋骨架应轻放入模，并应采用垫保护层垫块等方式达到钢筋各部位的保护层厚度要求，如图 5-4 所示。

图 5-4　钢筋入模

1. 钢筋加工前的检查

（1）钢筋应无有害的表面缺陷，按盘卷交货的钢筋应将头尾有害缺陷部分切除。

（2）直条钢筋的弯曲度不得影响正常使用，每米弯曲度不应大于 4mm，总弯曲度不大于钢筋总长度的 0.4%。钢筋的端部应平齐，不影响连接器的通过。

（3）钢筋表面不得有横向裂纹、结疤和折痕，但允许有不影响钢筋力学性能和连接的其他缺陷。

（4）弯芯直径弯曲 180° 后，钢筋受弯曲部位表面不得产生裂纹。

2. 钢筋加工成型后的检查

钢筋下料必须严格按照设计及下料单要求制作，制作过程中应定期、定量检查。不符合设计要求及超过允许偏差的一律不得进行绑扎，按废料处理。纵向钢筋（带灌浆套筒）及需要套丝的钢筋，不得使用切断机下料，必须保证钢筋两端平整，套丝长度、丝距及角度必须严格满足图纸要求，纵向钢筋及梁底部纵筋套丝应符合规范要求。质检人员不定期抽查套丝机是否规范操作。

钢筋网和钢筋成品（骨架）安装位置的允许偏差和检验方法应符合表 5-2 的规定。

表 5-2　钢筋网和钢筋成品（骨架）安装位置的允许偏差和检验方法

项目			允许偏差 /mm	检验方法
绑扎钢筋网	长、宽		± 5	钢尺检查
	网眼尺寸		± 5	钢尺量连续三档，取最大值
绑扎钢筋骨架	长		± 5	钢尺检查
	宽、高		± 5	钢尺检查
受力钢筋	间距		± 5	钢尺量两端、中间各一点，取最大值
	排距		± 5	
	保护层	基础	± 5	钢尺检查
		柱、梁	± 5	钢尺检查
		板、墙、壳	± 3	钢尺检查
绑扎钢筋、横向钢筋间距			± 5	钢尺量连续三档，取最大值
钢筋弯起点位置			20	钢尺检查
预埋件	中心线位置		5	钢尺检查
	水平高差		+3，0	钢尺和塞尺检查

预应力筋的制作与安装需应符合《混凝土结构工程施工质量验收规范》（GB 50204—2015）的要求。

3. 钢筋丝头加工质量检查

钢筋丝头加工质量检查主要包括以下内容。

（1）钢筋端平头：平头的目的是使钢筋端面与母材轴线方向垂直。采用砂轮切割机或其他专用切断设备，严禁气焊切割。

（2）钢筋螺纹加工：使用钢筋滚压直螺纹机将待连接钢筋的断头加工成螺纹。

加工丝头时，应采用水溶性切削液，当气温低于 0℃时，应掺入 15% ～ 20% 亚硝酸钠，严禁用机油作为切削液或不加切削液加工丝头。

（3）丝头加工长度为标准型套筒长度的 1/2，其公差为 $+2P$（P 为螺距）。

（4）丝头质量检验：操作工人应按要求检查丝头的加工质量，每加工 10 个丝头用通环规、止环规检查一次。

①经自检合格的丝头，应通知质检员随机抽样进行检验，以一个工作班内生产的丝头为一个验收批，随机抽检 10%，且不得少于 10 个，并填写钢筋丝头检验记录表。②当合格率小于 95% 时，应加倍抽检；当复校总合格率仍小于 95% 时，应对全部钢筋丝头逐个进行检验，切去不合格丝头，查明原因并解决后重新加工螺纹。

5.1.3 混凝土检查与验收

1. 混凝土制备检测

1）混凝土要求

（1）混凝土中不得掺加对钢材有锈蚀作用的外加剂。

（2）构件的混凝土强度等级不宜低于 C30，预应力混凝土构件的混凝土强度等级不宜低于 C40，且不应低于 C30。

2）混凝土坍落度检测

坍落度的测试方法：准备一个上口直径为 100mm、下口直径为 200mm、高 300mm 的喇叭状坍落度桶，使用前用水湿润，待分两次灌入混凝土并捣实后，垂直拔起坍落度桶，混凝土因自重产生坍落现象，用桶高（300mm）减去坍落后混凝土最高点的高度，称为坍落度。混凝土坍落度测试如图 5-5 所示。

图 5-5　混凝土坍落度测试

3）混凝土强度检验

混凝土强度检验时，每 100 盘，但不超过 100m³ 的同配比混凝土，取样不少于一次，不足 100 盘和 100m³ 的混凝土取样不少于一次。当同配比的混凝土超过 1 000m³ 时，每 200m³ 取样不少于一次。每次取样应至少留置一组标准养护试件，同条件养护试件的留置组数应根据实际需要确定。

2. 混凝土浇筑验收

在混凝土浇筑成型前应进行预制构件的隐蔽工程验收（图 5-6），并做好隐蔽工程记录，符合有关标准规定和设计文件要求后方可浇筑混凝土。检查项目的内容应包括模具各部位尺寸、定位可靠、拼缝等；饰面材料铺设品种、质量；纵向受力钢筋的品种、规格、数量、位置等；钢筋的连接方式、接头位置、接头数量、接头面积百分率等；箍筋、横向钢筋的品种、规格、数量、间距等；预埋件及门窗框的规格、数量、位置等；灌浆套筒、吊具、插筋及预留孔洞的规格、数量、位置等；钢筋的混凝土保护层厚度。

混凝土放料高度应小于 500mm，并应均匀铺设（图 5-7）。混凝土成型宜采用插入式振动棒振捣，逐排振捣密实，振动器不应碰触钢筋骨架、面砖和预埋件。

图 5-6 隐蔽工程检验

图 5-7 混凝土浇筑完成

混凝土浇筑应连续进行，同时应观察模具、门窗框、预埋件等的变形和移位，变形与移位超出规定的允许偏差时应及时采取补强和纠正措施。

配件、埋件、门框和窗框处混凝土应浇捣密实，其外露部分应有防污损措施。混凝土表面应及时用泥板抹平提浆，宜对混凝土表面进行二次抹面。PC 构件与后浇混凝土的结合面或叠合面应按设计要求制成粗糙面，粗糙面可采用拉毛或凿毛处理方法，也可采用化学和其他物理处理方法。

叠合板拉毛（现场）

预制构件混凝土浇筑完毕后应及时养护。

5.1.4 预埋件与预留孔洞检查与验收

PC 构件上的预埋件、预留插筋、预埋管线等的材料规格、数量、安装方式，以及预留孔、预留洞的数量、规格、位置等应符合设计要求。PC 构件的预埋件和预留孔洞等应在进场时按设计要求抽检，合格后方可使用，避免在构件安装时发现问题造成不必要的损失。预埋件应固定在模板或支架上；预留孔洞应采用孔洞模具并加以固定。预埋钢结构件、连接用钢材、连接用机械式接头部件和预留孔洞模具的数量应符合设计规定，固定措施可靠。常见的预埋件如图 5-8 所示。

（a）预埋件 1

（b）预埋件 2

图 5-8　常见的预埋件

1. 预埋件加工与制作

预埋件的材料、品种应符合构件制作图中的要求。

各种预埋件进场前要求供应商出具合格证和质保单，并对产品外观、尺寸、强度、防火性能、耐高温性能等指标进行检验。

2. 预埋件与预留孔洞的安装检验

连接套筒等所有预埋件准确定位并固定后，需对其安装位置进行检查和验收。

预埋件与预留孔洞安装位置的允许偏差和检验方法应符合表 5-3 的规定。

表 5-3　预埋件和预留孔洞安装位置的允许偏差和检验方法

项目		允许偏差 /mm	检验方法
预埋钢板	中心线位置	5	钢尺检查
	安装平整度	2	靠尺和塞尺检查
预埋管、预留孔中心线位置		5	钢尺检查
插筋	中心线位置	5	钢尺检查
	外露长度	+8，0	钢尺检查
预埋吊环	中心线位置	10	钢尺检查
	外露长度	+8，0	钢尺检查
预留洞	中心线位置	5	钢尺检查
	尺寸	±3	钢尺检查
预埋螺栓	螺栓位置	5	钢尺检查
	螺栓外露长度	±5	钢尺检查

5.1.5　门窗框设置

门窗框在构件制作、驳运、堆放、安装过程中，应进行包裹或遮挡。预制构件的门窗框应在浇筑混凝土前预先放置于模具中，位置应符合设计要求，并应在模具上设置限位框或限位件进行可靠固定，固定时应采取防止污染窗体表面的保护措施。当采用铝框时，应采取避免铝框与混凝土直接接触发生电化学腐蚀的措施。门窗框的品种、规格、尺寸、相关物理性能和开启方向、型材壁厚和连接方式等应符合设计要求。安装后的窗框如图 5-9 所示。

图 5-9　安装后的窗框

门窗框安装位置应逐件检验，允许偏差和检验方法应符合表 5-4 的规定。

表 5-4　门窗框安装位置的允许偏差和检验方法

项目		允许偏差 /mm	检验方法
锚固脚片	中心线位置	5	钢尺检查
	外露长度	+5，0	钢尺检查
门窗框位置		± 1.5	钢尺检查
门窗框高、宽		± 1.5	钢尺检查
门窗框对角线		± 1.5	钢尺检查
门窗框的平整度		1.5	靠尺检查

为了加强混凝土预制构件生产企业的质量管理，规范生产和质量管理行为，确保预制构件质量，应对建筑工程所采用的构件的生产质量进行评定。

 PC 构件的检查与验收

边模组装

对总承包单位制作的 PC 构件，没有“进场”的验收环节，其材

料和制作质量应按《混凝土结构工程施工质量验收规范》(GB 50204—2015)的规定进行验收。《混凝土结构工程施工质量验收规范》(GB 50204—2015)规定专业企业生产的PC构件作为"产品"进行进场验收，这里主要介绍专业企业生产PC构件的进场验收规定。在《混凝土结构工程施工质量验收规范》(GB 50204—2015)的基础上，《装配式混凝土建筑技术标准》(GB/T 51231—2016)在PC构件进场质量验收规定方面也有扩充。

PC构件分为专业企业生产和总包单位制作两个类别，构件作为产品进场验收。《建筑业企业资质标准》(2015年1月1日施行)中，取消了混凝土预制构件专业企业资质，所有符合工商注册规定的企业理论上都可以生产预制构件，《混凝土结构工程施工质量验收规范》(GB 50204—2015)规定的"专业企业生产"指与总承包单位不同的企业法人生产。

5.2.1 外观检验

PC构件的外观质量不宜有一般缺陷，其外观质量应根据表5-5确定。对已经出现的一般缺陷，应按技术处理方案进行处理，并重新检查验收。

(1)检查数量：全数检查。

(2)检验方法：观察，检查技术处理方案。

表5-5 PC构件的外观质量

名称	现象	严重缺陷	一般缺陷
露筋	PC构件内钢筋未被混凝土包裹而外露	主筋有露筋	其他钢筋有少量露筋
蜂窝	混凝土表面缺少水泥砂浆面形成石子外露	主筋部位和搁置点位置有蜂窝	其他部位有少量蜂窝
孔洞	混凝土中孔穴深度和长度均超过保护层厚度	构件主要受力部位有孔洞	不应有孔洞
夹渣	混凝土中夹有杂物且深度超过保护层厚度	构件主要受力部位有夹渣	其他部位有少量夹渣
疏松	混凝土中局部不密实	构件主要受力部位有疏松	其他部位有少量疏松
裂缝	缝隙从混凝土表面延伸至混凝土内部	构件主要受力部位有影响结构性能或使用功能的裂缝	其他部位有少量不影响结构性能或使用功能的裂缝
连接部位缺陷	PC构件连接处混凝土缺陷及连接钢筋、连接件松动、灌浆套筒未保护	连接部位有影响结构传力性能的缺陷	连接部位有基本不影响结构传力性能的缺陷
外形缺陷	内表面缺棱掉角、棱角不直、翘曲不平等；外表面面砖黏结不牢、位置偏差、面砖嵌缝没有达到横平竖直、面砖表面翘曲不平等	清水PC构件有影响使用功能或装饰效果的外形缺陷	其他PC构件有不影响使用功能的外形缺陷
外表缺陷	构件内表面麻面、掉皮、起砂、玷污等；外表面面砖污染、预埋门窗破坏	具有重要装饰效果的清水PC构件、门窗框有外表缺陷	其他PC构件有不影响使用功能的外表缺陷，门窗框不宜有外表缺陷

5.2.2 尺寸检验

预制墙板的尺寸允许偏差和检验方法应符合表 5-6 的规定。同一规格（品种）、同一个工作班为一检验批，每检验批抽检不应少于 30%，且不少于 5 件。

表 5-6 预制墙板的尺寸允许偏差和检验方法

项目		允许偏差 /mm	检验方法
外墙板	高度	± 3	钢尺检查
	宽度	± 3	钢尺检查
	厚度	± 3	钢尺检查
	对角线差	5	钢尺量两个对角线
	弯曲	L/1 000 且≤ 20	拉线、钢尺量最大侧向弯曲处
	内表面平整	4	2m 靠尺和塞尺检查
	外表面平整	3	2m 靠尺和塞尺检查

注：L 为构件长边的长度。

预制柱、梁的尺寸允许偏差和检验方法应符合表 5-7 的规定。同一规格（品种）、同一个工作班为一检验批，每检验批抽检不应少于 30%，且不少于 5 件。

表 5-7 预制柱、梁的尺寸允许偏差及检验方法

项目		允许偏差 /mm	检验方法
预制柱	长度	± 5	钢尺检查
	宽度	± 5	钢尺检查
	弯曲	L/750 且≤ 20	拉线、钢尺量最大侧向弯曲处
	表面平整	4	2m 靠尺和塞尺检查
预制梁	高度	± 5	钢尺检查
	长度	± 5	钢尺检查
	弯曲	L/750 且≤ 20	拉线、钢尺量最大侧向弯曲处
	表面平整	4	2m 靠尺和塞尺检查

注：L 为构件长度。

预制叠合板、阳台板、空调板、楼梯的尺寸允许偏差和检验方法应符合表 5-8 的规定。同一规格（品种）、同一个工作班为一检验批，每检验批抽检不应少于 30%，且不少于 5 件。

表 5-8 预制叠合板、阳台板、空调板、楼梯的尺寸允许偏差和检验方法

项目		允许偏差 /mm	检验方法
叠合板、阳台板、空调板、楼梯	长度	± 5	钢尺检查
	宽度	± 5	钢尺检查
	厚度	± 3	钢尺检查
	弯曲	L/750 且≤ 20	拉线、钢尺量最大侧向弯曲处
	表面平整	4	2m 靠尺和塞尺检查

注：L 为构件长度。

预埋件和预留孔洞的尺寸允许偏差和检验方法应符合表 5-9 的规定。

表 5-9　预埋件和预留孔洞的尺寸允许偏差和检验方法

项目		允许偏差 /mm	检验方法
预埋钢板	中心线位置	5	钢尺检查
	安装平整度	2	靠尺和塞尺检查
预埋管、预留孔	中心线位置	5	钢尺检查
预埋吊环	中心线位置	10	钢尺检查
	外露长度	+8，0	钢尺检查
预留洞	中心线位置	5	钢尺检查
	尺寸	± 3	钢尺检查
预埋螺栓	螺栓位置	5	钢尺检查
	螺栓外露长度	± 5	钢尺检查

PC 构件预留钢筋规格和数量应符合设计要求，预留钢筋位置及尺寸允许偏差和检验方法应符合表 5-10 的规定。

表 5-10　PC 构件预留钢筋位置及尺寸允许偏差和检验方法

项目		允许偏差 /mm	检验方法
预留钢筋	间距	± 10	钢尺量连续三档，取最大值
	排距	± 5	钢尺量连续三档，取最大值
	弯起点位置	20	钢尺检查
	外露长度	+8，0	钢尺检查

PC 构件饰面板（砖）粘贴的尺寸允许偏差和检验方法应符合表 5-11 的规定。

表 5-11　构件饰面板（砖）粘贴的尺寸允许偏差和检验方法

项次	项目	允许偏差 /mm	检验方法
1	表面平整度	2	2m 靠尺和塞尺检查
2	阳角方正	2	2m 靠尺检查
3	上口平直	2	拉线，钢直尺检查
4	接缝平直	3	钢直尺和塞尺检查
5	接缝深度	1	
6	接缝宽度	1	钢直尺检查

PC 构件门框和窗框安装位置的尺寸允许偏差和检验方法应符合表 5-12 的规定。

表 5-12　门框和窗框安装位置的尺寸允许偏差和检验方法

项目		允许偏差 /mm	检验方法
锚固脚片	中心线位置	5	钢尺检查
	外露长度	+5，0	钢尺检查
门窗框位置		± 1.5	钢尺检查
门窗框高、宽		± 1.5	钢尺检查
门窗框对角线		± 1.5	钢尺检查
门窗框的平整度		1.5	靠尺检查

外观检测质量应经检验合格，且不应有影响结构安全、安装施工和使用要求的缺陷。尺寸允许偏差项目的合格率不应小于 80%，允许偏差不得超过最大限值的 1.5 倍，且不应有影响结构安全、安装施工和使用要求的缺陷。

PC 构件生产企业应按照有关标准规定或合同要求，对供应的产品签发产品质量证明书，明确重要技术参数，有特殊要求的产品还应提供安装说明书。PC 构件生产企业的质量证明书的内容应包括合格证编号、PC 构件编号、产品数量、PC 构件型号、构件质量情况、生产企业名称、生产日期、出厂日期、质检员签名或盖章（可用质检员代号表示）。

5.2.3　检查与验收的注意事项

对于 PC 构件的检查与验收应注意以下几个方面的要点。

（1）质量证明文件。PC 构件进场时应检查质量证明文件。质量证明文件包括产品合格证明书、混凝土强度检验报告及其他重要检验报告等;PC 构件的钢筋、混凝土原材料、预应力材料、预埋件等均应参照《混凝土结构工程施工质量验收规范》(GB 50204—2015）及国家现行有关标准的规定进行检验，其检验报告在预制构件进场时可不提供，但应在构件生产企业存档保留，以便需要时查阅。

按《混凝土结构工程施工质量验收规范》(GB 50204—2015）中“第 9.2.2 条”、《装配式混凝土建筑技术标准》(GB/T 51231—2016）中“第 11.2.2 条”的有关规定，可以（需要）做结构性能检验的情况，应有检验报告。对于进场时不做结构性能检验的 PC 构件，质量证明文件尚应包括 PC 构件生产过程的关键验收记录，如钢筋隐蔽工程验收记录、预应力筋张拉记录等；施工单位或监理单位代表驻厂监督时，此时构件进场的质量证明文件应经监督代表确认；不做结构性能检验且无驻厂监督时，应有相应的实体检验报告。

埋入灌浆套筒的，尚应按行业标准《钢筋套筒灌浆连接应用技术规程》(JGJ 355—2015）的有关规定提供验收资料（套筒灌浆接头型式检验报告、套筒进场外观检验报告、第一批灌浆料进场检验报告、接头工艺检验报告、套筒进场接头力学性能检验报告等）。

（2）外观质量。预制构件的外观质量不应有缺陷。缺陷包括严重缺陷和一般缺陷，二者区别：严重缺陷为主控验收项目，而一般缺陷为一般验收项目。缺陷可按《混凝土结构工程施工质量验收规范》（GB 50204—2015）中“8　现浇结构分项工程”、《装配式混凝土建筑技术标准》(GB/T 51231—2016）中“第 9.7.1 条”及与国家有关产品标准的规定进行判断。产品标准的规定与以上规定有差异时，可按较严格的规定执行，或由设计、监理等各方共同判断。PC 构件的外观质量缺陷多为裂缝、缺棱掉角、麻面等。

与现浇混凝土构件相比，PC 构件的外观质量应有更高、更严的要求。应在成品保护、堆放等方面采取加强措施。专业企业生产的 PC 构件，出现缺陷，应直接退厂；并应由 PC 构件生产企业按技术方案处理，如二次进场则需重新验收，此种情况处理过程有时不需经过监理与设计，以最终进场验收合格为准；但如需对有缺陷的 PC 构件进厂“让步验收”，仍需经过监理与设计同意。

（3）尺寸偏差。影响结构性能和安装、使用功能的尺寸偏差是 PC 构件进厂质量验收的主控项目，处理方式同外观质量缺陷验收。

常规尺寸偏差的是一般验收项目，在《混凝土结构工程施工质量验收规范》（GB 50204—2015）中“第 9.2.7 条”对偏差要求的基础上,《装配式混凝土建筑技术标准》（GB/T 51231—2016）中“第 9.7.4 条”按板类、墙类、梁柱桁架类外形尺寸及装饰构件外观尺寸分类提出了更详细的规定。应该说，两本标准中对于尺寸偏差的规定多针对住宅构件，对于工业建筑、市政桥梁的建筑，可单独制定产品标准，也可根据结构性能设计要求提出尺寸偏差要求。

对于尺寸偏差一般验收项目，为按批量抽检，在没有严重偏差的前提下合格点率达到 80% 即可通过验收。《混凝土结构工程施工质量验收规范》（GB 50204—2015）、《装配式混凝土建筑技术标准》（GB/T 51231—2016）对常规构件的要求为不超过 100 个为一批，每批应抽查构件数量的 5%，且不应少于 3 个；《装配式混凝土建筑技术标准》（GB/T 51231—2016）对装饰构件的装饰外观尺寸提出了抽查构件数量不少于 10% 且不少于 5 个的规定。

（4）预留预埋。PC 构件上的预埋件、预留插筋、预埋管线等的材料规格和数量及预留孔、预留洞的数量检验为主控项目，应在进厂时按设计要求抽检，合格后方可使用，避免在 PC 构件安装时发现问题造成不必要的损失。《装配式混凝土建筑技术标准》（GB/T 51231—2016）中“第 11.2.8 条”将前述数量检验作为一般项目，属于疏漏，应按《混凝土结构工程施工质量验收规范》（GB 50204—2015）规定的主控项目执行。

预留预埋 PC 构件的尺寸偏差检验为一般项目，检验方法同外观尺寸偏差。

（5）PC 构件的标识。PC 构件的标识应清晰、准确，在构件出厂、运输、堆放、吊装等全过程中能确保正确识别 PC 构件的“身份”，当发生质量问题时可追溯。

PC 构件的标识方式可由生产厂家确定，其内容一般包括生产单位、PC 构件型号、生产日期、质量验收标志等，如有必要，尚需通过约定标识表示 PC 构件在结构中安装的位置和方向、吊运过程中的朝向等。

PC 构件的表面标识有传统喷涂，也有利用信息化手段的二维码、条形码标识的，还有结合 RFID 技术的标识管理系统的。PC 构件生产企业对预制混凝土柱的标识，通过可靠粘贴的防水纸，注明了包括吊点在内的PC构件信息，也是一种低成本的“信息化”标识。

（6）结合面。装配整体式结构中PC构件与后浇混凝土结合的界面称为结合面，具体可为粗糙面或键槽两种形式，如图5-10～图5-13所示。结合面质量直接影响结构连接质量，进场时应进行专项检查验收。设计文件会对键槽、粗糙面提出具体参数要求，应以此作为验收依据。当有需要时，还需要在粗糙面、键槽上配置抗剪或抗拉钢筋等，以确保结构连接构造的整体性设计要求。

图5-10　键槽

图5-11　粗糙面（漏骨料）

图5-12　粗糙面（拉毛）

图5-13　粗糙面（凿毛）

提高责任意识，遵守施工流程，保证成品质量

上海一装配式保障房××小区被暴第一批居民装修入住后不久，遇到台风季，上百户居民家中墙面出现渗水问题。为此，开发商采取了对渗漏墙面进行打洞注胶的工艺，增强墙面的防水能力。

渗漏原因在于该项目是浦东新区第一批采用装配式建设的小区。当时，工艺的各项技术操作都还在磨合期。因为预制墙板与现场浇筑的构件之间存在接缝，没有处理好接缝防水问题，导致渗漏的发生。如果要重新修复墙板接缝空隙，成本要上亿元。

（扫描二维码查看详细内容）

（7）饰面砖石材。《装配式混凝土建筑技术标准》（GB/T 51231—2016）补充了PC构件饰面砖石材的进场验收要求。PC构件表面预贴饰面砖、石材等饰面与混凝土的黏结性能检验为主控项目，应按设计和国家现行有关标准的规定进行拉拔强度检验。外观质量检验为一般项目，应符合设计要求或国家现行有关标准规定，检查方法为观察或轻击检查，并与样板对比。

（8）除上述7项外，《混凝土结构工程施工质量验收规范》（GB 50204—2015）、《装配式混凝土建筑技术标准》（GB/T 51231—2016）还完整规定了PC构件进场结构性能检验要求。

① PC构件的外观质量不应有严重缺陷，且不宜有一般缺陷。对已出现的一般缺陷，应按技术方案进行处理，并应重新检验。

② PC构件的尺寸允许偏差及检验方法应符合5.2.2节的规定。PC构件有粗糙面时，与粗糙面相关的尺寸允许偏差可适当放松。

③ PC构件应按设计要求和《混凝土结构工程施工质量验收规范》（GB 50204—2015）的有关规定进行结构性能检验。

④ 陶瓷类装饰面砖与PC构件基面的黏结强度应符合《建筑工程饰面砖黏结强度检验标准》（JGJ/T 110—2017）和《外墙饰面砖工程施工及验收规程》（JGJ 126—2015）等的相关规定。

⑤ 夹芯外墙板的内外叶墙板之间的拉结件类别、数量及使用位置应符合设计要求。

⑥ PC构件检查合格后，应在构件上设置表面标识，标识内容宜包括构件编号、制作日期、合格状态、生产单位等信息。

5.3 PC构件的质量缺陷

PC构件的外观质量不应有一般缺陷。外观质量缺陷可按《混凝土结构工程施工质量验收规范》（GB 50204—2015）及与PC构件相关的国家相关标准的有关规定判断。设计有专门规定时，尺寸偏差尚应符合设计要求。对于出现的严重缺陷及尺寸偏差，应由预制构件生产企业按技术方案处理，并重新进场验收，此种情况处理过程有时不需经过监理与设计，以最终进场验收合格为准；但如需对有缺陷的预制构件进场“让步验收”，仍需经过监理与设计的许可方可。

5.3.1　PC构件质量缺陷的种类与产生原因

1. 麻面

麻面是指 PC 构件在工厂预制浇筑后，其局部的外表面被模板粘损，导致常出现部分不光滑的表面或豆粒大小的不规则凹陷点，凹陷点的直径一般小于 5mm，常伴随着蜂窝出现，如图 5-14 所示。

图 5-14　构件表面出现麻面

形成麻面的原因主要如下。

（1）混凝土浇筑的连续性较差，由于工厂工序的中断或补料的问题，两次浇筑间隔时间较长，在第二次浇筑振捣时，部分前期混凝土已经凝固，导致新、旧混凝土交界面出现麻面。

（2）模板表面未清洁干净，其表面黏附有浇筑前期构件硬水泥浆或其他杂物，二者结合差，导致浇筑后混凝土局部出现麻面。

（3）钢模板四周的拼缝不严密，尤其是PC构件的端部及预留槽口处，出现漏浆现象，造成局部表面砂浆缺损。

2. 孔洞

孔洞指 PC 构件表面有超过保护层厚度、但不超过截面尺寸 1/3 的缺陷，PC 构件内部存在空隙，导致局部没有混凝土，如图 5-15 所示。

形成孔洞的原因主要如下。

图 5-15　构件表面出现孔洞漏筋

（1）PC 构件尺寸较小，导致模板间距较狭窄，浇筑振捣较困难。

（2）骨料的粒径稍显得过大，造成下料时被钢筋网卡住，且未振捣充分，致使局部混凝土形成孔洞。

（3）混凝土的流动性与和易性较差，混凝土出现离析，或骨料的级配较差，粗骨料较集中，造成混凝土浇筑不畅。

（4）未按浇筑顺序振捣，或未分层浇筑，使下部混凝土振捣作用效果不足，尤其是截面较大的预制梁。

3. 露筋

露筋即 PC 构件预先设置在体内的主筋、构造筋或箍筋裸露在构件的表面。

形成露筋的原因主要如下。

（1）混凝土的和易性较差，浇筑总产生离析现象，以及靠端部模板漏浆。

（2）PC 构件的断面较小，钢筋网格过密，直径较大的骨料卡在钢筋网上。

（3）混凝土保护层较小，局部漏放保护层马镫。

（4）振捣棒撞击钢筋或踩踏钢筋网，使钢筋出现较大的错位。

4. 缺棱掉角

缺棱掉角是指 PC 构件边角处的混凝土局部掉落，形成不规则的棱角缺陷，如图 5–16 所示。

图 5–16　PC 构件表面出现缺棱掉角

缺棱掉角的原因主要如下。

（1）拆模时间过早，混凝土未养护充分，造成边角处的混凝土随模板拆除而破损。

（2）拆模操作不当或过猛，边角局部受外力撞击，局部未保护而被碰破损。

5. 裂缝

在 PC 构件中，产生裂缝的原因主要分为以下几种。

图 5–17　构件表面出现裂缝

（1）干缩裂缝。混凝土内、外部水分蒸发程度的不同而导致变形不同，与内部相比，混凝土外表面水分的损失较快，较大的表面干缩变形受到混凝土内部约束，产生较大的拉应力，从而产生干缩裂缝。裂缝宽度多为 0.05 ～ 0.2mm，其走向纵横交错，且分布不均，如图 5–17 所示。

（2）塑性收缩裂缝。塑性收缩裂缝主要出现在混凝土终凝前或终凝后不久，此时混凝土强度很小，受外部较高的温度或较强风力的影响，混凝土表面失水过快，造成毛细管中产生较大的负压，从而使混凝土体积急剧收缩，因此产生裂缝。收缩裂缝多呈中间宽、两侧较细、长短不同且互不相连的状态。

（3）PC 构件的长细比过大，或浇筑时踩踏构件上部负筋，以及采用腐蚀严重的钢筋，削弱了构件的承载力，从而产生裂缝。

（4）PC 构件在安装中坐浆不均匀、水泥砂浆的水胶比过大，导致 PC 构件局部受力较大，产生弯曲现象，出现沿构件通长方向的裂缝。

（5）吊点设计错误、吊运方式不当也会使 PC 构件产生不同程度的裂缝。

6. 构件尺寸偏差

构件尺寸偏差指 PC 构件的实际尺寸与设计图纸尺寸存在较大误差，尤其在体积较大的 PC 构件，如预制夹芯墙板中常见，其主要原因如下。

（1）模板自身存在误差，模板周转次数较多，导致模板出现变形。

（2）模板尺寸定位不精准，组装模板尺寸存在一定的偏差，导致实际尺寸出现较大误差。

（3）模板定位不牢固，磁力盒固定不牢固，导致 PC 构件出现胀模、变形等问题。

（4）浇筑前未进行检查确认，浇筑中缺乏观察。

7．预埋件位置偏差

预埋件位置偏差指预埋件的实际预埋位置与设计图纸存在误差，尤其是预埋套筒、受力钢筋与预埋线盒，常在浇筑中出现上浮或下陷，其主要原因如下。

（1）预先定位不准，由于预埋件是三维的空间定位，很难保证其位置绝对精准。

（2）预埋件定位不牢固，轻质塑料预埋件受浮力作用产生错位。

（3）振捣用力过大，当浇筑混凝土直接对钢筋网或预埋件用力振捣，预埋件易出现错位。

8．预留孔被封堵

预留孔被封堵指预留的孔洞或预埋件等的孔在浇筑过程中被水泥浆堵住，如线盒、线管、灌浆套筒与起吊预埋件等，其主要原因如下。

（1）浇筑前疏忽，未将预留孔洞或预埋件的孔提前用软材料封堵。

（2）预埋件固定不牢固，浇筑过程产生倾斜，水泥浆倒灌进孔。

（3）振捣用力过度，使灌浆套筒的注浆管与套筒或者固定座分离。

9．现场安装误差

现场安装误差指 PC 构件在进行现场拼装时，构件的实际定位尺寸与图纸设计定位尺寸存在误差，导致无法精确安装，或者安装速度缓慢，尤其是带有预埋套筒的预制墙与柱的安装，其主要原因如下。

（1）PC 构件在构件厂预制时存在误差。

（2）现场拼装不严谨，导致 PC 构件之间的累计误差较大。

（3）PC 构件选择有误，吊装的 PC 构件不是图纸中原来设计的构件。

（4）PC 构件设计有误，在设计阶段未考虑周全，导致个别 PC 构件间出现碰撞。

5.3.2 PC构件质量缺陷的防治与修复措施

1．麻面

麻面对结构的影响较小，一般不做处理，如需处理，处理步骤如下。

（1）用稀草酸溶液将构件局部的脱模剂油点或污点用毛刷洗净。

（2）用水泥砂浆修补，水泥品种必须与原混凝土一致，砂为细砂，最大粒径不小于 1mm。

（3）水泥砂浆的配比一般为 1 ： 2 或 1 ： 2.5 左右，人工拌匀，随拌随用。

（4）用刮刀将砂浆用力压入麻面处，并刮平。

（5）修补完成后，进行覆盖保湿养护，使其达到相应强度。

2. 孔洞

孔洞的修补方法主要如下。

（1）将不密实混凝土及突出骨料颗粒凿除干净，洞口上部向外上斜，下部方正水平为宜。

（2）用高压水及钢丝刷将孔洞处理干净，修补前用湿棉纱等材料填满，保湿 72h 以上，使孔洞周边混凝土充分湿润。

（3）用比原混凝土强度高一级别的细石混凝土填补孔洞，水泥品种应与原来混凝土一致。水灰比宜控制在 0.5 以内。

（4）孔洞周围先涂以水泥净浆，然后用比原混凝土强度高一级的细石混凝土或补偿收缩混凝土填补并仔细捣实，并将新混凝土表面抹平。

（5）构件表面覆盖塑料薄膜养护。

3. 露筋

预防出现露筋的措施主要如下。

（1）设计混凝土配合比时，混凝土应具有良好的和易性。

（2）按规定选择适当石子粒径。

（3）混凝土保护层垫块的厚度与位置需准确。

（4）保护层混凝土振捣要密实。

露筋的修补方法主要如下。

（1）露筋较浅时，先将表面露筋的部位刷洗净，在表面抹 1 ： 2 或 1 ： 2.5 水泥砂浆，将露筋部位抹平。

（2）露筋较深时，需先凿除薄弱混凝土和突出颗粒，洗刷干净后，用比原来高一级的细石混凝土填塞压实。

4. 缺棱掉角

预防出现缺棱掉角的措施主要如下。

（1）控制拆模时构件强度，拆模时的混凝土应具备足够的强度。

（2）拆模时应注意保护构件的棱角部位，并避免用力过猛过集中；吊运时，严禁模板撞击构件边角。

（3）浇筑前，清理干净模板上的残留物。

（4）成品的预制构件应加强保护。

缺棱掉角的修补方法主要如下。

（1）先用清水冲洗该处，用钢丝刷刷净并充分湿润后，再用1 ：2或1 ：2.5的水泥砂浆抹补齐正。

（2）也可将不实的混凝土和突出的骨料颗粒凿除，用水冲刷干净湿润，然后用比原混凝土高一级的细石混凝土补好并养护。

5. 裂缝

裂缝的预防措施主要如下。

（1）优先选择收缩量较小的水泥，优先采用中低热水泥。

（2）搅拌时，严格控制混凝土的水灰比，实际用水量不能大于设计时的用水量，尽可能掺加合适的减水剂。

（3）加强混凝土的早期养护。

（4）控制好养护的温度与湿度，保持混凝土的表面湿润。

（5）设计时，控制PC构件的长细比，必要时应加强构造措施。

（6）复核PC构件的吊运工况下的受力计算。

裂缝的修补措施主要如下。

（1）表面修补法：适用于对PC构件的承载力没有影响的表面裂缝，主要是在裂缝的表面涂抹水泥浆、环氧胶泥或粘贴玻璃纤维布。

（2）灌浆与嵌缝封堵法：

① 灌浆法适用于对结构整体性有影响裂缝的修补。主要利用专业压力设备将胶结材料压入混凝土的裂缝中，胶结材料硬化后与混凝土形成一个整体。常用的胶结材料有水泥浆、环氧树脂、甲基丙烯酸酯等。

② 嵌缝法主要是沿着混凝土裂缝处凿开成槽，在槽中填入塑性或刚性的止水材料。常用的材料包括聚氯乙烯胶泥、塑料油膏、聚合物水泥砂浆等。

（3）结构加固法：适用于对影响到PC构件结构性能裂缝的加固，常用的结构加固方法主要包括加大PC构件截面面积、增设外包型钢、施加预应力、粘贴钢板及喷射混凝土补强加固。

6. 构件尺寸偏差

预防PC构件尺寸偏差的主要措施如下。

（1）复核模板自身尺寸，确保使用的模板合格。

（2）组装模板后应复核模板之间的尺寸，应对角线测量，尺寸偏差符合表5-1的要求。

（3）浇筑前确认磁力盒的位置及数量，必要时应增加其数量，确保模板固定到位。

（4）浇筑过程中加强观察，若发现模板移动等问题，及时暂停浇筑，修正后再进行浇筑工作。

7. 预埋件位置偏差

预防预埋件位置偏差的主要措施如下。

（1）浇筑前复核预埋件的位置尺寸。

（2）必要时可用其他小模具辅助定位。

（3）加强预埋件的固定，控制振动棒的振捣力度。

8. 预留孔被封堵

预防预留孔被封堵的主要措施如下。

（1）升级工装设备，确保固定牢固可靠。

（2）浇筑前认真确认，尤其是预留洞口、预埋件处，确保封堵严实。

（3）浇筑中经常观察，出现意外情况，及时暂停，采取补救措施。

9. 现场安装误差

预防现场安装误差的主要措施如下。

（1）规范操作流程，做到认真严谨。

（2）经常测量复核 PC 构件定位尺寸，及时调整。

（3）设计考虑周到，避免出现 PC 构件之间安装出现冲突。

PC 构件出现质量缺陷的因素有很多，其缺陷的种类也有很多，只有正确地识别 PC 构件的质量缺陷种类，了解导致其缺陷的原因，并能够采用专业的方法进行预防与修补，才能最大化地避免或者减少各种缺陷对 PC 构件乃至整个建筑的影响，从而为装配式项目的质量提供有力的技术保障。

了解中国现代桥梁之父——茅以升

他是中国近代桥梁工程奠基人，是开创工程教育先河的教育家，更是爱国知识分子的楷模。他就是 91 岁实现入党夙愿的“中国现代桥梁之父”——茅以升。

“人的一生，不知要走过多少桥，在桥上跨过多少山和水，欣赏过多少桥的山光水色，领略过多少桥的诗情画意。”这是茅以升在《人民日报》上连载的《桥话》中的一段文字，对于桥的追寻，贯穿了茅以升的一生。

（扫描二维码查看详细内容）

复习思考题

一、单选题

1. PC构件采用钢筋套筒灌浆连接时，应在PC构件生产前进行钢筋套筒灌浆连接接头的抗拉强度试验，每种规格的连接接头试件数量不应少于（ ）个。

A. 2　　B. 3　　C. 3.5　　D. 4

2. 首次使用及大修后的模板应当（ ）检查，使用中的模板应当定期检查，并做好检查记录。

A. 全数　　B. 2/3　　C. 半数　　D. 1/3

3. 模具与混凝土接触的表面除饰面材料铺贴范围外，应均匀涂刷（ ）。

A. 脱模机　　B. 防冻剂　　C. 隔离剂　　D. 缓凝剂

4. 加强筋不应少于（ ）处绑扎固定点。

A. 1　　B. 2　　C. 3　　D. 4

5. 混凝土放料高度应小于（ ）mm，并应均匀铺设。

A. 200　　B. 300　　C. 350　　D. 500

6. 预制墙板的尺寸允许偏差应符合相关规定。同一规格（品种）、同一个工作班为一检验批，每检验批抽检不应少于30%，且不少于（ ）件。

A. 3　　B. 4　　C. 4.5　　D. 5

7. 预制柱、梁的尺寸允许偏差应符合相关规定。同一规格（品种）、同一个工作班为一检验批，每检验批抽检不应少于（ ），且不少于5件。

A. 20%　　B. 30%　　C. 35%　　D. 40%

8. 麻面是指PC构件在工厂预制浇筑后，PC构件局部的外表面被模板粘损，导致常出现部分不光滑的表面或豆粒大小的不规则凹陷点，凹陷点的直径一般小于（ ）mm，常伴随着蜂窝出现。

A. 5　　B. 3　　C. 3.5　　D. 4

9. 孔洞指PC构件表面有超过保护层厚度、但不超过截面尺寸（ ）的缺陷，PC构件内部存在空隙，导致局部没有混凝土。

A. 1/2　　B. 1/3　　C. 2/3　　D. 1

10. 混凝土内、外部水分蒸发程度的不同而导致变形不同，与内部相比，混凝土外表面水分的损失较快，较大的表面干缩变形受到混凝土内部约束，产生较大的拉应力，从而产生（ ）裂缝。

A. 收缩　　B. 干缩　　C. 湿胀　　D. 温度

二、多选题

1. 混凝土浇筑应连续进行，同时应观察（ ）、（ ）、（ ）等的变形和移位，变形与移位超出规定的允许偏差时应及时采取补强和纠正措施。

A．模具　　B．门窗框　　C．预埋件　　D．钢筋

E．水电管网

2．各种预埋件进场前要求供应商出具合格证和质保单，并对产品（　　）、（　　）、（　　）、（　　）、（　　）等指标进行检验。

A．外观　　B．尺寸　　C．强度　　D．防火性能

E．耐高温性能

3．外观检测质量应经检验合格，且不应有影响结构安全、安装施工和使用要求的缺陷。尺寸允许偏差项目的合格率不应小于（　　），允许偏差不得超过最大限值的（　　）倍，且不应有影响结构安全、安装施工和使用要求的缺陷。

A．70%　　B．80%　　C．1.2　　D．1.5　　E．2

4．缺陷包括（　　）缺陷和（　　）缺陷，二者区别：严重缺陷为主控验收项目，而一般缺陷为一般验收项目。

A．质量　　B．安全　　C．严重　　D．重大　　E．一般

5．嵌缝法主要是沿着混凝土裂缝处凿开成槽，在槽中填入塑性或刚性的止水材料。常用的材料有（　　）、（　　）、（　　）等。

A．聚氯乙烯胶泥　　B．塑料油膏

C．聚合物水泥砂浆　　D．嵌缝油膏

E．二丙乙烯油膏

三、简答题

1．简述装配式结构连接部位及叠合构件浇筑混凝土之前的隐蔽工程验收应包括的内容。

2．简述钢筋加工前应检查的项目。

3．混凝土浇筑成型前应进行PC构件的隐蔽工程验收，简述其检查项目应包括的内容。

4．简述PC构件生产企业的质量证明书应包括的内容。

复习思考题参考答案

一、单选题

1. B　2. A　3. C　4. C　5. D　6. D　7. B　8. A　9. B　10. B

二、多选题

1. ABC　2. ABCDE　3. BD　4. CE　5. ABC

三、简答题

1.（1）混凝土粗糙面的质量，键槽的尺寸、数量、位置。

（2）钢筋的牌号、规格、数量、位置、间距，箍筋弯钩的弯折角度及平直段长度。

（3）钢筋的连接方式、接头位置、接头数量、接头面积百分率、搭接长度、锚固方式及锚固长度。

（4）预埋件、预留管线的规格、数量、位置。

2.（1）钢筋应无有害的表面缺陷，按盘卷交货的钢筋应将头尾有害缺陷部分切除。

（2）直条钢筋的弯曲度不得影响正常使用，每米弯曲度不应大于4mm，总弯曲度不大于钢筋总长度的0.4%。钢筋的端部应平齐，不影响连接器的通过。

（3）钢筋表面不得有横向裂纹、结疤和折痕，允许有不影响钢筋力学性能和连接的其他缺陷。

（4）弯芯直径弯曲180°后，钢筋受弯曲部位表面不得产生裂纹。

3. 模具各部位尺寸、定位可靠、拼缝等；饰面材料铺设品种、质量；纵向受力钢筋的品种、规格、数量、位置等；钢筋的连接方式、接头位置、接头数量、接头面积百分率等；箍筋、横向钢筋的品种、规格、数量、间距等；预埋件及门窗框的规格、数量、位置等；灌浆套筒、吊具、插筋及预留孔洞的规格、数量、位置等；钢筋的混凝土保护层厚度。

4. 合格证编号、构件编号；产品数量；构件型号；质量情况；生产企业名称、生产日期、出厂日期；检验员签名或盖章（可用检验员代号表示）。

模块6 混凝土预制构件生产中的信息化管理

知识目标

1. 熟悉BIM技术在PC构件生产中的应用。
2. 了解物联网技术在PC构件生产中的作用。
3. 了解实时监控系统在PC构件生产中的应用。

能力目标

1. 能利用BIM技术对PC构件生产进行信息化管理。
2. 能利用物联网技术对PC构件生产进行跟踪管理。
3. 能利用实时监控系统进行PC构件生产管理。

思政目标

1. 通过学习BIM技术在混凝土预制构件生产中的应用，激发学生对新型建筑工业化的兴趣和热爱，展示学科魅力，培养学生热爱岗位，热爱专业的情怀。

2. 通过学习物联网技术在构件生产、运输、物料跟踪管理中的应用，培养学生树立科技报国的使命担当，精益求精的工匠精神以及具备良好的职业道德。

3. 通过让学生了解我国5G技术的发展成就和5G技术在构件生产与管理中的应用前景分析，培养学生的国家使命感和民族自豪感。

思维导图

混凝土预制构件生产中的信息化处理
- BIM技术在构件生产中的应用
- 物联网技术在构件生产、运输及物料跟踪管理中的应用
- 实时监控系统在构件生产及管理中的应用

党的二十大报告提出：“推动战略性新兴产业融合集群发展，构建新一代信息技术、人工智能、生物技术、新能源、新材料、高端装备、绿色环保等一批新的增长引擎。”

6.1 BIM技术在构件生产中的应用

其中在建筑领域中，数字孪生就是在BIM技术广泛应用之下的其中一个非常重要的物联网新技术。随着建筑业从传统的现场人力劳动迈向预制化、装配化和机械化施工，行业也需要把这些构件/子系统的生产工艺和装配流程纳入到数字化模型中来，形成动态的全过程数字仿真。这种全过程数字仿真不仅包含建筑产品本身，更要把生产设备、施工工艺、人员、工期、质量记录等各种信息包含进来，形成建造过程的完整记录。

PC构件在工厂进行生产时，由于制品形状、预埋件的复杂化，对设计、生产要求很高，有必要在装配式建筑构件生产中引入BIM技术，提高这项产业的现代化水平。要将正确数量和类型规格的PC构件或部品件运送到项目工地现场，就需要信息控制系统与各个部门进行联动，实现信息共享。现场项目部通过BIM平台把项目现场待安装的PC构件需求反映给信息控制系统，以便管理人员能够及时做好准备工作，了解库存能力，并且实时反映到系统中，提前完成堆放等作业，然后准时完成直接送达项目现场的任务。

1．信息化管理

装配式建筑的PC构件生产信息化管理是将装配式建筑的设计、深化设计、钢筋加工、混凝土搅拌、构件生产与运输等信息保存在数据库中，供与相关各方查询、使用。为业主及主管部门的决策提供信息支持，使生产质量、安全管理、进度计划等目标可控，可大大提高管理效率。

PC构件的生产与运输的信息化管理需要将BIM技术、物联网技术、大数据和云技术综合起来。其中BIM技术是基础，物联网是纽带，大数据是核心，云技术是平台。

2．BIM与PC构件生产

PC构件设计完成后进入工厂化生产阶段，在进行生产之前需要生产人员与设计人员进行沟通，以便正确理解设计意图。传统的设计意图交底以二维设计图纸作为基础，设计人员在交底时很难将设计意图完整地呈现给生产技术人员，导致PC构件的生产出现错误。在实际生产过程中，有时会根据生产需要对某些PC构件进行细节设计和更改，若这些信息不能实时反映给设计人员，不仅会延误生产的工期，还会给参与人员的沟通带来困难。

通过云技术实现生产厂家与设计院在模型上的实时对接，不仅准确性高，而且缩减了造价与工期。生产厂家将 BIM 模型进行提取和更新，设计人员的设计意图将一目了然地呈现给生产人员，便于机械化的生产和加工。在 PC 构件生产流程中，通过 BIM 与 RFID 结合，将 RFID 标签植入 PC 构件，PC 构件生产管理子系统从 BIM 数据库中读取构件相关设计数据，同时将每一个 PC 构件的生产信息、质量监测信息、存储信息等返回到 BIM 数据库。由于 RFID 标签编码的唯一性原则，在精确程度控制方面可以达到毫米级以内，从某种程度而言，生产构件自由变化的程度也能够以毫米为单位变化，为构件的产品质量提供了强有力的保证。

以预制墙体为例，生产人员进行预制墙体生产时，利用 BIM 技术就可以直接读取参数化模型所包含的各种信息，直观地展现墙内部的钢筋（图 6-1 和图 6-2）、各种管线布置信息，还可以通过查看构件的属性，了解墙体内部构造的分层构造，为其标准化生产提供更精确的信息，可以确保预制墙体在生产、存储、运输、吊装过程中信息的准确性。根据实际施工进度，随时将信息反馈到生产管理子系统，可及时调整预制墙体的生产计划，减少待工、待料情况的发生。

目前，国内的 PC 构件生产线通过 PMS、ERP 等系统管理软件，实现生产线的自动化生产，并且可以与 BIM 系统进行数据对接，实现高精度、高效率的自动化预制混凝土构件生产管理。其中，① PMS 生产管理系统可实现全工位静态、动态模拟监视与控制，按节拍时间强制拉动式生产。② ERP 生产管理软件可实现销售管理、生产管理、构件成品管理、原材料管理、制造费用与制造成本管理、报表中心的数据传递。ERP 系统与 BIM 系统对接（图 6-3），自动读取构件设计数据。向下实现与 PC 构件生产线控制系统 PMS、搅拌站工控系统的集成。依托智能匹配和工艺流程智能的设置，实现 PC 构件从合同签订到构件发货的全生命周期管理。

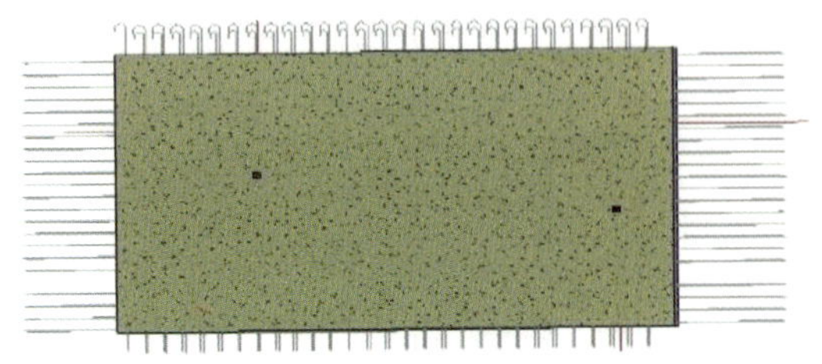

图 6-1　预制墙体

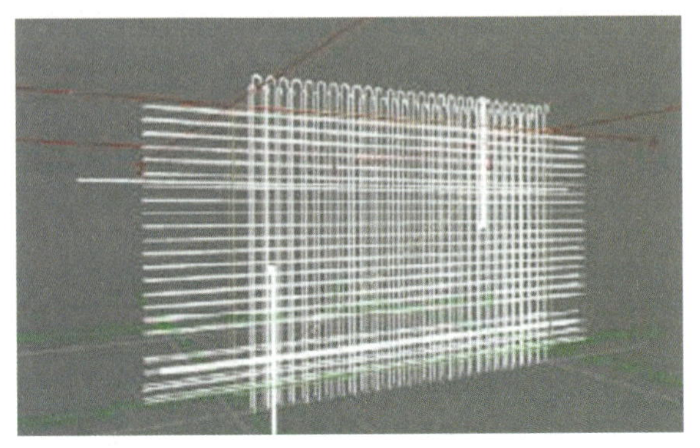

图 6-2　预制墙体内部构造

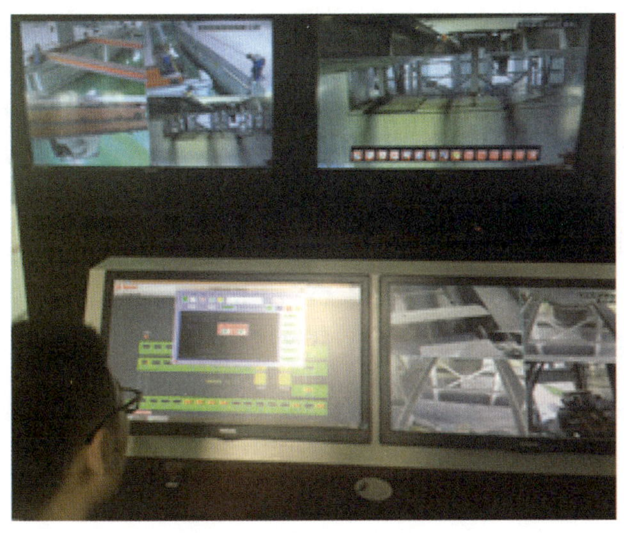

图 6-3 BIM 数据导入 ERP 系统

（1）用 BIM 技术进行 PC 构件生产线、钢筋加工的自动化生产与管理，如图 6-4 所示。

（a）自动画线机画线 （b）自动加工箍筋

（c）自动加工桁架筋 （d）自动浇筑混凝土

图 6-4 自动化生产线

通过 BIM 系统与 PC 构件生产线实时数据共享，实现了 PC 构件的自动化生产。画线机可根据 BIM 系统输入的 PC 构件加工图信息，准确画出构件尺寸，便于模板定位。布料机可根据 BIM 系统输入的信息，控制布料口的各个单元门的开启闭合，达到智能化、高精度的自动布料。

钢筋网片生产流水线可根据输入的 BIM 系统中构件钢筋的加工数据，实现自动钢筋下料和预留洞的留置。桁架钢筋生产线也可以根据 BIM 系统中桁架筋的几何数据，实现自动焊接各种尺寸的桁架钢筋。

（2）将 BIM 技术和物联网技术相结合，实现实时监测和质量管控。

在每一个 PC 构件上预埋 FRID 芯片，芯片存储有 PC 构件的设计信息、原材料信息、质检信息、试验信息、产品运输、产品安装、工序验收等信息。设计人员、生产人员、质检人员、库管人员、施工人员等管理人员通过读取 RFID 上的信息，结合 BIM 平台，可以实时跟踪 PC 构件的状态和信息，如图 6-5 所示。

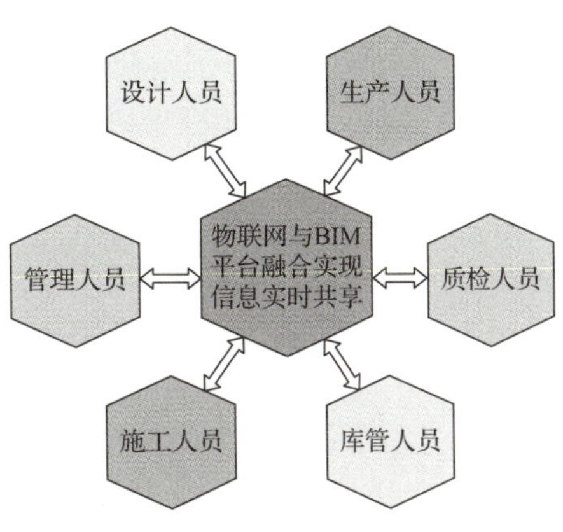

图 6-5 相关人员信息共享

其中，构件生产人员能够实时了解构件的生产和库存情况，及时反馈到信息系统中，合理规划材料购置和预制生产，实现信息化管理。

信息化的BIM技术用于装配式建筑PC构件工厂建设和运行过程中，从产品研发、订单处理，到生产调度、数据采集，通过多个信息系统的无缝集成实现闭环，通过数字技术的应用，以实现生产高效率、构件品质高质量。

建筑产业同5G技术的融合发展

建筑业信息化转型升级，实现节能减排，降本增效迫在眉睫。BIM技术在规划、设计、施工、运维全产业链创新应用中起到了引领作用，同时BIM技术、大数据、云计算、物联网、移动互联网等数字技术与中国建筑业得到了融合与创新发展。

而BIM技术与装配式建筑的完美结合更是对建筑产业转型、建筑业重新塑性，创新发展新模式带来无限机遇。BIM+装配式+EPC建造模式也将引领建筑业走向更高、更快、更好的发展，为创新型企业创造更大空间。

（扫描二维码查看详细内容）

6.2 物联网技术在构件生产、运输及物料跟踪管理中的应用

随着公共信息平台的开发和信息整合技术的发展，信息化技术已开始普遍应用于装配式企业管理中，而RFID技术作为新一代的自动识别技术，应用于PC构件企业的流通环节，将彻底改变传统的供应链管理模式，极大地提高预制企业运行效率，达到PC构件精细化管理目标。采用有源RFID电子芯片对构件进行全过程的定位追踪，通过电子芯片与互联网及云存储平台相关联，实现对全过程的生产、安装数据及图像进行采集及汇总，并通过云端控制平台对所有数据、图像进行管理和指导后续施工。RFID技术原理图如图6-6所示。

RFID技术是一种不需要识别系统与特定目标之间建立光学或者机械接触就能够通过无线电波识别特定目标并显示其所包含的相关信息的无线电波通信技术。RFID系统由RFID（radio frequency identification）读写器、标签和应用系统组成（图6-7）。

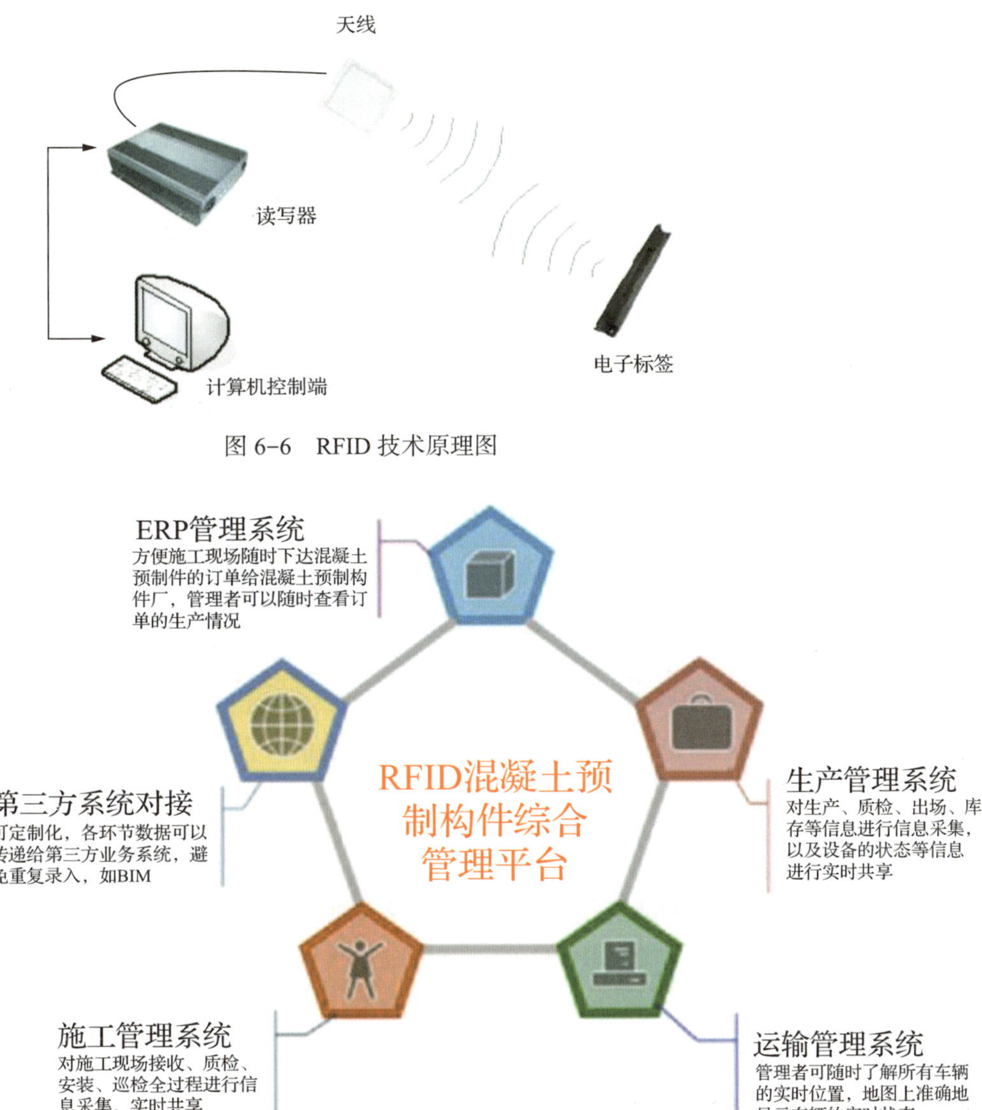

图 6-7 RFID 混凝土预制构件综合管理平台系统组成

RFID 系统主要包括 3 个特点。

（1）非接触式的信息读取，不受覆盖物遮挡的干扰，可远距离通信，穿透性极强。

（2）多个电子标签所包含的信息能够同时被接收，信息的读取具有便捷性。

（3）抗污染能力和耐久性好，可以重复使用。

读写器通过向识别区域发射射频能量，形成电磁场，RFID 标签通过该区域时被激发，将信息传送至读写器。同时，读写器也可以向标签发送信息，改写标签中的数据。读写器的主要功能包括，实现与标签之间的数据通信及借助网络连接向数据管理系统中传送识别信息。

1. 物联网在 PC 构件生产、运输中的应用

在 PC 构件生产、运输中应用物联网系统就是以单个 PC 构件为基本管理单元，以无线射频芯片（RFID 及二维码）为跟踪手段，以 PC 构件工厂的生产和运输为中心；以工厂的原材料检验、生产过程检验、出入库、构件运输、监理验收为信息输入点；以单项工程为信息汇总单元的物联网系统。某公司的物联网管理页面如图 6–8 所示。

图 6–8　物联网管理界面

每个 PC 构件嵌入的 RFID 芯片（图 6–9）和粘贴的二维码（图 6–10），就相当于给构件配上了唯一的“身份证”，可以通过读取该身份证所含的信息，了解清楚 PC 构件的来龙去脉，实现信息流与实物流的快速无缝对接。为 PC 构件生产、运输存放等环节的实施提供关键技术基础，保证各类信息跨阶段无损传递、高效使用，实现精细化管理，实现可追溯性。

（a）在钢筋上绑扎固定

（b）埋入混凝土中

图 6–9　RFID 芯片预埋

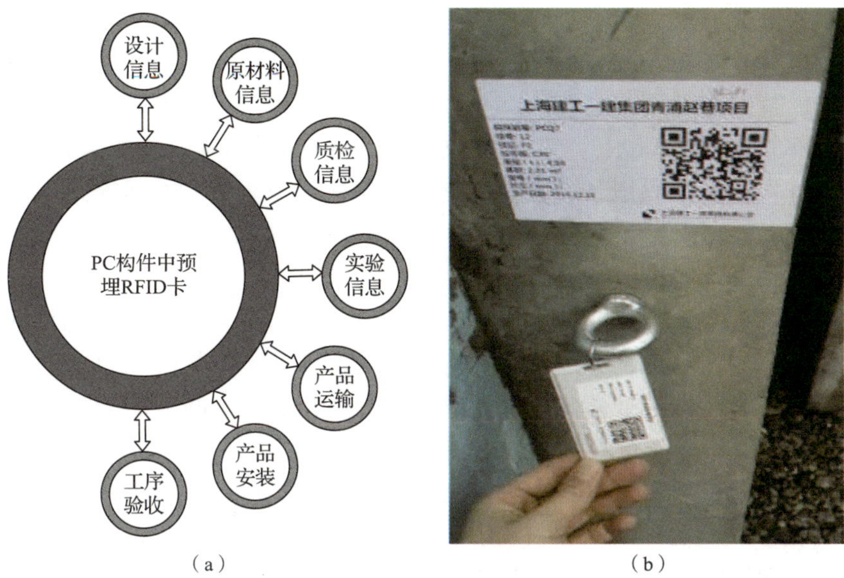

（a）　　　　　　　　　　　　（b）

图 6-10　芯片、二维码

1）PC 构件生产

构件生产时，在同一类 PC 构件的同一固定位置置入 RFID 电子芯片（芯片编码必须唯一识别单一 PC 构件，且方便从中直接读取构件各阶段信息）。PC 构件的编码信息要录入全面，应将原材料检测、模板安装检查、钢筋安装检查、混凝土配合比、混凝土浇筑、混凝土抗压报告、入库存放等信息录入系统，同时也应记录与设计图和施工图相对应的 PC 构件产品编号（ID），这个产品编号是构件所独有的，这也是 PC 构件今后能够被识别的基础。同时，根据之前所进行的各阶段所需信息分析，结合合适的编码原则，将 PC 构件信息以编码的形式输入 RFID 标签，而 RFID 标签则成为 PC 构件的“身份”象征，以便于在生产、存储、运输、施工吊装过程中对 PC 构件进行管理。

RFID 标签的编码原则是，其应具有唯一性、可扩展性、可读性和简单性。

2）PC 构件运输

在生产运输规划中需要考虑几个方面的问题：第一，住宅工业化的建造过程中，现场湿作业减少，主要采用 PC 构件，由于工程的实际需要，一些尺寸巨大的 PC 构件往往受到当地的法规或实际情况的限制，需要根据 PC 构件的大小及精密程度，规划运输车次，做好周密的计划安排；第二，在制定 PC 构件的运输路线时，应该充分考虑 PC 构件存放的位置及车辆的进出路线；第三，根据施工顺序编制 PC 构件生产运输计划，实现构件在施工现场零积压。要解决以上几个问题，就需要 BIM 与 ERP 系统进行联动，实现信息共享。利用 RFID 技术根据现场的实际施工进度，自动将信息反馈给 ERP 系统，并且实时反映到系统中，提前完成堆放等作业。

PC 构件码放入库，根据施工顺序，将某一阶段所需的 PC 构件提出、装车，这时需要用读写器一一扫描，记录下出库的构件及其装车信息。运输车辆上装有 GPS，可以实时定位监控车辆所到达的位置。到达施工现场以后，扫码记录，根据施工顺序卸车码放入库。在运输过程中，需要借助 BIM 技术相关软件根据实际环境进行模拟装载运输，以减少实际装载过程中出现的问题。

运用 RFID 技术有助于实现精益建造中零库存、零缺陷的理想目标。根据现场的实际施工进度，迅速将信息反馈到 PC 构件工厂，以便管理人员能够及时做好准备工作，了解自己的库存能力，调整 PC 构件的生产计划，减少待工待料的发生。

根据施工顺序编制 PC 构件生产运输计划。利用 BIM 和 RFID 相结合，能够准确地对 PC 构件的需求情况做出判断，减少因提前运输造成构件的现场闲置或信息滞后造成构件运输迟缓。同时，施工现场信息的及时反馈也可以对 PC 构件工厂的生产起指导作用，进而更好地促进精益建造的目标。

2. 物料跟踪管理

扫码可查看工程信息、吊装介绍、加工工艺、标准化施工等信息。查看 PC 构件跟踪记录、基本属性、资料，并可下载图纸。施工现场扫码查询信息，如图 6-11 所示。在加工厂、项目部大门、堆场安装芯片接收器，如图 6-12 所示。

图 6-11　施工现场扫码查询信息

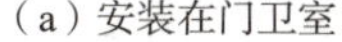

（a）安装在门卫室

（b）安装在在建工程中

图 6-12 接收器安装示例

通过二维码从 PC 构件加工、运输等进行 PC 构件全流程跟踪，各参与方可以通过 PC 构件上的二维码获取相应的设计、加工、运输、施工全流程信息。在大数据时代发展趋势下，装配式建筑与建筑信息融合发展，可依托信息技术，打破传统建筑业上下游接线，实现产业链信息共享，推动装配式建筑实现智能升级。

6.3 实时监控系统在构件生产及管理中的应用

PC 构件的实时监控系统可以实现构件生产中每一个环节的实时监控及管理，生产过程中产生的故障、拖延等一系列非正常情况，通过控制系统进行有效的监控，及时反映给管理人员做出判断，避免造成损失。

中控室（现场）

PC 构件的生产工艺流程图如图 6-13 所示。

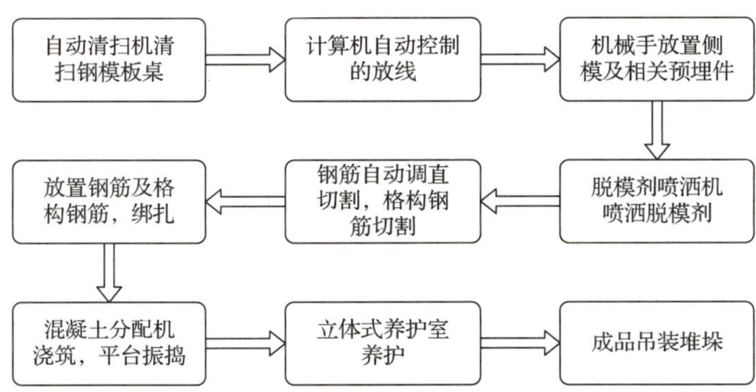

图 6-13 PC 构件的生产工艺流程图

1. 实时监控系统的分类

按照监测内容可分为两类，即环境条件监控、现场图像监控。

（1）环境条件监控是用于对生产过程中的构件的储存条件与气象条件中的温度、湿度等方面的数据进行采集，并对空气与水中存在的危险化学物质的浓度进行监测。

（2）现场图像监控是通过摄像头对生产中的行为及物品储存等进行监测，并利用网络和监控中心联系起来，将监控区域中的图像、数据、声音等发指挥中心、指挥中心进行辨别，从而实现现场图像监测的目的。

实时监控系统是基于无线移动信息技术、智能视频分析系统、海量信息存储与分析技术等综合开发的现代科技应用平台，其基本功能和特点如下：①数据采集功能；②现场网络数据通信和远程通信功能；③数据存储及处理功能；④综合预警功能；⑤基础资料管理、各项监测内容适时显示发布、图形报表制作、数据分析、综合预警等功能；⑥通过数据库实时同步技术完成数据共享等。

2. 实时监控系统的功能

（1）根据标准养护室不同空间大小，能够对室内进行立体化多点测量，实现养护室温度和湿度数据多路径实时采集，并能直观显示在液晶屏上。

（2）设置标准养护室需控制的温度和湿度上下限值，根据实时采集的温湿度数据和设定的温湿度上下限值进行计算。遇超温湿度上下限值情况时能报警提示，并智能控制空调出风口和增湿设备的喷淋口进行温度或湿度补偿，以满足将标准养护室的温湿度控制在要求的范围内。

（3）设定时间周期，能自动记录各采集点的温度、湿度及时间，并将已记录的温度和湿度数据绘制成监测变化曲线，提供数据历史查询功能和自动生成记录报告，也能保存至用户指定的外部移动存储器上，便于用户数据分析和报告打印。

以温湿度监测布点和温湿度设备工作点安装应用为例进行详细说明。

混凝土标准养护室温湿度智能监控仪应放置在养护室外面和方便实验人员观察操作处，并根据养护室空间大小，选用功率不同的空调和加湿器。现以 20 ～ 40m^2 的标准养护室为例，将室内平面空间初步划分为编号为Ⅰ～Ⅳ的 4 个区域，a、b、c、d、e 处放置温湿度一体传感器，A、B、C、D 处安装空调设备出风口，①、②、③、④处安装增湿设备的喷淋点（图 6-14）。

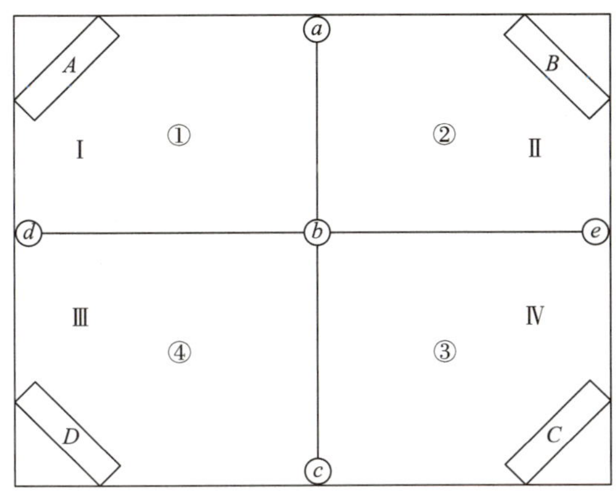

图 6-14 温湿度检测布点及设备安装点

试验结果证明，混凝土标准养护室温湿度智能实时监控系统能够将标准养护室的温度控制在 20℃ ±2℃，相对湿度控制在 95% 及以上，完全满足国家规范的要求。实时监控系统取得很好的效果，与现有的养护室控制器相比，其优点突出，主要表现如下：做到了温湿度监测准确和各个区域温湿度能均匀控制。特别是多方位布点监测和多个加热增湿工作点，做到了智能量化温湿度补偿，保证了养护室内各个角落都有充足的饱和水气，室内上下部分温差小，分散均匀，节约水电能耗消耗，并减少了人员劳动强度。

实时监控系统在 PC 构件生产及管理中的运用，让生产现场的状况第一时间传达给相应的使用者。企业通过对 PC 构件工厂生产状态的实时了解，可以实现即时、高效、准确的精细化管理。

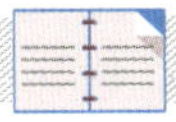

复习思考题

一、单选题

1. 从某种程度上来说，生产 PC 构件自由变化的程度也能够以（　　）为单位变化，为构件的产品质量提供强有力的保证。

A. m　　B. dm　　C. cm　　D. mm

2.（　　）可根据 BIM 系统输入的 PC 构件加工图信息，准确画出构件尺寸，便于模板定位。

A. 画线机　　B. 布料机　　C. 搅拌机　　D. 翻模机

3.（　　）可根据 BIM 系统输入的信息，控制布料口的各个单元门的开启闭合，达到智能化、高精度的自动布料。

A. 画线机　　B. 布料机　　C. 搅拌机　　D. 翻模机

4.（　　）通过向识别区域发射射频能量，形成电磁场，RFID 标签通过该区域时被激发，将信息传送至读写器。

A. 接收器　　B. 读卡器　　C. 阅读器　　D. 读写器

5. 实时监控系统的分类，按照监测内容可分为两类：环境条件监测、（　　）监控。

A. 现场施工　　B. 场地条件　　C. 现场图像　　D. 作业区

二、多选题

1. 装配式建筑 PC 构件的生产与运输的信息化管理需要将（　　）、（　　）、（　　）和（　　）综合起来。

A. BIM 技术　　B. 物联网技术　　C. 大数据　　D. 云技术

E. 互联网技术

2. ERP 生产管理软件可实现（　　）、（　　）、（　　）、（　　）、（　　）、报表中心的数据传递。

A. 销售管理　　B. 生产管理

C. 构件成品管理　　D. 原材料管理

E. 制造费用与制造成本管理

3. RFID 系统由 RFID（　　）、（　　）和（　　）组成。

A. 读写器　　B. 接收器　　C. 存储器　　D. 标签

E. 应用系统

4. RFID 标签的编码原则：（　　）、（　　）、（　　）和（　　）。

A. 唯一性　　B. 可扩展性　　C. 可读性　　D. 简单性

E. 重复性

5. 实时监控系统是基于（　　）、（　　）、（　　）等综合开发的现代科技应用平台。

A. 无线移动信息技术　　B. 智能视频分析系统

C. 海量信息存储与分析技术　　D. 物联网技术

E. BIM 技术

三、简答题

1. 简述 RFID 技术的概念及主要特点。

2. 简述 PC 构件编码信息的要求。

3. 简述在 PC 构件生产运输规划中需要考虑的问题。

复习思考题参考答案

一、单选题

1. D　2. A　3. B　4. C　5. D

二、多选题

1. ABCD　2. ABCDE　3. ADE　4. ABCD　5. ABC

三、简答题

1. RFID技术即无线射频识别技术，是一种不需要识别系统与特定目标之间建立光学或者机械接触就能够通过无线电波识别特定目标并显示其所包含的相关信息的无线电波通信技术。RFID系统由RFID读写器（PDA）、标签和应用系统组成，主要包括3个特点。

（1）非接触式的信息读取，不受覆盖物遮挡的干扰，可远距离通信，穿透性极强。

（2）多个电子标签所包含的信息能够同时被接收，信息的读取具有便捷性。

（3）抗污染能力和耐久性好，可以重复使用。

2. PC构件编码信息要录入全面，应包括：原材料检测、模板安装检查、钢筋安装检查、混凝土配合比、混凝土浇筑、混凝土抗压报告、入库存放等信息录入系统，同时也应记录与设计图和施工图相对应的构件产品编号（ID），这个产品编号是构件所独有的，这也是PC构件今后能够被识别的基础。

3.（1）住宅工业化的建造过程中，现场湿作业减少，主要采用PC构件，由于工程的实际需要，一些尺寸巨大的PC构件往往受到当地的法规或实际情况的限制，需要根据构件的大小及精密程度，规划运输车次，做好周密的计划安排。

（2）在制定PC构件的运输路线时，应该充分考虑PC构件存放的位置及车辆的进出路线。

（3）根据施工顺序编制PC构件生产运输计划，实现PC构件在施工现场零积压。要解决以上几个问题，就需要BIM与ERP系统进行联动，实现信息共享。利用RFID技术根据现场的实际施工进度，自动将信息反馈给ERP系统，并且实时反映到系统中，提前完成堆放等作业。

主要参考文献

王飞，2018．建筑工业化预制构件厂选址研究[D]．重庆：重庆大学．

王光炎，吴琳，2020．装配式建筑混凝土构件深化设计[M]．北京：中国建筑工业出版社．

肖景平，2014．预应力高强叠合结构叠合梁生产工艺[J]．建筑经济，45（1）：53-55．

杨宏安，2017．基于GIS的建筑工业化基地选址研究[D]．西安：西安建筑科技大学．

张建发，2013．基于GIS的物流配送选址规划研究[D]．湘潭：湖南科技大学．

张金树，王春长，2017．装配式建筑混凝土预制构件生产与管理[M]．北京：中国建筑工业出版社．